原罪

补遗集

南京市栖霞区地方志编纂委员会办公室

南京市栖霞区档案局（馆）◎编

中国文史出版社

图书在版编目（CIP）数据

原罪：补遗集/南京市栖霞区地方志编纂委员会办公室，南京市栖霞区档案局（馆）编.－－北京：中国文史出版社，2017.10（2018重印）

ISBN 978-7-5034-9250-1

Ⅰ.①原… Ⅱ.①南… ②南… Ⅲ.①侵华日军－战争罪行－史料－南京 Ⅳ.① K265.606

中国版本图书馆 CIP 数据核字（2017）第 262464 号

责任编辑：殷旭　刘夏
封面设计：武晓强

出版发行：中国文史出版社
网　　址：www.chinawenshi.net
社　　址：北京市西城区太平桥大街 23 号　邮编：100811
电　　话：010-66173572　66168268　66192736（发行部）
传　　真：010-66192703
印　　装：廊坊市海涛印刷有限公司
经　　销：全国新华书店
开　　本：1/16
印　　张：19.5
字　　数：299 千字
版　　次：2018 年 1 月北京第 1 版
印　　次：2018 年 1 月第 1 次印刷
定　　价：55.00 元

前言

2007 年 12 月，在侵华日军南京大屠杀暴行发生 70 周年之际，南京市栖霞区地方志办公室、南京市栖霞区档案局（馆）的领导与专家们，在中共栖霞区委、栖霞区人民政府以及江苏省、南京市有关领导部门的重视、关心与指导下，经过一年的艰苦努力，经历了无数个日日夜夜艰辛的笔耕与奔波，编辑出版了《原罪·侵华日军在南京栖霞暴行录》（简称《原罪》），在中外社会各界引起轰动，产生重大的影响；仅两年之后，在 2009 年 12 月，南京市栖霞区地方志办公室、南京市栖霞区档案局（馆）的领导与专家们，精益求精，经不懈的努力，又编辑出版了《原罪》的姐妹篇——《原罪·判研集》（简称《判研集》）。它将中国的抗战史研究、南京大屠杀史研究、南京地方史志研究，进一步引向了深入。转眼间到了 2015 年，正逢中国人民抗日战争暨世界反法西斯战争胜利 70 周年，中国人民和世界人民在以各种方式纪念和庆祝这一伟大的胜利日之际，南京市栖霞区地方志办公室、南京市栖霞区档案局（馆）的领导与专家们为了向这个伟大的节日献上一份厚礼，同时，他们感到，自 2009 年以来，国内外形势发展很快，中国的抗战史研究、南京大屠杀史研究与地方史志研究，都在已取得的成绩的基础上，又碰到了许多新问题，取得了许多新成果，有必要进行搜集、整理、总结与提高，因而决定在《原罪》和《判研集》的基础上，再编一本《原罪·补遗集》（简称《补遗集》），作为《原罪》、《判研集》的姐妹篇，使其社会教育功能继续发挥并发扬光大。

我觉得，南京市栖霞区地方志办公室、南京市栖霞区档案局（馆）的领导与专家们的这份心愿是好的，是高瞻远瞩的，而看到他们几个月来通力协作、日夜苦干、辛勤劳动的成果，看到这本《补遗集》的样本，更是喜出望外。我可以说，他们的目的和愿望达到了。这本《补遗集》，必将像《原罪》、《判研集》一样，以它思想与历史的高度、丰富的内容，扎扎实实的史料和精心的编排、洗练流畅的文字，赢得广大读者的欢迎和学术界的高度评价，其社会教育功能将更加发扬光大，并将成为中国抗战史研究、南京大屠杀史研究与地方史志研究的精品，永远保存于史学宝库和人类的思想记忆宝库中。

记得在 2007 年和 2009 年，我曾荣幸地被邀请担任《原罪》和《判研集》两本书的编辑顾问，并被邀请为这两本书作序。在 2007 年，我在为《原罪》所写的《序》中指出：我初读《原罪》一书的书稿后，"感到振奋，深感这是一本对南京大屠杀史进行开创研究与宣传的著作，是一本对中国人民，特别是对青少年进行爱国主义、国际主义与社会主义教育的生动教材，有重要的历史意义与现实意义。我感谢南京市栖霞区地方志办公室、南京市栖霞区档案局（馆）的同志们，你们辛勤的富有创造性的劳动，为南京大屠杀史的研究与宣传作出了新的贡献。"我在《序》中概括地指出了《原罪》一书内容的四个重要的特点与优点：第一，对南京大屠杀史的深入与细化研究，进行了可贵的探索，开辟了一条新的道路；第二，为南京大屠杀史的深入研究提供了极其典型的材料与极其重要的视角；第三，揭示了侵华日军对栖霞区工农业生产的严重破坏与掠夺；第四，以一定的篇幅，展示了栖霞区人民在沦陷后极其艰难的条件下，所进行的不屈不挠的各种形式的抗日斗争。我在《序》的最后指出："本书的史料来源广泛而可靠。它既有 1937 年 12 月到 1938 年 2 月南京大屠杀期间有关栖霞区史事的各种第一手的档案、报刊资料，包括中国、日本、西方中立国家的资料，又有许多当事人的各种回忆录材料，还有一些中外著名的南京大屠杀史研究专家的研究成果。这些材料都经过栖霞区地方志办公室、栖霞区档案局（馆）的领导与专家们的再次考证与精心编辑，因而更加准确、更加全面、更加有说服力与震撼力。"后来，《原罪》出版后的重大影响和社会各界的高度评价，印证了我在《序》中的分析和判断是正确的。

《原罪》出版后，在学术界、在新闻界、在社会上都产生了强烈的反响，好评如潮，一时间充耳都是对这本书的称许和赞誉。然而，难能可贵的是，南京市栖霞区地方志办公室、南京市栖霞区档案局（馆）的领导与专家们在倍感欣慰，似乎对民族的一颗拳拳之心可以由此得到了些许安妥的同时，却始终保持着清醒的头脑与谦逊的态度。他们认识到，在编辑出版《原罪》一书时，由于时间的仓促与经验的欠缺，在编辑方法和内容上也有局限和不足。栖霞区地方志办公室、南京市栖霞区档案局（馆）的领导与专家们悟到，《原罪》一书的努力仅是初步的，他们不应当止步于《原罪》的编辑出版，而是要继续有新作为。于是，他们在编成《原罪》的基础上，用两年的时间，再编辑出版了《判研集》，同样在学术界、在新闻界、在社会上，都产生了强烈的反响和如潮的好评。

自 2009 年到现在，六年过去了。在这六年中，国内外围绕南京大屠杀这段历史的真实性的斗争，继续进行着，甚至更加激烈，更加深入。

由于国际、国内的种种原因，日本的右翼势力近年来日益增大。他们猖狂嚣张地为日本军国主义翻案，推翻"远东国际军事法庭"对日本战犯的判决，在铁证如山的面前，抵赖、狡辩，千方百计否认南京大屠杀及其他种种罪恶。2012 年初，日本名古屋市市长河村隆之竟然当着南京市代表团的面，宣称"没有南京大屠杀这回事"。2012 年底，被"远东国际军事法庭"判决为二十八个日本甲级战犯之一的岸信介的外孙安倍晋三再度担任日本首相。他在企图霸占中国钓鱼岛的同时，公然以首相身份参拜供奉南京大屠杀元凶松井石根等日本甲级战犯亡灵的靖国神社。安倍的亲信、日本放送协会（NHK）经营委员百田尚树在公开演讲中声称，"南京大屠杀根本不存在"。日本《产经新闻》以《"没有发生过南京大屠杀"是正确观点》为题发文，胡说"南京大屠杀是被炒作出来的事件"。2014 年 9 月，日本财团理事长尾形武寿宣称，南京大屠杀只是"典型的军队失控行为"，教训中国人民不要"介怀过去"，而要"着眼未来"。

日本右派的猖狂嚣张激起了中国人民和世界人民的强烈义愤，遭到了中

国政府和中国人民的强烈谴责和有力反击。在 2005 年和 2012 年全国两会上，江苏省和南京市的全国人大代表、全国政协委员，根据新的形势，先后提出将每年的 12 月 13 号，也就是南京大屠杀同胞的遇难日，上升为国家公祭日的提案：2005 年，全国政协委员、江苏省人大常委会副主任赵龙提交提案，呼吁每年 12 月 13 日举行国家公祭，由国家领导人参与公祭活动，同时还建议把南京大屠杀遇难同胞纪念馆升格为国家级纪念馆，并申报"世界文化遗产"。2012 年 3 月，全国人大代表、南京市政协副主席、南京艺术学院院长邹建平，第三次递交与南京大屠杀有关的议案：在南京大屠杀遇难同胞祭日举行国家公祭。党和国家领导人对江苏省和南京市的全国人大代表、全国政协委员的提案，越来越重视。2014 年 2 月 25 日下午，中国十二届全国人大常委会第七次会议审议全国人大常委会关于设立南京大屠杀死难者国家公祭日的决定草案。受委员长会议委托，全国人大常委会法工委主任李适时就决定草案向会议作了说明，指出，1937 年 12 月 13 日，侵华日军在中国南京开始对中国同胞实施长达 40 多天惨绝人寰的大屠杀，30 多万人惨遭杀戮，制造了震惊中外的南京大屠杀惨案。这一公然违反国际法的残暴行径，铁证如山，经第二次世界大战后设立的远东国际军事法庭和南京审判战犯军事法庭审判，早有历史结论和法律定论。设立南京大屠杀死难者国家公祭日，在国家层面举行公祭活动和相关纪念活动，是十分必要的。说明强调，制定本决定是为了悼念南京大屠杀死难者和所有在日本帝国主义侵华战争期间惨遭日本侵略者杀戮的死难同胞，揭露日本侵略者的战争罪行，牢记侵略战争给中国人民和世界人民造成的深重灾难，表明中国人民反对侵略战争、捍卫人类尊严、维护世界和平的坚定立场。决定草案将每年的 12 月 13 日设立为南京大屠杀死难者国家公祭日。2014 年 2 月 27 日，十二届全国人大常委会第七次会议通过决定，将 12 月 13 日设立为南京大屠杀死难者国家公祭日，以中国国家名义，进行正式纪念与公祭。这使得对南京大屠杀死难者的纪念，上升为国家层面，以国家的名义祭奠南京大屠杀死难的国民。

2014 年 12 月 13 日上午，"南京大屠杀死难者首届国家公祭仪式"在南京江东门"侵华日军南京大屠杀遇难同胞纪念馆"广场举行。党和国家的主要领导人习近平、张德江、马凯、许其亮等，以及中央各部委、江苏省和南京市的党政领导人，社会各界代表，共约万人，参加大会。会场气氛庄严、隆重、肃穆。习近平主席在与南京大屠杀的幸存者、86岁的夏淑琴老人以及一位13岁的少先队员共同为纪念大钟揭幕后，发表重要讲话，其主要内容有：

第一，习主席重申了中国人民的一贯立场："历史不会因时代变迁而改变，事实也不会因巧舌抵赖而消失。南京大屠杀惨案铁证如山、不容篡改。任何人要否认南京大屠杀惨案这一事实，历史不会答应，30万无辜死难者的亡灵不会答应，13亿中国人民不会答应，世界上一切爱好和平与正义的人民都不会答应"。习主席严正警告日本右翼势力，深刻指出："否认罪责就意味着重犯"。

第二，习主席指出："我们为南京大屠杀死难者举行公祭仪式，是要唤起每一个善良的人们对和平的向往和坚守，而不是要延续仇恨。中日两国人民应该世代友好下去，以史为鉴、面向未来，共同为人类和平作出贡献"。习主席表明了中国人民和中国政府对待历史、对待日中关系的一贯态度，即前事不忘，后事之师，以史为鉴，面向未来，共建和平。这说出了广大中国人民的心里话。

第三，习主席宣告："今天的中国，已经成为一个具有保卫人民和平和生活能力坚强的伟大国家，中华民族任人宰割、饱受欺凌的时代已经一去不复返了，中国人民正在意气风发地沿着中国特色社会主义道路，为实现'两个一百年'奋斗目标、实现中华民族伟大复兴的中国梦而奋斗。中华民族的发展前景无比光明"。每个中国人听了都无比振奋，为我们祖国美好的今天和更加光辉灿烂的明天，充满了自豪与自信。

中国人民正在以习近平同志为核心的党中央的正确领导下，高举改革开放的大旗，牢记历史的经验与教训，为实现中华民族复兴的伟大中国梦，奋发努力，勇往直前！

基于以上新的形势和新的需要，栖霞区地方志办公室、栖霞区档案局（馆）的领导与专家们决定按照他们的既定计划，立即上马，在《原罪》和《判研集》的基础上，迅速编著一本《原罪·补遗集》，作为《原罪》、《判研集》的姐妹篇。

在2009年以来的六年中，栖霞区地方志办公室、栖霞区档案局（馆）的领导与专家们，一天也没有停止调查和研究。他们对栖霞区域内中国军民抗击日寇的史实、侵华日军罪行新证的搜集和研究，一直没有停止和间断，并且不断有新的发现和新的收获。他们把《原罪·补遗集》的要旨，定于"补遗"，编纂的重点是在《原罪》、《判研集》两书的基础上，进一步搜集自2007年以后，陆续新发现的南京地区特别是与栖霞地区有关南京保卫战、南京大屠杀的文献史实、新的重要研究成果以及重大的纪念和祭奠活动资料，尤其是把南京保卫战战史作为编纂注意力的聚焦之处，以与全国纪念中国人民抗日战争暨世界反法西斯战争胜利70周年的主题相契合。据此，该书编辑人员在短短的时间内，搜集及查阅了近20种、80余部、2000余万字档案资料，从中梳理和筛选出新发现的有关栖霞地区抗击日寇纪实、侵华日军栖霞地区罪行新证、祭奠南京大屠杀死难者等三大部分约40万字的资料，几经考订，编辑成书，再一次用文字和图片呈现出78年前南京保卫战的惨烈战况，以及惨死在侵华日军南京大屠杀屠刀下30万同胞血流成河、遗骸如山、弃尸蔽江、白骨堆垒的那一幅幅惨绝人寰的历史画面。他们还聘请张宪文、孙宅巍和本人等专家担当顾问，出谋划策，为本书的成功编辑奠定了坚实的基础，提升了本书的学术品位和影响力。

南京市栖霞区地方志办公室、南京市栖霞区档案局（馆）的领导与专家们多年的辛勤劳动与开创性的工作没有白费心机与力气，他们的初衷变成了丰硕的成果！通过观看《补遗集》的内容，我觉得此书在《原罪》与《判研集》的基础上，继承了前两书的优良传统，又有了新的发展与收获。南京市栖霞区地方志办公室、南京市栖霞区档案局（馆）的领导与专家们编纂《补遗集》，就像当年他们编纂《原罪》与《判研集》一样，都是在"用心、用情甚至用泪"去做的，所不同的是，编辑《补遗集》，他们的经验更丰富，史料更熟悉，认识更为冷静而理智，计划与工作更为周密而深入，因此使得《补遗集》多了几分深刻，增加了许多光彩。我初读以后，觉得此书有许多明显的特点和优点。

《补遗集》，顾名思义，旨在补遗。本书主要搜集、整理了自2007年以后，陆续新发现的南京地区特别是与栖霞地区有关南京保卫战、南京大屠杀的文献、史实、新的重要研究成果以及重大的纪念和祭奠活动资料，丰富而生动，客观而真实。

该书的第一板块，是南京保卫战研究，设有"栖霞地区抗击日军纪实录"专栏，搜集了前南京军区副司令员王洪光中将在2015年初新写的《复盘南京保卫战》，论述了整个南京保卫战的过程与得失及其原因，全面而深刻，是前所未见的优秀论文。栖霞地区是南京保卫战期间战斗最激烈的地区，日军第十六师团向紫金山、中山门、太平门一线进攻，日军第十三师团向龙潭、栖霞山一线进攻，日军的海军舰队沿长江西上，向乌龙山炮台、江宁要塞等地进攻，两军血肉相拼，前所未有。本书搜集了战时的有关南京战事报告《东线战事》，以及南京大屠杀史研究专家孙宅巍的学术专著《南京保卫战史》的有关章节，郭沫若、田汉在战时编著的《血肉长城——抗战前线将领访谈》中的篇章《记最后退出南京的叶肇将军》，还有中国青年报记者戴袁之近年调查的新材料《抗日将领南京获救记》，以及《栖霞文史》上的一些亲历者的回忆录《"金陵孤儿义勇军"遗事考》《炮台遗址忆硝烟》等，另外还有几篇日军官兵的有关回忆录。这些不同作者从不同角度、不同立场写出的文章，立体式地反映了栖霞地区中国军民抗击日寇的英勇悲壮的战斗，显示了我们中国人民的伟大爱国精神和不屈斗志。

　　该书的第二板块，是南京大屠杀史研究，设有"侵华日军栖霞地区罪行新证"专栏。其中第一篇，是日本著名友好人士、日本"銘心会"会长松冈环的调查文章《探寻参与南京大屠杀太平门集体屠杀的日本老兵在南京的宿营地》。这是一篇极其重要的文章，是近年来南京大屠杀研究中最重要的收获。我们都知道，在20世纪80年代南京市政府为南京大屠杀遇难同胞被集体屠杀的场地建立纪念碑时，建了20多座，却没有太平门纪念碑，这是因为当时我们掌握的史料中，没有侵华日军在这里大规模屠杀中国军民的史料。直到21世纪初，松冈环在向参与南京大屠杀的日本老兵做系统的访问调查时，才得知日军曾在太平门下，用机枪、手榴弹、刺刀，一次就集体屠杀中国军民1300多人，十分残忍而血腥。这是南京大屠杀又一个重要的组成部分，是我们中国学者未掌握的极其重要的内容。感谢松冈环女士，为南京大屠杀研究作出了重要的贡献。基于此重大的发现，南京市人民政府于2007年12月13日在太平门隆重地树立了一座新的纪念碑，本书将这座纪念碑的碑文和图片也收录进去，真是有价值的史料。另外，本书还分区、分片，搜集、整理了日军大屠杀的调查访问史料和市民亲历者的口述史料，以及几篇日军官兵的有关回忆录，从正、反两个方面，以无数的铁一般的证据，揭示了侵华日军南京大屠杀的滔天罪行。读着《补遗集》一书这些新收入的史料，使我们的心灵震颤，同时使我们陷入深深的思索。

该书的第三板块，是南京地区以及栖霞地区对南京保卫战牺牲将士和南京大屠杀死难者的重大的纪念和祭奠活动资料，设有"祭奠南京大屠杀死难者"专栏，既搜集了记录参加南京保卫战的广东部队第六十六军于1939年1月在江西信丰祭奠牺牲官兵的规模空前的追悼会的文章《信丰招魂》，读来令人泣下；还收录了在2015年4月5日清明节，南京市民张定胜等人，自发地组织，来到南京保卫战的"最后的战场"——栖霞区的燕子矶，祭奠第八十七师第二六一旅旅长陈颐鼎将军和无数在这里战死和被屠杀的中国官兵。张定胜带着满腔感情，朗读了他花费许多心血、精心写作的感人至深的祭文。这是南京人民今天共同的心声！当然，最重要的是，本书收录了在2015年12月13日，"南京大屠杀死难者首届国家公祭仪式"的有关文件和报道，以及栖霞区人民政府和社会各界举行的公祭报道。这些都是极为珍贵的历史资料。

总之，《补遗集》一书为我们继续深化研究南京大屠杀史，提供了新的史料、新的视角、新的思考高度。其中许多史料，例如，战时的有关南京战事报告《东线战事》，郭沫若、田汉在战时编著的《血肉长城——抗战前线将领访谈》中的篇章《记最后退出南京的叶肇将军》，以及《抗日将领南京获救记》、《"金陵孤儿义勇军"遗事考》、《炮台遗址忆硝烟》、《日军大屠杀的调查访问史料和市民亲历者的口述史料》、松冈环的《探寻参与南京大屠杀太平门集体屠杀的日本老兵在南京的宿营地》、《信丰招魂》，等等，都是极为难觅的稀见资料，研究价值极高，弥足珍贵，为抗日战争史与南京大屠杀史的研究奉献了新的资料与记载珍藏。我深信，《补遗集》一书将不仅在南京引起轰动，而且在全国也会赢得学术界与社会各界广泛的关注、敬佩与高度的赞扬。有一分耕耘，必然要得到一分收获！南京市栖霞区地方志办公室、南京市栖霞区档案局（馆）卓有成效的工作理应得到社会的回报。南京市栖霞区地方志办公室、南京市栖霞区档案局（馆）的领导与专家们所作的贡献，会记载于史册。

我作为一名关注南京地方史、从事南京大屠杀史研究多年的史学工作者，作为《补遗集》一书的学术顾问，在初读了《补遗集》一书中的各篇文章后，有如上一些感想。是否得当，敬请读者指正。

是为序。

经盛鸿

2015 年 7 月 20 日

于南京师范大学社会发展学院历史系

附：本书特约顾问简介

张宪文

男，1934 年 10 月出生，山东泰安人。历史学家、南京大学历史学系教授、博士研究生导师、侵华日军南京大屠杀史研究会顾问、南京大学中华民国史研究中心名誉主任、中国现代史学会名誉会长。主要研究方向为中华民国史。

他所主编的《南京大屠杀史料集》，是日本军国主义战争罪行的铁证，受到社会各界的一致好评，成为当今中华民国史研究学界最具标志性的成果。以其杰出的学术研究和高度的国家与民族责任感，成为新中国各个时期和各个领域创新、创业、创优、优秀人才的 60 名代表之一，也是教育部系统人文学科 2 位代表之一。

孙宅巍

男，1940 年 10 月出生，1962 年毕业于南京大学历史系。江苏省社会科学院研究员，原历史研究所副所长。现任江苏省中国近现代史学会副会长、侵华日军南京大屠杀史研究会顾问、南京师范大学侵华日军南京大屠杀研究中心顾问。2000 年经国务院批准享受政府特殊津贴。

经盛鸿

男，1944 年 10 月出生，江苏盐城人，南京大学哲学系学士、中国近现代史硕士。1982 年分配到南京师范大学历史系，现为南京师范大学社会发展学院教授。其教学和科研的主攻方向为中国近现代史、中国民国史、中国革命史与中华人民共和国史。兼任江苏省孙中山研究会常务理事、侵华日军南京大屠杀史研究会顾问、中华民国史学会理事、中国太平天国史学会理事等。

目录

祭奠南京大屠杀死难者

栖霞地区军民抗击日军实录

复盘南京保卫战

王洪光

　　1937年"七七事变"爆发前，日本已经占据了东北，成立了"满洲国"；还占据了华北北部，与国民政府签订了"塘沽协定"、"何梅协定"、"秦土协定"。把这里作为全面侵华的进攻前进基地，以武汉为目标，形成主要战略进攻方向，沿三条线南下：中线平汉路（北平—汉口铁路），西线平绥、同蒲路（张家口—大同—太原），东线津浦路（天津—南京）。

　　尽管战前日军大部在华北北部和东北，但这一方向并不是蒋介石所希望的主要防御方向。一是中原腹地，除有几条东西向河流和大中型城市，大都是平原地，难以构成有效防御。二是这些地方大都由地方军阀驻守，不可靠，也不完全听指挥。必须改变日军主攻方向，才有利于中国战略防御。

　　蒋介石及其高级幕僚蒋百里等，在1934年、1935年间，与德国顾问冯·塞克特、法根豪森等，有过长时间研讨。法根豪森判断日军的战略进攻将兵分三路：第一路攻击河北至郑州方向（即平汉路）；第二路攻击山东与徐州方向（即津浦路）；第三路进击长江，攻击首都（即南京），沿江溯攻武汉，并认为该路为日军兵力最多之路（即主要进攻方向）。法根豪森的建议和分析为蒋接受，即以京（南京）沪（上海）作为主要前哨阵地，以长江作为战略中心（其中以武汉作为战略枢纽），以四川作为抗战总根据地，沿长江节节抵抗。这一防御设想体现了蒋"以空间换取时间"的战略思想，在战略退却阶段与毛泽东"持久战"思想有异曲同工之妙。

　　日军在华北的战略进攻遭到中国军队的阻击，在西线和东线打了太原、徐州会战，而在中线主要战役方向平汉路受阻于豫北漳河一线迟滞不进，后又受到黄河泛滥区的阻碍，逐步把主攻方向转到沿长江流域溯攻武汉上来，

也就是由北向南改为由东向西。8月20日，由上海视察回南京的陈诚向蒋介石汇报："敌如在华北得势，必将利用其快速装备沿平汉路南下直扑武汉，于我不利，不如扩大沪之战事，以牵制之"，建议向上海增兵。这更坚定了蒋在淞沪地区组织一场对日大会战的决心。

日军淞沪会战的决心是把中国军队精锐消灭殆尽，占领中国最大的工商业城市上海，瓦解中国政府的抵抗意志，迫其和谈。所以日本志在必得，逐次把主力部队转移到这个方向上来并不断增兵，最终达近30万人。中国军队更是调集了约70万人，其中包括了蒋介石大部分中央军德械部队，力图在上海与日军决一死战。中国的这一决心，与"空间换取时间"的战略指导并不相符。日军兵力和作战物资从海上源源不绝而来，后勤供应线短，可一鼓作气，并后劲十足，淞沪会战的失败是可以想见的。按照蒋介石"沿长江节节防御，以空间换取时间"的战略指导，应在淞沪城区和城郊水网地带给敌以重大杀伤后，以机动防御为主，有序撤离，保持军队有生力量和建制。但是，中国军队淞沪会战后期打得不好，一是受"九国公约"签字国影响，失去重大战机；二是没有防范日军从侧翼金山卫方向登陆，使预有准备的撤退变成了无序溃退，给南京保卫战的有序展开造成了严重冲击。仗还未打，自家阵脚已被动摇。

南京历来易攻难守

南京的攻防，离不开所处的军事地理环境。长江从安庆、芜湖开始，由向东流转向北—北东流，古时这一段称"横江"，江右为江东，江左为江西。长江北东流至南京城北，在这里一个大转弯成120°钝角，向东南流去。在这好似臂弯的钝角中，坐落着南京城。所以南京城——大面背水（西北、北、东北背长江），三小面开放（东、西各一部，南面全部）。北方军队要进攻南京，往往从离南京不足100千米的上游当涂（古姑孰）和下游的镇江（古京口）南渡过江，然后对进，在南京城南包抄钳击南京，如同瓮中捉鳖。南方军队进攻南京，就更方便了，主力从南京的长江上游芜湖、当涂方向向南京进击，一部兵力绕过太湖，在太湖南北走廊向南京包抄，南京背水还击，没有机动余地，陷入极为被动的境地。

历史上南京攻防作战，防守成功的极少，进攻成功的极多。除元末明初朱元璋设伏空城计打败陈友谅，清军用缓兵之计打败攻城的郑成功，其余近百战都属于攻方获胜。军委会高层也看到了这点。李宗仁战前说："在战术上，南京是个绝地，敌人可三面包围，而北面又阻于长江，无路可退。"大本营作战组长刘斐认为："南京在长江弯曲部内，地形上背水，敌可用海军封锁南京，从陆上可由芜湖截断我后方交通线，然后海陆空军协同攻击，则南京处于立体包围下，守是守不住的。"

虽说南京非易守难攻之地，却是兵家必争之地。南京城除了背水长江，它还坐落在一个地势平坦的盆地里，被"四山一水"所包围，并与其他相邻地区所隔离。各个山脉之间都有不大的缺口可供军队通过。中国军队在这一线构设外围阵地（即战役防线），是极具眼光的。虽然起步早，但进度慢，待到日军攻到眼前，大部分防御阵地都未完成。而且漏隙极多，便于日军迂回侧击，守军往往还未稳住态势，就被日军抄了后路，防御随即崩溃。后来在南京周边双方激战之地，如句容、汤水、阳山碑材、淳化、秣陵、牛首山等处，都是中国军队规划的外围阵地所在。如果这些阵地战前已建完，并由后方调上来的完整新锐之师进驻，严阵以待，以逸待劳，日军要攻破外围阵地，恐怕十天半月打不下来。

军事准备动手早，但未完成

日本派遣军总司令松井石根取得淞沪战场胜利后，发现中国军队无序溃退，中国首都南京就在眼前，于是立即进军南京。日军这一行动，使其侵华主攻方向开始按蒋介石的战前谋划由北向南转至由东向西，即上海—南京—沿长江溯攻上来。那么战前沿此线的各道防御地带应该建设好，并能充分发挥作用了吧？可实际情况是，有一定准备，但很不充分，战时基本没有发挥关键作用。分析其原因是，上层决心不大，基层不抓落实。

从表面上看，蒋介石在全面抗战前把沿长江一线作为主要防御方向后，即在国防部下成立了首都防御建设委员会，委派中央军校教育长兼京沪战区司令张治中负责，下设设计、工程建设等机构，查勘了从上海到南京和南京郊区地形，制定了建设规划。参谋本部于1932年12月成立城塞组，由参谋次长贺耀祖兼任主任，在德国顾问指导下，在南京以东、东南和江阴、镇江、江宁等要塞建筑和整修"国防工事"。战前首都卫戍军司令唐生智又亲自视察了其中一些主要阵地。在上海、南京之间构建了吴（县）福（山）线和（无）锡澄（山，即江阴）线两条"战略防线"，构成南京接近地战役防御地带，把太湖北走廊（即太湖北岸到长江南岸相对狭长的一片，苏州、无锡、常州和京沪铁路都在太湖北走廊内）拦腰截断，加之这一带是水网稻田地，两条防线筑垒利用居民地和水网形成防御地带，必定能给日军以重大杀伤，并迟滞其行动。在太湖南走廊（即太湖南岸到皖南山区北沿，湖州、长兴、宜兴、溧阳和宁杭公路在太湖南走廊内）前端平望、嘉兴、湖州构建了若干防御据点（支撑点），也能有效阻滞日军行动。太湖南北走廊后端即进入南京"四山"，即外围防御阵地。南京城防主要依靠明城墙和外廓，以及之间的有利地形，称"复廓阵地"。

复廓阵地、外围阵地和吴福线、锡澄线，规划虽然很好，但没有很好落实。有的只落实在纸上，实际上没有动工；有的正在修筑中，甚至枪炮声临近了，民工还在干活；有的建完了，具体位置和质量不符合战术要求，等于白建；有的把工事钥匙交给当地的保长保管，战事临近保长带着钥匙跑了。部队不是找不到应进驻的阵地，就是进驻不了工事，还有工事要重新改造。所有这些战前设施，除了明城墙阵地发挥了一定的作用外，其余有等于无。

在兵力部署上，蒋介石也没有把淞沪战场和南京战场作为一个整体来看待，没有及早向京沪沿线调集足够兵力形成有一定纵深的战略战役防御部署。淞沪会战已经打开，南京城防只有6万余人，而且大部分是地方部队和杂牌部队，只有桂永清的3万教导总队（其一部也参加了淞沪会战）相对完整，又是全副德械部队，且长期驻守南京城东紫金山两翼，这正好是日军主要战役进攻方向之一。桂部后来在保卫战中打得比较好，损失相对较小，与始终驻守原地、严阵以待、以逸待劳有很大关系。淞沪会战后期，防卫南京的有15个师，11万余人，但从淞沪战场换防下来的部队损失很大，本应经休整补充才有足够战斗力重战，但已经没有这样的时间了。日军衔尾而至，残缺不全的淞沪败军要在南京停下来回头咬日军一口，已是勉为其难。

要知道蒋介石早把上海—南京—武汉长江沿线作为主要防御方向，而今日军正按照蒋的设想在行动。这在战略上是多大的成功，多大的主动！可以说是一个大手笔。至今让人不可思议的是，为什么反而在战役战术上行动晚，动作慢，处处被动，受制于人。真是起了个大早，赶了个晚集。

日本战略决心统一难，定力差

日本军部势力是军国主义生存和发展的主体，军队统帅权在天皇，军部一般指政府中的陆军省、海军省，陆军最高指挥部参谋本部、海军最高指挥部军令部。宪法赋予军令长官（陆军参谋总长和海军军令部总长）"帷幄上奏权"，即凡有关军令事项，可以不经过内阁直接上奏天皇，由天皇裁决。于是，军部成为独立于政府、议会之外，操纵国家政权的政治势力；同时陆军和海军也经常不一致，在进攻中国的主要方向上，陆军力主华北，海军力主华东（上海），很难形成统一决心。日本政府、陆军、海军的不同意见都需要天皇"裁决"，而天皇本人并没有决策辅助机构。这是日本战略经常出错的深层原因。

日军的早期作战计划，以攻占中国腹心地区武汉为核心，从军事上全面占领中国。计划"以华北军沿京汉线南下，与沿长江西进的华东军相互策应，在汉口附近地区作战"。日军陆军省1937年对华作战计划，华北方向使用5个师团，根据情况发展再投入3个师团；华中（上海方向），使用3个师团，另用2个师团（第10军）从杭州湾登陆；华南方向使用1个师团。可以看出，主要兵力和主要进攻方向是华北。卢沟桥事变后日本全面侵华，一开始日军基本上是按此计划执行的，而且把华北方面军兵力增至8个师团4个混成旅团加1个航空兵团，总兵力37万人。

1938年5月，毛泽东发表了《论持久战》。毛泽东总结了日军10个月的作战情况，指出了日军在战略上有五个方面出错。一是逐渐增加兵力，二是没有主攻方向，三是没有战略协同，四是失去战略时机，五是包围多歼灭少。就南京保卫战来说，这五个方面都有体现。为了拿下淞沪继续攻南京，日本大本营于10月初开始把上海方向作为主要作战方向，用"添油"的方式逐步增兵，先是4个师团10万余人；拿不下来又把华北主要方向部队中的3个师团调入上海派遣军，达20万人；还拿不下来又增加第10军3个师团，再从华北抽调1个师团，最后增加到近30万人。不仅把本土的战略预备队调上来，把驻朝鲜、台湾的军队调上来，不得已还把华北部队大批转用过来，终于把次要方向打成了主要方向，华北的主要方向降到了次要方向。完全违背了战前制定的以华北为主要方向，在山东半岛、长江口、广州三点以部分兵力牵制性进攻，配合主要方向上行动的战略布局。

战略协同上，在进行淞沪—南京保卫战时，北线日军不能以有力的进攻行动，在豫北、鲁中一线牵制中国军队，让中国军队统帅部得以集中精力、兵力、物力于华东方向。打完南京保卫战需乘胜进行战略追击、扩大战果时，日军由于提前使用了战略预备队，而没有了"战略追击队（毛泽东语）"。战役协同上也有问题，徐州会战时南线日军向北攻击，北线日军不动；后来北线日军进攻，南线日军又不动。从抗战初期三大会战来看，淞沪、太原、徐州守军都是在日军即将形成合围，可能遭围歼时，及时撤出包围圈，没有出现德军在欧洲和苏联战场上动辄包围消灭十几万、几十万守军的情况。

虽说国民党军正面战场上出现了一些不应有的失误和错误，如战役行动不能很好贯彻战略方针，把一些会战作为战略性决战来打；如实行"内线固守，分兵把口"的专守作战方针，要求部队"固守阵地，坚守不退"，"层层布防，处处据守"，不注重在防御中采取攻势行动，消灭敌人有生力量；又如疏于战前的战场建设和战略区的经营，增大了战时的伤亡等等。但是日本与中国比起来，日本错误犯得更多，也更带根本性。

日军一是轻视了中国政府和民众的抗日决心，以为如同拿下东北和华北北部一样，可以不费吹灰之力，结果越打越需增兵，越打越感吃力，没有达到战略企图。二是定力差，把持不住战略主攻方向，把由北（华北）向南（华中）打的主攻方向打成了由东（华东）向西（华中），在不利的地形上沿长江溯攻武汉，消耗大，效果差。三是战役主攻方向也摇摆不定，北线平分兵力在同蒲线、平汉线、津浦线三个战役方向上，在两翼次要战役方向太原和徐州打了两个战略性战役，而在主要方向、距武汉距离最短、地形最为有利的平汉线，打下石家庄后，居然调走了4个师团分别增援同蒲线和上海方面作战，只剩2个师团，攻到豫北漳河一线就没有了后劲，把主要战役方向打成了次要战役方向。四是东线打下南京后，主力先北上配合打徐州会战，再调头西去打郑州（后遇黄河决口未成）与华北日军配合，而不是拿下安徽省府安庆后一鼓作气直攻武汉。五是在战役布势上，不知为什么在拿下杭州后，不派强有力一部沿浙赣走廊直攻南昌，包抄武汉后路。总之，对武汉这个战略枢纽，日本大本营在战略层面上是认识到了，但在战役行动中则没有体现战略意图。

在抗日战争第一阶段（战略退却阶段），中日两国两军在比谁犯的错误少，犯的错误层次低，犯的错误影响面小。这方面，日本大本营做得比中国统帅部更差。因此，日本在战略上的失败是注定的了，战略相持阶段如期而至。

决断犹豫，弃守两难

卢沟桥事变后，国民政府军委会由军政部长何应钦召开33次应急商讨会议。中共代表也参加了部分会议，进一步阐述了全面抗战路线和持久战战略方针。会议决定，抗战总方针是"持久消耗战"，中心思想是"以空间换取时间"，即"避免与敌决战"，"逐次抵抗，逐次退却"，"逐次消耗优势的敌军"，在我则"始终保持我之战斗力"，"以掩护我后方的准备工作，确立长期的抗战基础"。这一战略方针无疑是正确的，如始终坚持不动摇，假以时日，使中日战略力量此消彼长，当国际形势发生有利于中国的变化时，胜利终会到来。

按照上述战略总方针，"以长江作为主要战略防御方向"，那么中国军队在淞沪、南京战场的作战，与在华北战场的作战性质都一样，都是换取"时间"的"空间"，只能"逐次抵抗，逐次退却"，而不能严防死守，与敌死拼。在如此清晰的思路和明朗的战局面前，蒋介石和军委会高层，在是否坚守南京的问题上却举棋不定，决断犹豫，严重影响了南京的防守和守军的撤退，造成重大伤亡。

蒋介石在战前研究保卫南京的第三次会议上，力排众议，采取了唐生智的建议，为维护大国形象，做出短暂坚守的决定。这一决策在政治上讲是正确的，关键是坚守的时间，要根据敌我力量的对比来决定。可惜在这一点上，他犯了主观主义的错误，要军队坚守1—2个月，这显然是做不到的。

日军打赢淞沪会战，士气旺盛，军力甚锐，不待国内大本营正式命令，不停顿地主动进攻南京。而南京守军大部分是从淞沪战场上先后撤下来的受挫疲惫之师，未经休整补充；少部分是从战略纵深调上来的军队（如川军），立足未稳；防御工事大部分尚未完工，怎么可能坚守1—2个月呢？蒋介石对政治仗和军事仗没有分清，把政治仗当作军事仗来打，严重背离了正确的战略总方针。当得知日军正在包围南京，守军有被围歼的危险时，又从保存力量出发，不问具体情况，立即下令撤退。也不知是因为害怕担责任还是其他什么原因，又不做明确指示，仅让口头转告。在不得不直接下令时，仍含糊其辞，说"如情势不能持久时，可择机撤退"。电报发出后，次日又有动摇，

栖霞地区军民抗击日军实录

再以信函形式要求唐生智"仍以持久坚守为要"，希望"能多坚守一天就多守一天"。统帅决断犹豫，徘徊在撤与守之间，对守城指挥官和部队产生了严重消极影响。

南京卫戍司令长官唐生智是主动请战，临危受命。他在担任闲职（训练总监）几年后，淞沪会战后期南京即将成为下一个战略防御要地时，才以军法执行总监身份被任命为南京卫戍司令。他所指挥的部队，几乎都不是他的旧部，在国民党军内宗派、山头林立的情况下，他能否指挥得动都是问题。当然，唐生智对"以空间换时间"的战略总方针是清楚的，对防守南京的战役企图也是明确的。他明确"阻止敌人迅速向我军进逼，从而赢得时间，调整部队以后再撤出南京"。可是他的战役指导与战略方针严重脱节。如果按照蒋介石打政治仗为主、军事仗为辅的要求"短期固守"，在南京只要坚守几天、十几天，做出大国姿态，就应步步防守、步步后撤，最终有序撤离，放弃南京。但从目前所掌握的史料看，唐没有预先做出撤离南京的完整计划和相关准备，既没有事先预定的撤退方案，也没有组织必需的交通、工程和后勤保障等工作，更没有在战前进一步疏散人口（南京人口约103万，战前还有50余万），坚壁清野，清理通道，准备战场的工作。这也是造成保卫战失败后，大量军民拥堵在江边，遭日军俘获和屠杀的重要原因。

唐采取的是长期坚守、死守的措施，决心破釜沉舟，誓与南京共存亡。他要求交通部部长俞鹏飞将下关至浦口原有的两艘大型渡轮撤往武汉；明令禁止任何部队和军人从下关渡江；通知驻守挹江门（离江边最近的门，交通要道）第36师和驻江对面浦口的第1军，凡从城内经挹江门去江边和渡江去北岸的部队和军人都要制止，如不听从可开枪射击。

日军按套路出牌

日军从上海向南京的进攻，还是因循了历史的老套路，这主要是军事地理环境使然。12月1日，日本大本营下达了《大陆命第八号命令》，正式命令华中（即我华东方向）方面军"攻占敌国首都"，方面军司令为松井石根大将。方面军主要由上海派遣军和第10军组成，共8个师团、2个旅团和海军一部，共20余万人，与中国军队形成2∶1的优势，这在日本侵华战争中是不多见的。日军主力上海派遣军5个师团、1个旅团组成北路兵团，沿太湖北走廊顺京沪铁路向南京发起主要攻击；由第10军3个师团、1个旅团组成南路兵团，沿太湖南走廊向南京发起辅助攻击；另以天谷支队（旅级）在镇江附近渡过长江沿江北攻击浦口，国崎支队在当涂附近渡过长江，沿长江北与天谷支队形成对进攻击，在浦口地区会合，阻击南京守军从下关—浦口渡江北撤；再由一部船艇部队从太湖湖面北进，协助上海派遣军在常州、无锡地区阻击回撤守军。这一进攻部署面面俱到，轻重得当，堪称完美；同时又是一个按套路出牌的打法，应该早在中国军队的预料之中。

国民党军的防御计划大致是，以左翼军辖从上海退守的3个集团军，陈诚为司令，防守太湖北走廊；以右翼军辖3个集团军，张发奎为司令，防守太湖南走廊；另从纵深调川军6个师到皖南宁国、广德附近，准备对南路日军实施反击；第七战区一部兵力在安吉、孝丰地区侧击敌翼侧。南京警卫执行部改组为卫戍长官部，唐生智为司令长官，所辖部队大都是由淞沪战场撤退，逐渐增加至11万余人。中国军队的作战方案如果仅从书面上看，也堪称完美：主要防御方向——太湖北走廊，正对日军主要进攻方向；次要防御方向——太湖南走廊，防御部署严密，而且从纵深新调川军6个师，埋伏在皖南山区浅近纵深地带，随时准备给被阻滞日军以强有力反击。

南京城防的两道战役防御地带，外围阵地在"四山"一线；复廓阵地的外廓阵地在幕府山、乌龙山、栖霞山、紫金山、雨花台、牛首山一线。一开始外围阵地部署3个军，复廓阵地部署1个军。由于兵力过少，各部正面太宽，处处设防，处处薄弱，间隙很大，便于日军迂回、穿插、渗透，即使这样，这4个军的兵力都没有很好落实，无法完成既定部署。随着日军临近，从淞沪战场撤退和从第七战区（武汉）抽调的11个师陆续到达，唐生智进一步完善了第一道防线。

11月3日，日军从太湖南北走廊同时发起全线进攻。在太湖北走廊，当天晚上，中国军队撤至吴福国防线预设阵地，15日双方激战于常熟、兴隆镇、福山及沿江地区。19日守军不敌，放弃苏州一线，撤至锡澄第二道国防线。27日，日军进占无锡，中国军队大部向皖南山区转移，一部退往常州。不到两个星期，两道战略国防线全线失守。日军分三路继续进攻，一度在江阴遭到顽强阻击。11月29日，日军进占常州。至12月6日，日军攻至南京外围阵地之前。

太湖南走廊。11月13日，日军攻占走廊南端重镇平望，向南走廊内进攻。此方向防守的是才从纵深调上来的川军，装备老旧，地形不熟。11月23日，川军在长兴、夹浦、泗安地区以仓促防御对抗日军进攻，虽打得顽强，但仍节节败退。27日，日军突破川军防御。28日，日军攻占宜兴，12月2日攻占溧阳。其中一部进入皖南山区浅近纵深，相继占领宣城、芜湖、当涂，其一部过江夺占和县、乌江镇，企图沿南京长江上游两岸迂回南京。12月6日，沿太湖南走廊进攻的日军也进抵南京外围防线。此时，南京城区处于东、东南、南、西南大半弧被包围态势，而背后是长江。

12月7日，日军马不停蹄对南京外围阵地发起进攻，12月8日即突破，两天打到复廓阵地。12月8日，日军下达《攻占南京城要领》，部署了在城区内各部作战任务、战斗接合部、协同等事项。9日，日军飞机向城内投下松井石根给唐生智的《投降劝告书》。唐生智置之不理。

复廓阵地是城区防守的最后阵地，也是战斗最为激烈的地方。其中紫金山东麓老虎洞高地、光华门、通济门、雨花台（后中华门）防御要点争夺趋于白热化。光华门、通济门城门被数次易手，双方敢死队都拼至最后一人。日军争夺中华门时，城防副司令罗卓英亲自指挥反击，将攻入城内的日军全部击毙，暂时稳住了局势。

有序变无序，撤退变溃逃

12日，日军对南京攻击达到最高潮。中午前后中华门首先失守，南京城防全线动摇，唐生智意识到按原计划14日晚撤退已来不及，遂决定提前至当晚撤退。12月12日下午，唐生智召集师以上指挥官开会，宣布了蒋介石11日晚发来的择机撤退的电报，部署撤退计划。其要点是"冲破当面之敌，向浙皖边区转进"。其实质是要求各部队以攻势行动，利用进攻之敌间隙，敌进我进，从正面突围，突围后转进皖南山区。笔者认真研究了命令"附纸"，其为各部队规定的"突围地境（即突围方向、地段）"、"行军地境（即行军路线）"和"到达集结地（即行军目的地）"，应该是可行的，突围部队经过努力，大部是可以完成的。尽管执行这一命令有困难，却是当时唯一的选择。可惜兵败如山倒，计划如同废纸。

当撤退命令下达后，因第36师未及时接到开放通道的命令，仍阻止撤退，造成自相开枪射击，被击杀、踩踏、拥挤伤亡惨重，甚至有装甲兵团坦克从被挤倒、踩死的人身上碾压而过。

本来组织突围、撤退比组织进攻、防御更难。因部队士气低落，建制不全，协同混乱，继而形成溃逃。唐生智"南京卫戍军突围计划"下达后，已指定各部队撤离时间、路线、集结地点等。如各部队严格按计划执行，就不会造成兵败如山倒式的混乱，非战斗伤亡会大大减少。但唐生智在下达撤退命令后，又考虑到第88、87、36师和教导总队是蒋介石的中央军嫡系，唯恐按指定路线突围损失太大，要受蒋介石责备，于是违背书面命令要求，口头指示他们也可渡江北撤，这自然又增加了撤退的混乱。在江东门、下关、燕子矶沿江一线溃兵与难民挤作一团，在战斗中没有牺牲的近10万官兵，与20多万难民被日军俘虏、惨遭集体杀害，令人痛惜不已。如今这几个地点，都是主要殉难纪念地。

守军中，有相当一部分部队不听指挥，该担任掩护的不掩护，率先撤离，造成其他部队侧翼暴露，被敌迂回包围；也有各级指挥官贪生怕死，抛下部队自己先逃，使部队失去指挥，无法进行有组织的行动；有的因通信不畅，命令没有下达到基层，大批基层官兵成为无指挥无组织的散兵游勇，也是撤退变成溃逃的重要原因。正如战后《南京卫戍军战斗详报》指出："各级指挥官对上级命令不重视，尤其是不按指定之时间执行任务，是为最大之弊端。"在溃逃的一片混乱中，也有指挥有方、训练有素的部队顺利安全转移。如粤军叶肇第66军和邓龙光第83军，遵照撤退命令指定的方向和路线，出太平门走紫金山北麓、过东西流镇，从句容穿过宁杭公路走溧阳郎溪，其间突破数重日军的阻扰进入皖南山区，得到当地军队接应。他们大胆机智地逆日军主要进攻方向而动，从日军间隙穿越而至敌后，是南京保卫战中不多的亮点。

笔者看来，撤退变溃逃的深层次原因是唐生智权威不够，他长期任闲职、临危而受命，他既不是部队的"老长官"，部队也不是他的"老部下"，在决定生死存亡的时刻，不能上下同命，万众一心，只能各奔前程，自顾逃命。使原本可能的有序撤退，演变成无序溃逃。

（作者系第十二届全国政协委员、南京军区原副司令员）

——录自《国家人文历史》2015年第9期

栖霞地区军民抗击日军实录

东线战事

江宁要塞区自二十六年十二月九日起至
二十六年十二月十三日止作战经过概要

甲、战斗前

（一）敌情：犯我首都之敌于十二月九日接近尧化门、孝陵卫、安德门前附近。城内已被敌炮射击。乌龙山前方，我第十军与敌自七日起即已开始战斗。

（二）我军状况

（1）兵力：该区战时隶属首都卫戍司令长官，所属共计江防守备第二大队（海炮六门），守备步兵二营，野山炮、工兵、通信各一连，及要塞备炮五十一门（内有八点八厘米新炮八门）。

（2）配备：除原有乌龙山、乌龙庙、幕府山、老虎山、狮子山、马家山、雨花台、清凉山各一台外，海炮分装划子口四门、小金庄二门。野山炮连（三一炮八门）于乌龙山占领阵地。

乙、战斗间

九日晨，雨台首向花神庙、安德门方面之敌开始射击。敌机迭飞甘家巷友军上空轰炸，当被甲一台驱逐。

十日上午五时，猛攻乌龙山之敌与我第十军激战，午后四时终被击溃。

敌机竟日向我尧化门、甘家巷间友军阵地轰炸，经我甲一台驱逐，不遑而退。唯友军损失过重，自甘家巷后移至尧化门新阵地。

小金庄附近海炮移划子口。

十一日晨，唐司令长官命人将狮台野炮二门移第一公园放列，向光门外之敌射击，毁敌重炮二门。

晨，尧化门友军后移太平山、银孔山之线。午前十时，敌复向之猛攻，我乌龙山一带备炮向敌密集部队猛射，闻敌受伤极重。至午后门时，友军后撤新阵地，而龙台已成敌包围形式。

午前九时，雨台火炮一门被敌击毁。十时，敌于雨台左侧后袭人，该台被陷，人员多未退出。

本日，甲一台击落敌机一架。

长江要塞守备部队第二大队全部调划子口，备敌登陆。

十二日及十三日本日，敌炮骤增，内有重炮七八门，主向我龙台、甲一台射击。至十二时许，先后毁我龙台火炮四门、甲一台火炮三门。

午前十一时半，敌驱逐舰四支［只］沿江而上，至封锁线前约一千五百公尺处，经我划子口海炮及乌龙山一带备炮射击，结果一只前桅及望台被毁，其余亦均被伤，回驶封锁线外约万公尺处，不时向我射击。

午后五时，唐司令长官召集会议，决定即行撤退，并令要塞射击掩护，必要时毁炮撤退。各台施行掩护射击及撤退情形如下：

（1）乌龙山一带备炮仅余龙台一门、甲一台一门及野山炮连八门，自午后八时开始尽量射击，掩护友军退却。至十三日午前一时，友军撤尽，敌战车十余辆分由北家边、瓜村掩护步兵向我龙台进迫，当即被我炮连击毁三辆，惟以敌迫过紧，乃分别毁炮撤退。

（2）虎台与甲二台自午后八时均向红山、北固山集中射击，掩护友军撤退。至十三日午前三时，毁炮撤退。

（3）狮台于午后九时向水西门、上新河一带之敌射击，掩护友军撤退，惟其十二公分炮二门，限于地形，无法射击。至十三日午前三时，毁炮撤退。

（4）马台于午后八时向上新河一带射击，掩护友军退却。旋因消息断绝，被陷城中，无退出者。

十三日午前七时许，敌机多架轰炸封锁线，当将浮舟炸沉，并炸毁水雷九只（共设二十八只，战前已毁五只）。至九时半，敌舰九只向我封锁线直驶，被我划子口海炮射击，当即伤二只，沉一只，（系被炮击或触水雷，未详。）我海炮三门亦被击毁。

中国军队坚守南京城垣

丙、战斗后

（一）撤退及结束情形：撤出残部由该司令率领，经津浦、陇海、平汉路来汉。

（二）敌我损耗情形

（1）敌军损耗情形：被我先后击毁舰一支［只］（伤五支［只］）、飞机一架、战车一辆、重炮二门。

（2）该部损耗情形：关于武器部分，除火炮全部被敌及自动破坏外，其余步兵火器及器材等项，多因伤亡遗失或于途间被友军截缴。现到汉者，共仅步马枪五十支，机枪手枪各二支，及少量之通信器材而已。

关于弹药部分：炮弹消耗约四千发以上。枪弹除退出士兵携行少数外，余多消耗。

至于人员部分：伤亡及踪迹不明者十之六七，无法详查。计约沿途归并者四百余名，来汉者百余名。

——录自张宪文主编《南京大屠杀史料集》第 2 册《南京保卫战》，江苏人民出版社、凤凰集团出版社 2005 年版，第 227—229 页

南京保卫战史（节选）

（小标题序号经编者调整）

一、紫金山激战

位于东郊的钟山，又称紫金山，是孙中山先生陵墓所在地，又是南京的天然屏障。钟山地势雄伟，具南京城群山之首，享有"钟山龙蟠"之称。山岭东西长7公里，主峰北高峰高约450米，太平天国时，曾在第三峰筑天堡城抵抗清军，迄今遗址仍存。

南京保卫战，唐生智将装备精良、战斗力较强的教导总队部署于紫金山阵地。教导总队享有"蒋介石的铁卫队"之声誉，总队长桂永清，副总队长周振强、参谋长邱清泉。下辖步兵3个旅6个团，另有3个新兵团在湖南、江西训练，其直属部队有炮兵团、骑兵团、工兵团、辎重团，以及通信营、军士营、特务营等共11个团的兵力。该总队由德国顾问训练，其中步兵1、3、5团的装备和编制，均仿效德国步兵团。此3团，每团辖3个营，每营辖3个步兵连、1个重机枪连、1个八二迫击炮排；另有直属团部的榴弹炮连，战车防御炮连、通信连、输送连；每团辖16个连队。第1旅旅长由周振强兼，下辖1、2两团，第1团团长秦世铨，第2团团长谢承瑞。第2旅旅长胡启儒，下辖3、6两团，第3团团长李西开，第6团团长刘子淑。第3旅代理旅长马威龙，下辖4、5两团，第4团团长睢友蔺，第5团团长马威龙（兼）。

教导总队于11月末，遵照唐生智向各部队下达的防御命令，命令本总队："以协同友军固守南京为目的，决定于工兵学校、西山、紫金山、岔路口、中华门、太平门附近地区，占领阵地、加强防御工事，阻击沿京杭公路来犯之敌。"总队布置于富贵山地下室内。12月最初一周，随着各个方向战况的变化，整个南京外围阵地的部署也几经变化，不过紫金山阵地一直由教导总队固守，并未变化。阵地调整后，教导总队的右翼与第87师相接，左翼与48师为邻。

进攻紫金山及其附近阵地的为日军第16师团中岛今朝吾郎，该部以第33联队野田谦吾部主攻紫金山；第38联队助川静二部为其右翼，从玄武湖北侧及紫金山北侧地区向南京北部进攻；第9联队片桐护郎部为其左翼，进攻紫金山南侧地区；第20联队大野宣明部为最左翼，沿东部主干道向中山门进攻。同时，位于第16师团左翼的第9师团第35联队富士井末吉部，也在最后阶段，派出1个大队参加了攻击紫金山顶峰的战斗。

早从12月8日起，从汤山方向西进的日军，便进抵紫金山地区，在红毛山与老虎洞与守军发生激战。

红毛山位于孝陵卫营房东南，是南京中山门外京杭国道上的前哨阵地，同时也是紫金山的外围防地。教导总队的第1团第3营在这里防守。8日晨，日军在以空、炮向紫金山主阵地实施轰击的同时，派遣一支装甲部队向红毛山之线发起进攻。守军当即给予有力还击，狙击手炸毁装甲车1辆。由于日军不断增援，战况愈趋激烈，守军伤亡严重。该营营长周石泉，在紧急情况下，将预备队第11连调上前线，加入战斗。教导总队又派吴曙青营长带战车防御炮前来增援。守军经过激烈搏斗和顽强抵抗，使敌伤亡惨重，迫其只留少数兵力在正面阵地牵制，而以主力猛扑光华门外的工兵学校。

老虎洞为一凸起小高地，是从东面屏障紫金山第二峰、第一峰的重要据点。12月8日一早，日军便升起了侦察气球，指挥炮兵向老虎洞阵地猛击。当天午后，日军炮火延伸射击后，步兵随即发起冲锋。据当时在前沿指挥作战的教导总队作战参谋刘庸诚叙述："当敌人接近我阵地时，防守该地之罗雨丰营利用构筑好的阵地，以密集的火力向敌猛烈射击。居高临下，目标明显，敌人这天伤亡惨重"。9日拂晓，敌飞机再度对老虎山阵地滥施轰炸，炮兵同时猛烈射击，阵地上满是炸弹的爆炸声与烧夷弹、烟幕弹腾起的烟雾。日军凭借浓重的烟幕，再度发起冲锋。守军罗雨丰营长沉着指挥，率全营官兵拼死抵抗，终于在友军的配合下，又一次保护了老虎洞阵地。下午，风向对守军不利，日军施放更多的炮弹和燃烧弹，并趁势发起猛攻。守军1营官兵，大半牺牲，营长罗雨丰壮烈殉国，遂放弃老虎洞阵地，退守紫金山第二峰主阵地。

　　日军各进攻紫金山部队于 9 日进入攻击出发地，其主攻紫金山主阵地之步兵第 33 联队遂进入干道北侧地区，"和右翼支队的作战区域为五旗、蒋王庙、玄武湖东 500 米至南京城东北角一线"。其他各联队也同时进入了准备发起攻击的阵地。中日双方部队在这里剑拔弩张。据参加左翼攻击的第 9 联队第 3 中队中队长赤尾纯藏记述："我发现隔着山谷距离我们所在位置约 300 米远的对面山脊上，有数十个机枪火力点（用泥土和砖瓦构筑的碉堡），各碉堡之间有战壕相连，敌人兵力不明。只要我们稍微一探脑袋，子弹就从几个碉堡毫不留情地飞过来。而且敌人在阵地前面的深谷中设置好了几道铁丝网。这些铁丝网都在敌人机枪的射程之内，当穿越这些铁丝网的时候就会被敌人全部消灭。"

　　10 日拂晓，日军炮兵即在空中观测气球的指导下，逐段猛烈轰击西山、陵园新村和第二峰主阵地，日机也不断前来轰炸扫射。炮击后，日军坦克分两路引导步兵团向前猛冲。左路由孝陵卫街公路向守卫西山的第 1 团进攻；右路则由灵谷寺向守卫中山陵、陵园新村的第 3 团进攻。守军第 1、3 两团的战车防御炮连奋勇迎击，一连击毁日军坦克 2 辆，使之不敢再进；而守军第 1 团战防炮连连长王峻和全连战士也都在这一天的战斗中，全部壮烈牺牲。第 3 团团长李西开曾这样形容当时教导总队主阵地的战况："战斗猛烈，硝烟弥漫，枪炮声震撼山谷，双方伤亡甚众，战斗已达全线最高潮。"战斗虽然残酷激烈，硝烟弥漫，但由于教导总队已驻守孝陵卫一带 4 年之久，对这里的地形熟悉，构筑的工事比较坚固，官兵作战又很勇敢，以此杀伤敌人很多，阵地始终在守军的手中。担任正面进攻第二峰的日军步兵第 33 联队，在这一天的进攻中，"一直受到 382.5 高地敌军的抵抗"，遂决定由第 6 中队实施夜袭，该联队战史记载："第 6 中队勇猛地实施了攻击，但是，敌军用手榴弹进行顽强的抵抗，并且在左后方受到 200 余名敌军的反击，中队出现了多人伤亡，进攻暂时受挫，但至凌晨时，终于夺取了敌阵一角。"

　　与此同时，位于第 16 师团左翼的第 19 师团步兵第 35 联队也在这一天派出 1 个大队，参加攻击紫金山第二峰的战斗。该联队战史记载了在这一天战斗中，指挥进攻的第 3 大队长阵亡的惨烈场面。战史写道："大队长让第 9 中队远远地迂回到黄马方向，从侧面进攻紫金山 382.5 高地，让各种重器兵及大队主力进入马群北方高地以协助他们。大队长进入前线。上午 10 时 30 分，大队长在高地上正要命令第 12 中队从第 9 中队的左边展开时，被敌军的机枪子弹击穿头部，壮烈牺牲。第 9 中队不断击退敌军的反击，然后从其阵地的侧面继续进攻。"进过激烈的白刃格斗，该部方于上午 11 时占领了该高地。在步兵第 35 联队的右翼，是第 16 师团攻击紫金山的最左翼步兵第 20 联队。该联队在四方城阵地前，也经历了十分激烈的搏击。该联队士兵长古川信吉回忆这一段战斗经历时称："紧邻四方城前不高的山丘顶上，实力不可小视的敌后卫部队的残敌开始了抵抗和反击。""敌军拼命地猛烈射击，企图阻止森中队突击……中国军队掩护后卫部队的炮弹断断续续地从四面八方向我们射击。"

11、12 两日，在紫金山第二峰与西山主阵地，中日两军日夜鏖战。日军为夺取紫金山阵地，派出大量部队增援，并以加农炮用穿甲弹直射守军阵地。教导总队的一些机枪掩体被击毁，陵园新村的房屋也有数处起火，烟火朝天。总队指挥部也不断增派预备队，参加第一线作战。主阵地的激战，愈趋激烈。

11 日凌晨，中山门外主干道附近的中国守军，冒着敌人猛烈的炮火，顽强抗击，迫使进攻的日军不得不在山坡上暂时停止前进。日军步兵第 20 联队士兵牧原信夫在其阵中日记中感叹："敌人受到如此强大的炮击还仍然顽强抵抗到最后，实在令人佩服。第 10 中队或被这些残兵反击，或在冲上去后还受到了相当损失。"这一天，守军在失去西山阵地后，又于当晚组织了反击，尽管牺牲惨烈，仍顽强抵抗，坚持后方阵地。日军步兵第 20 联队士兵田中实男记述："夺取了西山之后，敌军又利用夜色逼近到我们附近，并用机关枪向我们扫射。山上、山下敌我双方的炮弹如雨点般落下，发出'轰、轰'的爆炸声。弹片击中右边的树木，折断了树枝，战斗十分惨烈。我看到了一个敌人，把他击毙了。我们度过了一个令人不快的夜晚。敌人猛烈的射击与前天一样。山上有许多敌人的尸体，土地都被染红了。"根据担任左翼作战的步兵第 9 联队第 1 个大队的统计，在 11 日的攻击作战中，共阵亡 50 名，负伤 100 余名，在战死中包括 2 名中队长，大队长以下 14 名军官负伤，"部队的骨干受到近乎毁灭性的损失"。

12 日，紫金山阵地的战斗进入最后阶段，该处日军的目标为夺取南京城的制高点紫金山顶峰及南京城的东门中山门。中日双方部队在这一天进行了更加惨烈的拼杀。

是日中午时，据在廖仲恺墓附近指挥战斗的教导总队第二团榴炮连代理连长严开运见闻："枪炮声越来越密，经明孝陵、廖墓这条路上后送的伤员越来越多，我连阵地附近的树木和地面枯草已被敌机投掷的烧夷弹引火燃烧。"严运开为避免连队的损失，向总队参谋长邱清泉报告，准备把阵地向后转移。邱清泉指着地图上的明孝陵、四方城、卫岗地段说："这里我们第一线的部队仍继续在坚持战斗，你们连的阵地不能转移，你们转移，第一线的部队会受影响，为了避免火烧，班排阵地范围内做调整，但决不许后撤。"于是，该榴炮连进行了某些局部调整后，据需冒着敌人的炮火和熊熊燃烧的山火，在原阵地坚持奋战。

日军担任主攻紫金山顶峰的步兵第33联队"战斗详报"称：该部经上午数小时激战，方冲入顶峰东南麓阵地，"这期间，敌军也利用步枪、机枪猛烈射击及投掷手榴弹等进行顽强抵抗。占领着顶峰东北方地区数道阵地的敌兵从顶峰北侧方向参加战斗，同时，从顶峰南侧地区后方陆续增加了敌军援兵，战斗逐渐激烈起来"。该联队士兵高岛市良在其12日的阵中日记中见证："昨夜第6支队夜袭过的山顶的碉堡和阵地很顽固，经过艰苦奋战，有70人死伤。山顶上的道上有敌人的子弹飞来，就沿着斜坡上险峻的岩石之间，运送死者和伤员。这些牺牲者真可怜，好不容易期待着进入南京奋战到了今日。"其担负突击最高峰的第6中队，在夺取371高地后，随即向第一峰488.5高地仰攻，并前进至守军阵地前300米处。该联队战史记录了发生在这里的激烈战况。"战史"记称："敌军不愧是精锐教导总队的士兵，其抵抗无比激烈，从山顶的碉堡和下方的水泥机枪掩体到处不断有迫击炮和机关枪的近距离反击，进行最后的挣扎……一场激烈的战斗随即展开，紫金山上已成为双方肉搏的战场。"此时，配合第16师团，从左翼干道向中山门进击的第9师团步兵第35联队，也遭遇到守军的顽强抵抗，攻击受阻。该联队的战斗报告中记述："12日，虽然继续猛攻近在咫尺的南京城，但由于受到来自右侧山地方向的侧射和城门前敌军的顽强抵抗，部队无法冲向中山门。"

至12日下午6时，第二峰与西山阵地被日军突破。虽然此时卫戍军总部已经下达了总撤退令，但教导总队的官兵，仍在紫金山一号高地，居高临下，与敌血战。13日凌晨，据已经撤退到明孝陵的教导总队排长李慕超所见："中

山门外的阵地上，一片沉寂，唯独紫金山上的守军，与敌鏖战正酣，火光冲天，呼声震地。"

总队第2战车防御炮连连长颜希孺，在战斗到最后，最紧张的时候，坚决表示："不管怎样撤退，我都不走了！"他在腰里藏着两颗用绳拴着的卵形手榴弹，决心与敌人同归于尽。后来，该连果然收到了上级的撤退命令，他在组织部队撤退后，自己随身带了两名战士留下来检查阵地。然而，从此他再也没有归队。

各路日军于13日从不同的地点攻入南京城。但是紫金山战斗并未停止。教导总队官兵在被四面包围的情况下，勇敢突围。日方资料中清楚地记载着紫金山阵地最后的战斗场景。日军第16师团第30旅团旅团长佐佐木到一在13日的日记中写道："敌军还在不断地从紫金山上往下冲，一群又一群，铺天盖地，满眼是敌军。他们都是驻守在紫金山顶的教导总队的士兵，他们试图从我支队的缝隙中杀开一条血路，进行反攻，突围出去。"在这场突围与反突围的血战中，日军第16师团动用了司令部的预备队、通信兵、运输兵，甚至传令兵都参加了战斗。佐佐木日记称："野战炮大队一直苦于道路而进行困难，那天夜里又遭到了袭击，进行掩护的一个步兵中队和一个工兵小队，大家不分彼此共同奋起迎战，进行了长达4个小时的战斗，其后方，原来部署了两个步兵中队作为后卫的，半夜后，也来自两个方向突围反攻过来的敌军大部队进行了战斗，并将该股敌军歼灭。另外，驻守在后方卫生所附近的混成骑兵团，黑暗中遭到敌军的袭击。敌军冲进院内，使他们损失人员200余名，马60余匹，他们当时是慌作一团。"日本华中方面军司令部松井石根在事后，也不得不承认："南京教导总队曾发挥相当勇猛的抵抗。"

南京保卫战的最高指挥官唐生智与罗卓英、刘兴，对于教导总队官兵在紫金山的顽强抵抗，给予了较高的评价。他们在事后给蒋介石的报告者说："守紫金山之部队，亦能沉着应战，迨我军退出南京之翌日，犹有一部官兵死守阵地，作壮烈牺牲。"

二、血战杨坊山、银孔山

位于紫金山阵地左侧的杨坊山，地扼京沪铁路和尧化门通向南京公路的要冲，地形十分险要，是南京东北方向的重要屏障。

南京卫戍军总部将第2军团徐源泉部部署在乌龙山—杨坊山一线，第2军团原驻防武汉，下辖41师丁治磐部和第48师徐继武部，沪淞会战爆发后，为补充东战场的大量伤亡，该军团抽调出班长的半数以上、连排长的1／3和士兵的全部，共1万余人，由营级军官率领，前往补充。经抽调以后的第2军团，只保留了一部分班、排连长等战斗骨干，士兵绝大部分为刚征集的新兵。有的新兵，在部队上船开服前线时刚被接收，"他们在船上换上军装，领取枪支弹药，学习怎样装退子弹，怎样瞄准射击，怎样投掷手榴弹"。

第2军团奉命于12月2日由武汉登船，开赴南京，列入南京卫戍部队的战斗序列。其先头部队第41师师部及所属第121旅，于4日上午10时抵达南京煤炭港，登陆后开赴尧化门甘家巷。第123旅则于6日凌晨3时许抵煤炭港登陆，并跟进甘家巷。其第48师及所属第142旅、144旅、因沿途空袭，迟至8日方登陆完毕。

8日下午4时，卫戍长官司令部下达"卫参第28号"命令：

第二军团第四八师（欠一团）占领杨坊山122.5高地北麓薛氏坟、曹村、和尚庄、杨家边、下西风头、曹庄之线，左与乌龙山守备队，右与教导总队联络，务速构筑工事。

第48师遂令第144旅附第283团共3个团，展开于北自曹庄，南达杨坊山之20公里防线。该线虽极具防御价值，但沿线极少既筑工事，多需在日军炮火下临时构筑。第48师遂全力以赴，勉强构成粗具野战规模的工事。该防线南端之杨坊山，为第2军团与教导总队防区结合部，按卫戍司令部命令，第2军团只需布防至杨坊山北薛氏坟为止，但教导总队未及时派队占领该山，第2军团遂主动派第288团第3营延伸占领，给本部防线右翼支持。

主攻杨坊山阵地的日军部队，为第16师团第30旅团之步兵第38联队助川静二所部。该部系日军攻击紫金山阵地之右翼，沿紫金山玄武湖北侧向和平门、下关攻击前进。为达此目标，杨坊山、银孔山为必须夺取之重要通道。

10日下午2时许，日军向第48师防线中的和尚庄发动猛攻，经守军痛予回击，未能得逞。

11日晨，日军以大炮30余门、飞机10余架，连续不断向杨坊山发起攻

击，先将山上工事毁平，续以坦克 16 辆掩护 2000 余名步兵、将该山包围，频频实施冲击。守卫杨坊山阵地之第 288 团第 3 营官兵，在营长陈庆勋指挥下，顽强抗击，与日军反复混战。后终因其炮火猛烈，第 3 营官兵几乎全壮烈牺牲，陈庆勋营长亦身负重伤，被救下火线，该营阵地遂为日军占领。与此同时，沿杨坊山之曹庄一带，是日均发生猛烈战斗。第 228 团中校团附何继厚，第 1 营营长苑师温，第 287 团第 3 营营长秦慎符等，先后负伤，连排长以下官兵之伤亡，更难计数。

防守杨坊山一线的主力第 144 旅，多为未经训练的新兵，在开始参加战斗时，"有的人把头埋在地下盲目射击；有的投掷手榴弹不知道拉引线，有的把手榴弹扔出去，不但没有炸死敌人，反而炸死炸伤了自己。"但是，新兵在老战士的带领下，"越打越顽强，越打越勇敢，战斗情绪很高。"第 288 团团长曹毅，曾指挥 1 个连队，集中一部分轻重机枪和集束手榴弹，隐蔽在一棵小树林中对进攻的日军进行伏击。据该旅旅长郭浚叙述："当敌人走进伏击圈后，指挥员一声令下，各种武器一齐发动，敌人的坦克有的被炸毁了，有的被打翻了，有的向后逃窜，把自己的前进部队冲得七零八落，一时间尸横遍野，战斗结束后，我们缴获了几辆坦克，可是无法开动，只好把它们炸毁。"

据日军文献记载，日军第 38 联队于 10 日上午 7 时，从何家边穿越普陀寺一带，经仙鹤门逼近尧化门；与此相配合，其野炮兵大队与迫击炮队亦经麒麟门进抵仙鹤门北侧高地。战斗打响后，"杨坊山的敌人用机关枪和迫击炮发动猛烈进攻，敌军在该阵地上约有两个中队的兵力，乌龙山和岔路口的炮台也猛烈的炮击。……敌人从银孔山也开始猛烈炮击。"在攻占杨坊山后，"在陷落的山顶战壕里，敌兵的尸体重叠在一起。"由此可见杨坊山战斗之激烈与守军牺牲之惨重。

日军占领杨坊山之后，紧接着又向其西侧的银孔山发起攻击。第 2 军团军团长徐源泉，早于杨坊山激战之际，即令第 142 旅之第 283 团进入银孔山抢筑工事，预为防守。杨坊山既失，银孔山随即发生激战。据第 2 军团战斗详报记载：

敌占杨坊山后，随以全力继向银孔山猛攻，轰炸惨烈，尤倍于前。我守该山 283 团第一营营长单诰渊，连长孙卉考，身先士卒，血战半日，饮弹殉国，而全营官兵亦伤亡殆尽。当单营激战时，该团之第二、三营前往增援，受敌炮击与飞机轰炸，未及时赶到，又伤亡过半，银孔山遂为敌占。

日军第30旅团旅团长佐佐木到一在日记中，记述了该部攻击银孔山过程中守军之顽强抵抗。日记称：在夺取银孔山东西两侧阵地的战斗中，"敌军的抵抗实在是太顽强了。因此命令炮兵集中火力对他们进行轰击。战壕里堆满了敌军士兵的尸体。尽管如此，当我步兵沿斜坡向上冲锋时，甚至还有士兵宁死不退，死守阵地，宁死不屈"。佐佐木承认，在守军退出银孔山阵地后，仍在太平山阵地与其他友军部队，共同造成对该部的严重威胁，使其苦不堪言。他写道："银孔山的敌军向太平山撤退，那里有构筑好的阵地和新的抵抗部队。此外，还有来自乌龙山炮台的重炮从右侧背后炮击，岔路口敌军野炮从左前方向我轰击。""我支队一直暴露于敌军的交叉火力和迫击炮的射击下，且白天一直竭力进攻据守在高地工事中顽抗的敌军，加上我右翼方向的强大敌军不断阻挠我军，右侧背后还有敌军出没，威胁着后方部队，并一直企图切断我与师团主力的联系。"

第2军团的杨坊山、银孔山战斗，系在明显劣势的条件下进行的，除了上述新兵居多、缺乏训练的情况外，其军团长徐源泉认为：工事与武器不配套，"纵有少数国防工事，或因重兵器不足，或因无是项兵器，大都不能利用"；兵力不足，"以全师兵力完全展布，犹觉不敷分配，而敌之攻我，专注一点，我则处处薄弱，坐以受攻"；无炮火支援，"敌炮每以数十门向我连续发射，弹如雨注，而我无一炮还击，于士卒精神上颇受打击"，"统计我军伤亡被炮击者，占十分之七"。尽管如此，守卫杨坊山、银孔山的将士，仍能不畏强敌，浴血奋战，与阵地共存亡，将日军大量杀伤，迟滞其进攻速度，其爱国奋斗之志，令人钦佩。

三、乌龙山撤守

乌龙山位于南京东北方向长江边，因唐代在此建有乌龙庙而得名。山峰虽不算高，最高峰仅72米，但山势险要，沿江横亘，扼八卦洲东端之三叉江口，是阻止日军溯江而上的战略要塞部位。

乌龙山要塞建有两座炮台。一为古老的"龙台"，自清末至今，设有老式备炮,台长卓超寰;一为新建现代化设施"甲一台",设有八八式高炮4门,台长李诚中。在此防守的部队,除有限的江宁要塞部队外,还有防守东郊阵地的第2军团部队。第2军团初以第41师之第1团进驻乌龙山,担任要塞守备,后因第48师部队抵达,遂以第48师之第142旅(欠283团)任乌龙山要塞守备,至要塞失守前,因正面阵地不支,大部守军均撤入要塞阵地。

乌龙山守军对日本陆海军的进攻,进行了坚决的抵抗,予日军以沉重的打击,而自身亦有重大伤亡。12月10日下午,日舰进入乌龙山炮台7000米远的位置,守军甲一台当即予以猛烈炮击。交战结果,迫使日舰退至炮台最大射程之外,不敢贸然前进。是夜起,"敌将攻城兵力全部移攻乌龙山,志在必得,幸我将士用命,虽血肉横飞,死亡枕藉,而气不少馁,且愈兴奋"。

11日,乌龙山附近之杨坊山、银孔山战斗激烈,为支援守军第48师坚守银孔山阵地,乌龙山各备炮向日军施行密集猛轰,致日军遭受重大损失。乌龙山甲一台并击落日机一架。守军第41师于丢失杨坊山、银孔山阵地后,即退守乌龙山要塞内,与要塞部队共守阵地。第2军团军团长徐源泉称:"斯时,职军损失已达三分之一以上,而预备队亦使用无余。至晚6时许,只得整理残部,缩小阵线,退入乌龙山炮台坚守,誓共存亡,以作南京城外廓之支点。""真(11日)夜以后续占弹丸之地,受敌海陆空三面环攻,竟至炮台炮位完全被炸毁,我兵扔屹然不动。

经11日整日战斗,日军步步紧逼,守军遂退入要塞阵地。据军史档案记载,是日日军"约一旅团突破我四十一、四十八两师在和尚庄附近之阵地,已占领杨坊山、银孔山附近一带,继续向退入乌龙山要塞之四十一、四十八两师攻击中,并有一部向西搜索前进"。

12日,乌龙山要塞局势进一步严重。该处守军炮兵在极其严峻的形势下,仍奋勇还击日军步兵的攻击与飞机的轰炸。日军第30旅团旅团长佐佐木到一在是日日记中称:"又有炮弹从乌龙山炮台射来,虽然站在山坡背后,也能看到炮台射来的炮弹,该炮台的高射炮一直到战斗的最后一刻都在向我们飞机射击。经常看到三炮齐射的炮弹正好在我们头顶上空爆炸。"守军军事档案记载:"(12日)午前十一时半,敌驱逐舰四支[艘]沿江而上,至封锁线前约一千五百公尺处,经我划子口海炮及乌龙山一带备炮射击,结果一只前桅及望台被毁,其余亦均被伤,回驶封锁线外约万公尺处。"

日机配合其步兵、炮兵不断加强对要塞阵地的攻击，下游日舰亦炮击要塞炮台，致使要塞重炮及配属高射炮遭到严重破坏，区内房屋亦多被焚烧。傍晚，龙台台长卓超寰向第2军团军团长徐源泉报告：

报告一
本台龙一台二三公分及一五公分炮，均被敌机炸毁或自损，均不能射击，仅留龙台十六公分炮可射击，士兵炸死伤三十余人。

报告二
本日下午二时余，敌舰冲过封锁线下，当本炮台备炮发射将敌击退，刻未见敌舰踪迹。又于四时五十分发现敌扫雷舰数艘，亦将其击退，仅十二公分炮二门可射矣。

旋又有守备队队长丁绾符与高射炮李队长报告各炮损毁情况，计为：甲一台88高射炮第一炮、第二炮炮内损坏，第四炮管道机损坏，均不能射击；龙台损毁23公分炮2门、15公分炮2门。

这一天，由日军第13师团第103旅团旅团长山田梅二率领的一个支队以步兵3个大队、山炮兵1个大队为基干，从镇江出发，沿京沪线与长江边，进袭乌龙山。

下午2时许，卫戍司令长官唐生智和江宁要塞司令邵百昌，先后来电话查询乌龙山战况，并令第2军团出击。但第1师师长丁治磐告以，因全线敌人攻击甚烈，该部已无力出击。接着，第2军团军团长徐源泉以无线电报，致电唐生智报告战况，并请支援，内称：

职军昨（真）日与步炮联合万余之敌，并附战车二十余辆激战入夜，以各师连日逐次消耗兵力达三分之二，不能再于要塞外作战，拟缩小战线，以一部撤入乌龙山要塞内，大部占领要塞外之戴家边、贾家边、汪家边，白家边之线，为求巩固，以备要塞共存亡。惟龙台台长业已失踪，并将龙台平时通信设备，如无线电电话、军鸽破坏无余，使职无法指挥，迄欲与钧座通话亦不可能。尤可虑者，要塞炮射击指挥无人，野（山）炮各连长官亦多不见，而要塞工程原未完工，查今（文）日自拂晓起，至发电时，敌炮仍向炮台连续发炮，飞机轰炸五次，拟要塞本身已不可恃，职惟有尽力督率官兵在重围之中，与敌奋斗。惟给养、弹药及伤兵后送诸问题，仍祈设法解决为祷。

随着要塞附近第 2 军团部队战况恶化，日军野战炮前进至乌龙山背面向要塞炮台攻击。此时，龙台已失去战力，剩下甲一台，仍由李诚中台长率领，在坚持战斗。据甲一台台附瀛云萍描述："在李台长的指挥下，台官兵密切配合，当敌人试射时，我们猛烈还击，当敌炮有效力射击时，我们及时隐蔽，双方激战数个回合，敌炮终于撤走。"

当日下午 5 时，唐生智已召集会议，下达撤退令，"令要塞射击掩护，必要时毁炮撤退"。乌龙山要塞遂一面掩护射击，一面毁炮撤退。据军事档案记载：

乌龙山一带备炮仅余龙台一门，甲一台一门及野山炮八门，自午后 8 时开始尽量射击，掩护友军退却。至十三日午前一时，友军撤尽，敌战车十八辆，分由北家边、瓜村掩护步兵，向我龙台进迫，当即被我炮连击毁三辆，惟以敌迫过紧，乃分别毁炮撤退。

据乌龙山甲一台台附瀛云萍回忆：是日傍晚，龙虎总台台附赵勋来到甲一台，"告知总台长（黄永诚）已过江侦察阵地，同长官部也失去联系……要我们以保存人力为主，相机撤退到武汉要塞科报到"。于是，甲一台"将炮闩拆下后投入江中后，剩夜下山渡江而去"。

第 2 军团自白天向卫戍总部发出求援无线电报后，一直期待能得到新的指令和支援，但直至夜 1 时，仍得不到总部复电，对于唐生智在下午 5 时颁发的撤退令，亦不复知晓。还是一批批从上游沿江抵达乌龙山的散兵，告诉了他们南京失守，大军拥挤江边无法渡过的消息。正巧此时上游驶来 20 余只民船，船夫称："南京于下午即失，我等原在浦口被扣，下午无人过问，见情况不好，又上新河、白河口一带均有敌，不能上驶，只得向下游逃生。"第 2 军团遂将这批民船扣留于乌龙山下。据该军团战斗详报载："于 13 日午前零时，先令一部奋向东面打开退路，严密警戒，仍由周家沙、黄泥荡（即黄天荡）两码头乘夜陆续渡江，分向长江北岸之望江亭、通江集等处，收容集结。当一时许开始渡江，正遇东风，达旦不息，往来顺风，驰渡甚速，至十三日早七时许渡毕。"该部渡江完毕后仅1小时，日舰即上驰，日机亦至长江两岸侦炸，乌龙山被炸成了一片灰白色的秃山。与此同时日军山田支队在没有抵抗的情况下，占领了乌龙山。幸江北地带柳林丛密，得以隐蔽，第2军团遂于望江亭、高家片子、沙洲桥、通江集一带，分别收容，于下午三时许，两师分路转进来安。

第2军团在乌龙山至杨坊山一线，经1周左右时间的战斗，据撤抵安徽寿县的清点，第41师共伤亡官兵2402名，第48师伤亡为2617名，连同军团部损失，全军团在乌龙山至杨坊山一线的战斗中，计伤亡5079名；又经撤退沿途收容，全军团计存官兵11851名。

该军团于12月22日在寿县接蒋介石电令，命至黄山、麻城整理；27日到达六安，稍作休整；1938年1月5日出发，14日抵达黄安、麻城一带。

应该说，第2军团在乌龙山至杨坊山一线的战斗中，广大官兵士气高昂，与日军浴血奋战，确为保卫首都，抗击日军做出了可贵的贡献。但是，唐生智等最高指挥官，对于主要负责守卫乌龙山阵地之第48师指挥官，并不满意。在其事后写给军事委员会的报告中称："第48师守乌龙山至杨坊山本阵地，因通信联络不确，陷于指挥不灵之境。指挥官保存实力之观念未除，应负战斗不力之责。"

乌龙山的守撤过程，也暴露出守军在江防、要塞防守战斗中的诸多弱点，为日后的持久抗战留下了宝贵的教训。第2军团军团长在总结这一战斗的经验时指出："乌龙山为首都复廓要点，又为江防重地，设置要塞诚为必要。惟以现代空军发达，我海军又极贫弱，不能阻敌舰深入，则该要塞之构筑，非力求强固不可。乃乌龙山炮台炮位露天，无异于野战炮兵之阵地，经敌舰半日之炮击，全台炮位即毁坏无遗，失去要塞之效用，实为憾事。"

四、广东军突出重围

在整个南京守军大撤退中，能够按照命令规定，从正面突围，而没有拥堵江边，坐以待毙的部队，便是由军长叶肇指挥的第66军，以及随同第66军突围的第83军邓龙光所部。

12月12日下午6时，两支广东部队第66军与第83军，接奉撤退命令，

栖霞地区军民抗击日军实录

其要旨为"按一六〇、一五九、一五六、一五四师之顺序，由太平门突围，经汤山、句容向安徽、宁国集中"。

叶肇随即根据卫戍军总部的撤退命令，下达第66军之行动命令：

1. 敌约五六联队向雨花台、紫金山我友军阵地猛烈攻击中，紫金山以北有敌一联队。我守军全部于本夜突围，向安徽转进。

2. 军以突围之目的，于本夜九时由太平门出发，经紫金山北麓东西流镇、句容、溧阳、郎溪等地向宁国集中。

3. 第一六零师（欠四八零旅）应于黄昏后到太平门集合，撤除城门沙包，依九五六团、九五五团秩序、经紫金山麓向句容方向至敌攻击，掩护主力前进至高骊山后，即向南转进。

4. 军属炮兵营、工兵营应于黄昏后，依次到太平门集合，在一六零师之后跟进。

5. 第一五九师（欠四七七旅）应于黄昏后，将守城部队逐次撤退，到太平门附近集合，在工兵营后跟进。

6. 笨重行李及机密图书文件，不得已时自行焚毁，勿入敌手。

7. 行进时，予在九五五团先头。

由叶肇兼任师长的第160师，为第66军之主力部队，担负着先导、突击的重要责任。该师早在11日，即于燕子矶整理待命期间，将全师编并为第955、956两团，擢升956团团长喻英奇为第478旅代旅长，以师参谋处长蔡如柏调充第956团团长，参谋处长遗缺以中校参谋钟汉柏充任，并委司徒非为少将参谋长。12日晚7时，全师于太平门内集合完毕，即召集连长以上指挥官开会，下达口头撤退：师以突破重围，集中宁国之目的，拟即由太平门经紫金山麓东西流镇、汤山、句容、溧水、郎溪向宁国集中；13日至句容东南地区，14日至溧水东南地区，15日至郎溪东端地区，16日至宁国附近；第956团为第一线，循师行进路线向当面之敌攻击前进；第955团为预备队，随师部行进。该师于7时30分开始移动，费1小时余，始将堆塞城门之沙包除去，又逢教导总队自紫金山退入城中，加之道途中自埋之地雷及各种障碍物，需予清除，一时间队伍混乱，直到岔路口附近，经略事整理，方才理顺。

与第 66 军相比，同为广东部队的第 83 军，由于两师部队正在前线城垣作战，其撤退情况较为混乱。当 12 日下午撤退令下达时，第 154 师正在水西门至中华门间城垣一线作战，该两师师长均未随部队一起撤退。据第 156 师师部副官处处长梁岱回忆，12 日下午 5 时许，师长李江给他打来一个紧急电话，称师部已奉令向太平门突围，着他急率领后方官兵集合在驻地中山北路的路旁，等候队伍经过会合。梁连一句话也来不及问，电话便中断了。可是，中山路上尽失狂奔杂乱的队伍，根本找不到第 156 师部队。梁岱判断，已无法与本部队取得联系，便率领后方官兵迳奔太平门。

　　就在第 38 军的两师部队艰难集合，准备突围时，他们的两位师长，却没有能够找到自己的部队。遂各自渡江北去。第 154 师师长巫剑锋与师参谋长，从乌龙山搭船过江；第 156 师师长李江，从距离挹江门几百公尺的地方用脚缚吊出城外，经过种种周折，自下关搭得某部轮船过江。

　　第 83 军军长邓龙光、参谋长陈文与军参谋处处长刘绍武等人，在湖南路中央党部与第 66 军军长叶肇、第 159 师副师长罗策群等商定，两支广东部队统由叶肇指挥，由第 66 军作先锋，第 83 军作后卫。可是两军人马被堵于太平门内。拆除城门沙包等障碍物，需要时间，城门疏通后，拥挤的部队争相出城，又造成新的混乱。第 156 师梁岱处长带领的后方官兵，便是在城门已挤满了人，出城无望的情况下，用绳子绑腿从城墙上一个个吊下去的。

　　这支在混乱撤退中突围的队伍，在出了太平门外岔路口附近，与日军警戒部队相遇，其第 956 团发动冲锋、肉搏，将日军击退；其另一部则向日军施行掩护射击，使主力迅速向东前进。第 159 师副师长罗策群，几次督促部队发起冲击，均不得手，最后他举起马鞭，高呼："跟我来，几大就几大，唔好做哀仔呀？"（广东话，指不要丢脸的意思）在罗策群的带动下，终于将当面敌军击溃，但罗也在这一战斗中，光荣捐躯。据第 66 军上校参谋处长郭永镳报告：

　　是（12 日）夜 12 时许，始抵岔路口附近，即遇敌阻拦。除以一部驱逐敌人警戒部队外，余分作数纵队，乘敌蟠隙，由小道透过。敌虽数度迂回，均被我军击退。

13日凌晨，这支突围的守军自岔路口经尧化门，又折向南，抵仙鹤门附近。在这里，他们与日军的后续部队发生了一次规模较大的遭遇战。其第160师官兵奋不顾身，向敌人炮兵阵地攻击，"毙敌三四百名，敌骑五六十匹，毁敌炮二门，沿途电话线均被我军剪断，敌狼狈向东南逃窜"。第159师亦在东流镇附近与日军接触，"肉搏数小时，卒将敌击退，毁敌炮四门"。

在仙鹤门战斗中，守军虽处败退劣势，牺牲惨重，但官兵奋勇杀敌，打得日军惊慌失措，造成日军大量伤亡。在日本军方文件和官兵日记中，大量记载了这一战斗的实况。

日本上海派遣军参谋长饭沼守少将在12月13日的日记中写道："今天凌晨1时左右，骑兵部队和大约3000名敌残兵败卒发生交战，天亮时将之击退。据报，我方伤亡70人，损失战马204匹，敌遗弃尸体不下700具，我缴获大量战利品。"在南京东北郊一带指挥战斗的日军第16师团师团长中岛今朝吾于深夜被部属的求助电话惊醒，他记称："（12日）深夜3时被惊醒求助的有10厘米加农炮大队（原注：独立攻城重炮兵第二大队15厘米加农炮误记）本部及第一中队、混成骑兵队，他们遭到了要从南京城里城外撤退逃跑的残兵败卒的袭击。"日军第30旅团旅团长佐佐木到一则记录了该部步兵、工兵、骑兵等不同兵种慌乱中迎战，遭到重大损失的惨状他写道："那天夜里又遭到袭击，进行掩护的一个步兵中队和一个工兵小队，大家不分彼此共同奋起应战，进行长达3小时的战斗。其后方，原来部署两个步兵中队作为后卫的，半夜后，也与来自两个方向突围反攻过来的敌军大部队进行了战斗，并将敌军歼灭。另外，驻守后方卫生所附近的混合骑兵团，黑暗中遭到敌军袭击。敌军冲进院内，使他们损失人员二百余人，马六十余匹，他们当时是慌作一团。"

由日军第3师团之骑兵第3联队组成的上海派遣军混成骑兵队，奉命于12日起，自岔路口折向仙鹤门，在这里堵住第9师团与第114师团之间的空隙，以防守军从这里突围。13日凌晨，该部正好在这里与突围的守军第66军部队交战。在"异常激烈"的恶战中，双方的死伤都很严重，该联队的伤亡创造了登陆以来的最高纪录。据其联队战史记载：战斗中，"伤员接连不断地从前线送到联队本部附近，这表明战斗异常激烈……这场战斗给予敌军以沉重打击，但我部队的伤亡也是登陆以来最多的一次"；"躲过第二小队攻击的敌人大纵队，又洪水般涌入部署在道路岔口附近堤坝上我中队主力的阻击阵地，双方很快又混杂在一起进行殊死搏斗。中队长木村大尉阵亡，继而宫胁军曹身中数弹，像是要保护中队长似地倒伏在中队长的身上。太田第一小队长也被手榴弹炸死，下士官兵多人负伤，其情形十分惨烈。敌军的损失虽数倍于我，但我中队的损失也给中队造成毁灭性的打击"。日军骑兵第3联队中尉福井亲身经历了发生在13日凌晨的惨烈的遭遇战，对于战斗中的中国军队一次次勇猛的冲锋，双方伤亡的惨重，留下了非常深刻的印象。他在手记中这样描述自己"从来没有见过"的战场情况："敌人像云霞一般东一团西一团地正从道路上朝这边逼近，大家马上严阵以待，准备决一死战。50米，30米，10米，5米，大家一齐开火，眼前的敌人一片片倒下，可是敌人这次来得太多，部队吹起冲锋号，全体官兵一齐杀向敌人，敌人有的进入我右面阵地，有的进入我左面阵地，有的进入我中央阵地，战场很快一片混乱，木村部队完全陷入了孤立的境地……部队主力此时尚处于敌人的包围之中，大家继续奋战。不久敌人第三次来袭，或西，或东，或北，在冲锋号声中大吼着向我阵地冲来。迫击炮弹也跟着朝我射来，到处都在爆炸。"到战斗结束时，"放眼望去，漫山遍野黑压压的全是尸体，如此惨烈的战场我从来没有见过"。

13日晨5时，守军突围部队兴抵空山、狮子山，与日军再次发生大规模的战斗。日军以50余辆战车截住守军的退路，并以飞机30余架，猛烈轰炸，据该部战斗详报记载："敌兵以排山倒海之势，向我攻击，经我军屡次冲锋，均未能突出，且被截成数段。""到达空山、狮子山后，与步炮空联合约四五千之敌遭遇，发生激战，屡围屡攻，再三肉搏，牺牲壮烈，得未曾有。毙敌千余，毁敌炮数门、战车三辆、铁甲汽车一辆、汽车二辆。"

日军第16师团第38联队士兵东武夫，经历了13日早晨在南京东北部一代的战斗。激烈的战斗，迫使小队长"悲壮"训示士兵，要誓死守住阵地，绝不能后退。他在这一天的日记中写道："早晨6时左右，在回中队的途中，在××高地与大约500名敌败残兵进行了交战，双方展开了一场大激战。……战斗激烈进行的时候，小队长似乎下定了决心，向全小队人员作了如下训示，以鼓舞全体人员的斗志。'如果敌人突然冲进来，也绝不能丢掉这个阵地，全体人员应该并肩而死。'"

13日晨在空山、狮子山一带发生遭遇战，一直进行到中午。其间，日军不断派来增援部队，战斗甚为激烈。该守军散占各高山据点，作顽强抵抗，

方杀出一条血路，撤往汤山附近。根据上述郭永镳报告称：

> 至午，复与步炮联合之敌遭遇。当时以寡众悬殊，乃避实就虚，向敌侧面冲击，连占各高山据点。敌又以汽车载运其步炮兵拦阻进路，并以炮兵向我侧面猛烈轰击，势甚危殆。乃以一部直向敌炮兵阵地冲进，将敌步兵击退后，毁敌山炮两门，我军乃继续前进。

是日下午 4 时后，这支突围部队在方冲附近，又与一支拥有十余辆坦克，数十名骑兵的日军部队遭遇，再次发生血战，经 5 次冲杀，部队遭截击、分割，伤亡惨重，至半夜方分抵汤山炮兵营房与转经台，该部档案记载："至（13 日）下午 4 时许，抵汤山龙潭公路附近，复遇敌唐克车（原文如此）十余辆，骑兵数十名，不断截击，诚恐损害过大，乃不顾一切，以横队超越马路。比抵路侧时，又遇敌战车阻拦。幸我军已进入死角内，敌战车无法射击。我候至天黑，乃得通过。但是时因月暗天黑，摸索前进，官兵各自奋力作战，迨超越马路时，各部竟失却联络。于是一部直向汤水镇前进，受敌栏袭，经 5 次冲击，至夜半，始抵炮兵营房。一部则向拜经台大山前进。"

方冲一仗，守军突围部队损失惨重。据事后当地居民茆庆福说："这一仗，中央军只有一小部分从山口往北冲的跑出来了，跑出来的又有许多被鬼子打死了。张家岗、陈家边后头的小山坡上有不少人被打死，梅花墩上也死了不少了。日本兵的机枪火力很猛，方冲山上竹林里的竹子都打秃了。这一仗，被打死的中央军有好几百人。"

经过 13 日空山、狮子山的激烈战斗，第 66 军军长叶肇和军参谋长黄植南，与部队失去了联系。他们在汤山附近的山地里，换上便衣，潜伏一天，后混入京沪公路上的难民群中。叶、黄二人曾被日军选为挑夫，但均因不胜任而得到解脱。后叶肇远离交通要道，经由上海，搭论返粤。

自 13 日夜起，担负突击任务的第 160 师始分作两股，一股官兵 600 余人，突出重围后，20 日到南陵；24 日到徽州，交由 480 旅副旅长莫福如负责收容。另一股由师参谋长钟汉柏，经沿途收容，共得人枪 400 余，于 1938 年 1 月日到达徽州。此外，尚有百十成群的小部队，陆续归建。

在第 160 师被打散后分散突围过程中，钟汉柏所率领的一支，经历尤为惊险曲折。钟汉柏在 13 日部队被冲散后，身边只有传令兵 9 人到达土桥附近村庄；14 日，集合的官兵百余人，由于受到日军沿京杭国道和京句支路各点面的包围，只得不断化整为零，复化零为整，"处处向敌逆袭"，将敌后方交通通信切断；15 日过岔路镇到谢村，在乌山镇附近公路击毁敌装甲汽车 4 辆，毙敌 10 余人。到谢村后，又收容官兵百余人，合计 200 余人，编为 2 连，分由第 159 师机枪连连长邓华才和第 956 团炮兵连连附徐祥率领。此时，钟得知本部有六七百人已过谢村，正向小丹阳转进，遂率队赶至小丹阳，又收得残兵数百人，并向转进中之部队发出通报：

（一）根据当涂有敌骑二百余，并有兵力未详之大部队沿河拦阻，石臼湖有敌汽艇十余只出没，我渡河困难。

（二）余已率兵两连到达小丹阳，决本晚向溧水、洪蓝埠方向转进。

（三）贵部今后行止如何？即请示知，以便联络。

当晚，由第 955 团营长陈剑光及 959 团军需主任辜国华等率领的 700 余人，来到小丹阳与钟部会合。钟汉柏遂将此 1000 余人，临时以"江南游击支队"名义，编为一、二支队由辜国华率领，当晚回谢村，此后沿谢家铺、十四牌、蕙封山一线，转向南进，至宁国集中，第 1 支队由钟汉柏亲率，号称 3 个大队，分由邓华才、徐祥、黄德才率领，共有官兵 700 余人，轻机枪 12 挺，步枪 221 支、驳壳枪 50 余支。

钟汉柏支队于 15 日夜通过洪蓝埠以北，复经芝山，坎又溪港到邓埠镇。侦知固城湖、三塔荡间横断南北交通之胥河，所有上坝、下坝、邓埠河口等各处桥梁，均有日军扼守。乃令第 1 大队邓华才部，夜袭邓埠当面之敌，掩护支队主力通过。经激战 1 小时，迫敌且战且退，使支队得完全通过邓埠，经梅渚镇、出东桥、独山界牌，而至广德以东 20 余里之甘溪沟，复经卢村、谢村、刘村、张村、而至新布桥，进入第 13 师游击队之警戒线。再经石口、胡乐寺、绩溪，到达徽州，只有官兵 420 余名、轻机枪 8 挺、步枪 172 支、驳壳枪 50 支。

紧随第 160 师突围的第 159 师，在 13 日晚被日军分割后，除少数为前述钟汉柏收容外，大部分为军参谋处上校处长郭永镰所收容。郭于 14 日，始在句容九华山的墓东村设立收容站。当晚，郭即将收容的部队开进山村，分散居住，而由第 159 师营附林诗学率一个建制较为完整的连队留在墓东，派便衣扼守山坳。旋第 159 师、第 475 旅少将旅长林伟俦及其所属第 952 团上校团长何全标，经墓东，也进入山村与郭会合。几天后军部的少尉军需携万元现款，前来报到，致使收容站的军需、食品及化妆便衣均获解决。

郭永镰在九华山、高骊山间地区，前后收容 17 天，至 12 月底，共收容官兵 1300 多人，有枪支三四百支，下分三个营，第一营长林诗学，原第 159 师上尉营附；营附李植生，原第 159 师上尉军械员。第二营营长崔直行，原第 160 师上尉连长。第 3 营营长谭廷光，原第 156 师少校团附；营附文耀华，原第 156 师上尉营政训员。该部于驻地"组织民众担任游击，屡挫敌人"，至 12 月 31 日，有郭永镰率领南返，经茅山、溧阳、郎溪、广德，于 1938 年10 日抵宁国集中。

第 66 军的第 160 师、159 师两个师部队，经南京一役，再经突围辗转散失，损失惨重。在集中江西、湖南后方整训时，分由林伟俦、莫福如、郭永镰等率领安抵者，加上沿途散失后又陆续归队者，据该师档案记载，第 160 师共有官兵 3400 人，第 159 师共有官兵 4891 人，合计为 8291 人。

作为突围部队后卫的第 83 军，比 66 军散失得更早。他们在 12 日夜间经过岔路口战斗后，便四分五散，当时紧随军长邓龙光、军参谋长陈文、军参谋处长刘绍武身边的军官直属队，已经不到百人。邓龙光为赶在敌人增援部队来到之前，冲过封锁线，便令特务连用急袭的火力掩护，利用附近碉堡逐次跃进，艰难地通过日军火力网，但特务连经此交锋，也已死伤过半。接下来，便由刘绍武处长在前担任搜索，侦察一段，回头领邓龙光等跃进一段。行进中，又与军参谋长陈文失去联系。到达淳化附近时邓身边也只剩下参谋处长刘绍武、随从副官王志，以及卫士、特务连士兵各二三人。他们在这里与第 160 师第 480 旅副旅长莫福如所率三四十名官兵相遇。后经秣陵关、龙都进入安徽省境。12 月 21 日，邓龙光一行到达南陵上官云相防地，得到蒋介石、余汉谋复电慰勉，并奉命到屯溪收容。第 84 军陆续收容到归队官兵一二千人，于 1938 年 1 月中旬，由王德全率领，赴湖南安仁集中训练。

——录自孙宅巍著《南京保卫战战史》南京出版社

2014 年版，第 164-171 页

仙鹤门之战

12 月 12 日午后酉时，66 军下达了如下命令：160 师应于黄昏后到太平门集合，撤除城门沙包，经紫金山北麓、东流，向句容方面攻击。军属炮兵营、工兵营和 159 师依次跟进。160 师掩护主力前进至句容高骊山后，即向南转进，经溧阳、郎溪等地向宁国集中。

66 军此后 20 余天的行动大体上是按照该命令进行的。

广东部队的突围仓促而混乱。12 月 12 日晚 8 时许，叶肇和 159 师副师长罗策群（师长谭邃因患肺病已搭船过江了）亲自指挥部队拆除堵塞城门的沙包。

据叶禄群回忆，12 月 12 日黄昏时分，160 师 956 团第一营在营长陈植带领下率先冲出南京太平门向东突围。该营刚出城门，教导总队从紫金山败下。他们不知城内情况，急着要入城，66 军要出城，双方在城门口相互开枪，尸积如山。66 军的后续部队不能出城，前后失去联络。陈植率第一营到达东流，遭敌袭击，连长陈芳身中数弹，壮烈牺牲，另有三五十个士兵也在突围中阵亡。陈植不见后续部队前来，便率领队伍向下关行进。结果，该营只有陈植、叶禄群等少数人渡过了长江。

夜里 9 点左右，66 军大部队争先恐后挤出城门。部队冲出城门后，又被自埋的地雷所阻，队伍非常混乱。到了紫金山东北的岔路口，经过整理才恢复队形。岔路口之日军发觉后即向突围部队射击，于是叶肇指挥部队向当面之敌冲击，22 时突破岔路口敌阵地，24 时夺取仙鹤门以南阵地，击毙敌兵三四百名，敌骑五六十匹，毁敌炮两门。突围部队也伤亡惨重，罗策群在岔路口几次督队扑敌，均不得手，便举起马鞭高呼："跟我来，几大就几大，唔好做哀仔呀？"（广东话，跟我来，死就死，不要做懦夫啊。）后来不幸中弹，壮烈牺牲。

栖霞地区军民抗击日军实录

仙鹤门遇难同胞纪念碑

日军方面对仙鹤门以南地区的战斗也有记录。上海派遣军参谋长饭沼守在12月13日的日记里写道："今天凌晨1时左右，骑兵部队和大约3000名敌残兵败卒交战，天亮时将之击退。据报，我方伤亡70人，损失战马204匹。敌遗弃尸体不下700具。我缴获大量战利品。"16师团后勤参谋木佐木久的日记写得更坦率："胜利了！占领首都之日，怎么没到拂晓就闹腾起来了？原来是接到仙鹤门附近重炮兵及骑兵遭敌袭击的报告，使得司令部发生了骚动。敌人充其量是为数不多的残兵败卒，而装备着步枪的重炮兵、骑兵表现得如此惊慌失措，听起来简直太荒唐了。可司令部不加分析地完全相信并如此骚乱也够荒唐的。"可见，在突围部队的攻击下，日军是何等慌张、何等狼狈。

13日凌晨5时，突围部队经灵山、东流到达复兴桥附近，一部向孔山前进。此时，66军的参谋处长郭永镳率领一部向火龙山（现称棒槌山）前进，叶肇率主力向狮子山（在射乌山西南角，现称庙山）前进。到达孔山、狮子山后，突围部队与步炮联合之敌遭遇，发生激战。

12月13日的突围战打得昏天黑地。突围部队有的向南，有的向北，有的向东。83军军长邓龙光带着几十人突围到淳化，66军军长叶肇和他的参谋长黄植南在汤山附近失踪，160师参谋长司徒非（少将）阵亡。大批士兵在战斗中壮烈牺牲，长眠在青山绿水间。尽管如此，突围部队主力仍一路向东，猛勇冲杀。

——录自费仲兴著《城东生死劫》，中国工人出版社
2008年版，第147-149页

记最后退出南京的叶肇将军

这是意外，我得知了一个紧张，危险，悲壮，同时又令人感觉得无限兴奋的故事。这样有意思的故事，在中国民族抗战史上诚然是不可多得的。"还是一个奇迹啊！"归途上，我不禁再反复地这么想。

南京失陷那一天，城里还留着不少守军，四面全被日军包围了，于是他们不能不拼着性命，杀出重围，结果据说被守军达到目的，安全地渡过长江，退往江北。当时，各地方的报纸都这么说，我们自然也深信不疑。谁知我在香港见到了那位亲身经历这场恶战，历尽许多艰苦才从日军包围之下逃出来的军长——叶肇将军，知道最后一批人退出南京，并不那么简单，也不那么"安全"，大多数的士兵与长官，都在人的炮火下悲壮地牺牲了，能够"安全"生还的不到十分之一。当时报纸上所载的新闻，恐怕并非真是最后撤退的那一批人，那一批为国家民族争最后一息生存的几千个壮士！

在一间布置得相当精致的房间里，我同几个朋友会见了这位最后退出南京的唯一高级将领——叶肇将军。他是桂（原文如此，应为"粤"——编者）军方面的一员勇将，这次到香港又到广州，他自己也有点不相信。

"在不多天前，我哪里想得到今天还能好好地活在世上，准备再和敌人拼命啊！"他不禁又惊又喜地对着访问他的人说。

叶将军是个年纪不老，但是头发已经斑白了的人，从他言谈的朴质和举止的文雅上看过去，真不相信他是一个调兵遣将，身经百战的"赳赳武夫"。我们集居在一间屋里，一边抽烟，一边就听他讲述退出南京的曲折故事，一边又提心吊胆地不时为他出冷汗。

据叶将军说，在南京未被日军包围之前，他就带三千个弟兄，驻守汤山防线，这条防线足足有四十多里长，三千个兵士，实在不够分配，再加上日

军的炮火非常猛烈，飞机又轰炸得日夜不停，这样单薄的实力，实在抵挡不住日军的进攻，不论白天或晚上，常常有下级军官跑来对他说："军长，我们的兵力太单薄了，实在守不住战壕了啊！"

其实叶将军何尝不晓得自己力量单薄呢！但是他知道力量单薄也得拼，敌人要占领南京，总得向他们讨回一笔相当的代价，庄严的首都，难道可以白白给人占领吗？何况上级的命令又是那么严厉，要他们对于哪一个据点，必须死守到某日某时，哪一个山峰，死守到某日某时，在这样重要的命令下，叶将军明知力量太单薄，也是无可奈何，所以只能这样回答他的部下："你们率领着弟兄们拼命去好了，弟兄们牺牲完了，我姓叶的不死，就算没有人格！"

这样，他的部下都很兴奋很勇敢地乐于就死，往往一两团人从壕里退下来，只剩一两个连排长，七八个弟兄。

十二月十日（1937年），叶肇将军率领他的部下，退到城里去休息，但到十二日的下午两点钟，雨花台被日军占领了。这时对南京城不啻是个致命的打击，纵然想死守也无从守起了。就在这时候，唐生智将军接到命令，要死守南京的队伍完全撤退，叶将军接到唐的命令，已经是当天下午五点钟，他便立即召集他的部下开会，最后决定：以团为单位，不管如何困难，也要突破重围，各走各的路，到安徽某地集合。

会议散了，天空已经黑暗得可怕，猛烈的北风在空中怒吼，刮到身上来像刀割一样疼痛。整个的南京，已沉没在黑暗的深渊里。因为叶将军是军长，是他们的最高将领，所以他不能不亲自率领一团人先打头阵。他们撤除了城门口的障碍物，在黑暗里冲出太平门，走不多远，就和敌人猛烈地接触了。叶将军一边指挥战争，一边率领一批人马继续前进，想不到前面路上横满了炮车，是日军用来堵塞他们去路的。叶将军在转瞬间，就第一个翻上炮车，爬了过去，于是跟在后面的士兵，也一个一个爬过车去。但是，受了这么一个阻碍，一团人死的死，伤的伤，被打散的打散，叶将军自己，也跌伤了左足。跟在他背后的弟兄，数数不满二十个人，而且一半还是受伤的。然而，在这时候除了忍着一切创痛拼命向前还有什么办法呢？所以他们依旧曲曲折折朝前跑，走了好一阵，才到汤山附近的空山。这时候，天上已经发白，凛冽的北风，刮得更紧。

不消说，他们的周围已经全是日军的世界，天一亮，就难免被日军发现，那时候才无法对付了。于是叶将军便带领十多个弟兄，在山下找一个有茅屋的小土坑躲下，看看空山顶上已有日军，他便叫弟兄们伏在坑底，自己冒险爬出来走到对面那座山上，看看有没有可以掩藏的地方。

不料一离开空山，他就给几个便衣队发见〔现——编者〕了，他只好飞快地奔跑，哪知道对面一条大路上又有十多个日军经过，幸而他们不曾看见，所以叶将军能跑进一个松林。

在松林里，叶将军以为这个地方总不会再遇见敌人了。哪知正这么想，远远地出来了两个人，提高着嗓子对他喊道："老乡，哪里去？"他知道这一定是"伪满"军，便不理睬他们，只顾向前跑，那几个伪军也并不追赶。

走了一阵，快要穿出松林，看见对面有着战壕，战壕边还有三四匹敌马。于是他换一个方向跑到荒田里，又走好一程，发觉左右都有敌人，并且还有几个敌军官在那里指手画脚。他想这两边都不好走，只有往前冲，可是天啊，前面横着一条河，哪里有可走的道路呢！

想了一想，叶将军咬紧牙齿，拼死渡过河去。河是给他渡过了，但是身上的衣服，湿得快要结冰。他忍着忍着，但终于受不住刺骨的寒风，瑟瑟发抖了。

前面没有出路，也没有可以躲藏的地方，他便打算回空山，因为那里还伏着十多个弟兄。走了许久，空山已在眼前了，但看见空山顶上有两个举枪将射的人，他才不得不回头就跑，将十多个生死与共的弟兄，丢下在那个小坑里了。

跑了半天，又饿又冷，加上一夜不曾合眼，精神疲乏得再也不能支持，叶将军便来到一个松林，躲了进去，在那里脱开衣服，晒一晒太阳。可是，太阳不曾晒暖衣服和身子，又有二十多个敌人赶来了，他便爬起身来就逃，转过方向，到了东流镇。

时候已近黄昏，受过炮火的洗礼的东流镇，自然满地瓦砾，满目凄凉。居民早已逃完了，好不容易在镇外一间破屋里碰到一个人，那个人很慌张地对他说："你不要在这里，快些逃命，快些逃命！"

叶将军自然只好答应，但口渴得要命，便向那个人讨开水喝，那人答应了，给他在灶里烧开水，他也烧燃一堆柴火，烤烤自己身上的湿衣服。但是随即

栖霞地区军民抗击日军实录

又来了一个人要他赶快逃走，他才等不到衣服烘干，喝了两碗开水离开了东流镇。

可怕的黑夜，又笼罩了大地，叶将军一个人在无边的黑暗里摸索着，脚下高低不平，一步一跌地怪难走，身上又包满冷风，全身的肌肉都冻得麻木了。他实在想不出到底走到哪里，只有再回到空山，在一间茅屋里躺下了。

第二天，他知四面都是敌人，很不容易逃出去，只好暂躲在这间茅屋里。但又怕敌人到来搜索，便将屋子里的破家具搬动了一下，爬在床主的床底下。躲到下午，这间茅屋的主人忽然回来了，他们是一夫一妻，似乎早晓得昨天晚上家里来了一个避难的人，所以男的跑进屋子里就对女的说："走了！""还没走吧，你看床底下的东西都搬开了！"到底女人比男人细心。但是他们依然很镇静，管自又走了。这样，叶将军就在那个床底下过了一夜。

第三天早晨，他想再不能躲在这里了，便不声不响到外边去看看动静，恰巧碰到几个受了伤的中国兵士问路，他指示了方向，还是回进茅屋。这是十二月十五日的上午，离南京陷落已有两天了。

在茅屋里躲了一回，忽然来了几个凶狠狠的壮年人，他们似乎做了什么工回来。叶将军恐怕他们不是善类，不等他们进门就闯出去跑了。哪晓得这一闯反把这几个人吓得四散飞奔，于是他断定这些人身上不会有凶器，也不一定会害他，便赶紧上去招呼他们回来，给他们一点钱，告诉他们："我是从南京逃出来的，现在没处走了，希望你们能够容我在这里住一下。"

但是他们不答应，拿出一碗锅巴泡饭来给他吃，并且告诉他："你还是快些逃的好，逃到东流那面去！"叶将军喝了一点锅巴汤，才无可奈何地离开了这间茅屋，再向东流去。

一路上，他冒着冷风，踏着人畜的尸体和瓦砾，看着被火烧毁的农家，心酸得不住满泪。虽然太阳照着大地，但是叶将军并不觉得有丝毫暖意。

还不到东流镇，他实在饿得不能动弹，便走进一个老太婆的家里，给她一些钱，要点水喝。那老太婆答应去烧开水，叶将军看见地上堆着一些冻坏了的山芋，便拿几个到灶肚里去煨一煨，啃吃一点。

休息一回〔会一编者〕，他又离开那个老太婆，哪知走不上半里路，就给一小队日军抓着了。他们先搜查他的身子，把他所有的钱都搜下了去，然后把子弹袋一个一个卸下来套在他的身上，要他背着走。他想这一下是不好了，便指着脚上的伤痕对日军表示走不动，那几个日军就狠狠地用枪柄敲了他几下，还是逼他走，并且要他快，当然，他怎么能够快步走呢，于是一步一步向前挨，背上的枪柄像雨点一般下来。

走不上多少路，前面来了一对男子，带着三个小孩，当然他们都是逃难的人。日军看见了那个男人，并上前去把他捉来代替了叶将军，那男人不肯，女人和孩子哭叫得十分伤心。然而到底有什么办法呢，那男人终于被代替了叶将军，叶将军就上前去安慰那个女人，并且要三个孩子叫他父亲，一同向前逃。但是，走了一阵，又遇见敌人，叶将军没法，只好丢下她们一个人跑开了。

独自一人走在漫无边际的荒途上，四野里没有人声，也没有鸡啼与犬吠，叶将军真像一匹迷途在荒漠里的羔羊。他走着走着，忽然遇见一个和尚，于是便问那和尚前面有什么路好走。和尚告诉他再过去有条公路，从那公路上便可走到拜经台。叶将军依照和尚的指示，跑到拜经台的山腰上。

在一个疏疏落落的树林里，他实在没有力气可以挣扎了，于是躺在地上，闭着眼睛等待死亡的来临，足足睡了一天两晚，到第三天早晨（十二月十七日）醒来，肚子饿得使他两眼发昏，脚痛得不能移动，他想死是免不了的！但是，他立刻又想："我为什么就是这样白白地死去呢，我要活，我要活下去还有我的任务呢！"想到这里，精神振足了不少，便勉强爬了起来，想想上山去不行，还是下山去讨点饭来吃吃吧。

山脚下，叶将军遇到一个姓夏的农人，他要求那农人留他住几天，但是那农人不答应，给他吃了一碗半稀饭，便劝他赶快离开，还是向宝华山那方向去，叶将军才又向他讨了两把蚕豆，预备在路上充饥，那农夫就很慷慨地送了他两大把，并且又给他许多生的和熟的山芋。

夜色朦胧，北风刮得更加厉害，天上又下起大雪了。叶将军一个人在荒野里匆匆奔走，忽然有一群乡人拿了标枪一类的武器，向他走来，他想这一下总是不能活命了，索性站定脚跟，大胆地向他们说明了自己的来历。这么着，那群乡人就放过了他，管自走了。他也恐怕走漏风声，便冒着漫天大雪，踏着寒冷泥泞的道路，胡乱地向前奔。

23 军军长潘文华
等在抗日前线指挥

"现在总不会有什么希望了！"叶将军一边走，一边这么想，但是他还是要死中求生，所以不停留地翻过三个山岭，天已亮了，宝华山也给他走到了。

路上，又碰到一队日军。但是叶将军这次已经不再奔逃，横竖免不掉一个死，自然也不问日军不日军了。幸而日军在不远的地方转了弯，他才走进宝华山下的一个小林。在那里，碰到他的部属——一个姓梁的团长，和团部的一个军需，于是他们三个人渡过长江到镇江，再想从镇江渡江到瓜洲。

可是到瓜洲已经没有渡船，幸亏那个渡他们到镇江的船夫，替他们设法在镇江住了几天，才冒险坐船到丹阳，从丹阳渡江到南通，再趁〔乘一编者〕船到上海，叶将军才算逃出了虎口。当他到达上海的那一天，已经是民国二十七年（1938 年）的一月十四日，离南京失陷已有一个月零两天了。

叶将军到了上海，原想在上海休息几天，可是他闹了两次笑话，便决心立即离沪南下了。原来他从通州的船上下来，就雇人力车一直拉到先施公司，进先施买一点日用品。不料先施公司里的人看他衣衫这么褴褛，神色又极难看，挤在"都市人物"的堆里，东张张，西看看，也许不是好东西，竟有一个人跟在他背后实行监视，生怕他偷东西。他发觉自己已被人疑为坏蛋，不觉又气又好笑地走了出来，跑到东亚去开房间。谁知东亚的茶房，看他这副模样，不准他乘电梯，他碰了这么两个钉子，便反身就跑，决定离开上海了。

到香港，叶将军原想住几天，可是广州和桂林都已得知叶将军脱险归来的消息，广州就派人来欢迎他回去，所以住了一晚，第二天就到广州去了。

（原载于《我们的战士》1939 年）

——录自郭沫若、田汉著《血肉长城——抗战前线将领访谈》，

上海科学技术文献出版社，2005 年版，第 127–134 页

栖霞地区军民抗击日军实录

抗日将领南京获救记

廖耀湘

和广舒没想到他救的两个人，一个是廖耀湘，一个是 66 军少将参谋长黄植楠。"我父亲当了廖耀湘两个月的干爹，廖也与我们朝夕相处了一个半月，躲过了日军南京大屠杀，"2006 年 7 月，日本乞降 61 周年前夕，在南京市白下区一套装修颇好的单元房内，和允龙、周荣珍这对年逾八旬的夫妇，打开了尘封近 69 年的记忆。兵荒马乱之际，老人收养了干儿子。1937 年 12 月 12 日，雨花台阵地已丢失，紫金山在激战，光华门吃紧，南京城已被日军合围，南京卫戍司令唐生智下达撤退突围的命令，军民陷入极度混乱。廖耀湘任中校参谋主任的教导总队 2 旅，旅长胡启儒称自己奉命到下关接洽军情，将指挥权交给 3 团长李西开，再没回来。李发现与旅部、总队的电话都已中断，在与几个兄弟团团长商量后，决定撤往燕子矶。"燕子矶是渡口，附近草鞋峡对面是八卦洲，都会有日舰封锁，而各路部队撤往下关，拥挤不堪，"曾在缅北战场听廖耀湘回忆过这段经历的抗战老兵王楚英说，"因此廖就没有打圈圈，而是出太平门，藏在一个老乡家里，躲过了日军的搜查。"和家原住太平门外仙鹤门村。临战前，和允龙的父亲和广舒将全家近 20 口人送到江北六合县圩区，然后折返。听枪炮声越来越近，独身的二哥和广扬，催和广舒赶快外出避难。和广舒这才牵着两头驴和一头牛，躲到岗下村一个朋友家，但在那儿他被日军 16 师团抓夫，被迫扛东西到了下关。日军见他已 50 多岁，到下关后开路条让他走了。返回岗下，和广舒发现牛、驴子和自带的粮食竟然还在。惊讶之际，从草堆里钻出一个 30 岁出头、穿老百姓衣服的人来，操湖南口音对他说：老太爷，是我替您看的牛和驴子。有人来牵它们，我说，这是我朋友的。他跪下求和广舒救救他，说他叫徐贵生，在南京开湖南饭店，全家人跑散了，只剩下他，身上已没一分钱。此时，日军正在南京城乡大肆搜捕、杀害"残败兵"，许多平民也遇难了。和广舒往返途中，目睹了日本兵抓到中国人就杀、就打的情景。岗下已无法避难，栖霞寺监院寂然等和尚已在寺庙开设佛教难民所，并向难民施粥（注：高峰时期，该难民所收容 2.3 万人，寂然与当地知名人士曾将记载日军暴行、呼吁人道救助的信件，交给国际救援人士）。出于同情，和广舒交代徐贵生说，我牵着驴子在前面走，你牵牛跟着，万一遇到日本兵，你千万不要讲话，我就说你是我哑巴干儿子。从岗下村到栖霞寺只有四五里地，两人在路上没遇到日本兵。到栖霞寺后，他俩就和那里的难民住在一起，吃和广舒自带的粮食。到栖霞寺没几天，徐贵生对和广舒说，老太爷，我碰到堂兄弟徐学田了，他是我饭店前堂搞接待、迎宾客的。在庙里，他打不到粥。您好人做到底，让他和我们一起吃住吧。"带我去看看，"和说。一个胖胖的、穿老百姓衣服的人，看来是饿坏了，寺里放粥时他拥挤，被和尚罚站在打粥难民队列的旁边。"让他跟我走吧。"跟徐贵生一样，徐学田也身无分文。其实，和广舒也是将信将疑：既是堂兄弟，怎么一个"贵"字辈，一个"学"字辈；一个湖南口音，一个广东口音，既是老用人，怎么胖胖的？

此时，血腥的恐怖笼罩着栖霞地区，日军到各村庄扫荡，边搜查边纵火。江滩上兵民死伤遍地，江中从上游冲来的尸首不计其数。燕子矶山上，河道两岸，荒草地里，大路两边躺满死尸，河水被染红，洼荡被尸体填平。中日双方的史料都记载，仅在大湾子一处，日军山田支队就杀害被俘的中国军人两万多人。"不管了，不管了（不管他们是什么人，也管不了那么细了），"和广舒想，"反正都是中国人！"他还是让二徐和他一起吃住。栖霞寺也不安宁。据德国工程师克勒格尔（Christian Kroeger）记载，日本士兵在这里也没有丝毫的收敛。他们任意拉出年轻的小伙子枪毙，任意强奸少女。喝醉酒的士兵见到哪个人不顺眼就用刺刀捅死或捅伤，以此取乐。……寺庙里的佛像或被抢走或被破坏，就连和尚他们也不放过，也要加以虐待。和广舒亲眼见到日本兵把姑娘从庙里拖走，还牵走牲口，有时甚至就在牛屁股上活剐一块肉。大姑娘、小媳妇们披头散发，用锅灰糊在脸上。日本兵来了，和广舒

栖霞地区军民抗击日军实录

就带着二徐、牛和驴子躲开。都是中国人，能搭救他们当然搭救"日本兵三天两头来，躲在这里不是办法，"在栖霞寺大约住了半个月，已到阳历年底，徐贵生对和广舒说，"马上就是元旦了，可能日本人忙过年，要松一点。江边您有没有熟人，能不能找到船？想办法把我们送过江，我们想到上海。"和广舒也考虑在栖霞寺牛和驴子不安全。战前，他开粮行，平时运粮有熟人。找到熟人后，他就在夜里带着二徐、3头牲口和百十斤粮食，从栖霞山附近、石埠桥以东的小兴庄偷偷过江。自乌龙山炮台中国官兵撤守后，江面就成了日本海军的天下。民船冒险偷渡，价格不菲。和广舒付了船钱，说要开到对岸黄家圩。夜幕掩护着民船，江上寒风飕飕。北岸快到了，担心遇到日舰的船上人正庆幸平安无事，天亮了。"砰砰，砰砰，砰砰"。停在江中的日本军舰发现了目标，开枪射击。枪声在黎明时分的江上分外刺耳，但木船已到日军射程之外，大家牵着牲口迅速上岸。和广舒一家租用的避难民房，位于六合县白庙乡老兴圩，此时此地尚未沦陷。"老太爷，这个地方太好了，四周都是水。"徐贵生观察了一下地形，对和广舒说。家人见和广舒回来很高兴，但奇怪怎么是3个人，和广舒就一五一十告诉了家人。和允龙看到二徐时，只见徐贵生瘦瘦的，架一副眼镜，个子不算高，也不太矮，穿老百姓的衣服。他称和允龙"三弟"，称自己属猴（其实属马），与和允龙姐夫同龄。徐学田则比徐贵生矮，胖胖的，戴顶拉下来可遮脸露眼的老头帽。徐贵生吃饭时，拿筷子夹菜都夹不起来。和允龙的童养媳周荣珍好生奇怪：这么大人了，怎么拿筷子都不会？和家外出逃难，没有多余的衣服，只腾出件把给二徐换换。当时，二徐都生了臭虫、虮子，周荣珍还给他们捉过。晚上，大家睡稻草地铺，二徐就睡在通铺靠门的地方，两人还"梦哭"。和允龙趁黑夜偷偷回过一两次仙鹤门。从长江南岸到仙鹤门，沿途见到不少尸体，家里的房子已被烧了。二徐在和家住了一个半月。和广舒也猜二徐是"中央军"，曾问过他们究竟是什么人？徐贵生强调他是开饭店的，说徐学田是他店里招待顾客的。还是那句话：都是中国人，和广舒觉得能搭救他们当然要搭救，再没和他们深谈。偶尔，徐贵生于无意之中也露点马脚。一次，和允龙的表哥到了江北，当着二徐的面对和广舒说：三姑爹，也不知他们是哪路人。您既花粮食，又担风险，把供这两个闲人吃的粮食，匀一点给我们也好啊。"老太爷，这人是谁？"和允龙的表哥走后，徐贵生问和广舒。"内侄，我家眷弟弟的儿子。""如果今后我能回来的话，"徐贵生狠狠地说，"我一定让他充3年军！"当时和家也没深究，徐贵生到底有啥权力，竟能发配和允龙的表哥充军。徐贵生常捡废旧报纸看，包括外文报纸。他俩整天跟着和广舒。在江北，和广舒亦有熟人，常到东沟、瓜埠朋友家玩，二徐寸步不离，在旁一声不吭〔东沟、瓜埠及下文的划子口，均是六合的地名，离江岸较近〕。（和广舒）找到赴沪的船，徐贵生却要去逛集"如果老太爷有熟人、找到船的话，"有一天徐贵生对和广舒说，"我们想到上海，那里有亲戚，到那儿我们就有办法了。"战前，有时和广舒也找船运粮去无锡卖。因此，二徐提出要到上海后，和广舒已基本找好了船。正在此时，带着二徐的和广舒，与划子口的一个朋友一起吃饭。平时该朋友与和的大儿子有生意上的往来。朋友俩聊天拉呱时，扯到以后怎么办，怎么做生意，又扯到农历三、六、九赶集的六合瓜埠镇上，有中国军队的告示。从茶馆出来，徐贵生就对和广舒说，老太爷，刚才在茶馆里你们讲什么我都听到了——六合有"中央军"，告示都贴到瓜埠了。明天请哥哥、姐夫陪我们到瓜埠，看看是不是有这回事。如果真有告示上墙的话，明天我们就走，"中央军"里我有熟人。第二天，和广舒的上门女婿杨金贵、二儿子和允涛，就陪二徐去了瓜埠。4人走后，大儿子和允湘说，他们玩，我也去玩。3人陪着二徐，像一家人外出赶集一样去了瓜埠。一路上越打听越是，在瓜埠果真见到了告示。二徐商量了一下，让和允湘回家报个平安，说，请老太爷放心，我们不回来了，怕回来走漏风声。有了事情，不但走不掉，还会拖累你们全家。请姐夫、二哥陪我们一同到六合，看看那里是不是有"中央军"。如果真有，再请老太爷来送我们。当晚，4个人没有回来；到第二天，还没有回来。4人走一路，问一路。到六合后，见到中国军队的岗哨，跟他们讲了，哨兵叫人把4人领到六合驻军司令部。当晚，二徐洗澡、换衣服，门岗也加强了。是时，顾祝同部队的总部在淮阴蒋坝（今江苏省淮安市洪泽县蒋坝镇）。军队派人送二徐一路，前面一路就有人来接，一直接送到蒋坝，杨金贵与和允涛一直跟着。后来，在缅北廖耀湘还对王楚英说过：有老百姓用船将我从栖霞送到江北，在老百姓家我躲了一段相当长的时间，之后他们又引了很远的路，送到六合，对我很负责任，主要因为我眼睛不好，又是湖南口音，防止路上遇到汉奸和日本兵。到蒋坝后，徐贵生对杨金贵、和允涛说：姐夫、二哥，我们身上分文没有，在你们家住了那么

长时间，日后我们一定报答老太爷的恩情。我们带二哥走，培养他当兵或读书，感老太爷的恩。非常对不起老太爷，我们没有对他说真话，我是廖耀湘，他是66军少将参谋长黄植楠。这时他们才自报家门。此前无论在岗下村、栖霞寺，还是过江住到和家，甚至到了六合县城，他们都没有说过他们的真实姓名和身份。他们给了杨金贵几百元，说，这些天我们吃喝都是老太爷供给的，这是伙食钱。部队派便衣护送杨金贵回家。杨回来后，和家方知二徐都是大官，当时被说成"饭店伙计"的黄植楠，竟比自称是"饭店老板"的廖耀湘的官阶还要高。据刘绍武《第八十三军南京突围记》记载，1937年12月12日夜，66军军长叶肇与黄植楠冲过岔路口，13日天明至汤山附近，找便衣化装成难民拟逃沪。但人地两生，两人潜伏山地一天后，冒险下山觅食遇敌情，至黄昏敌远去，捡到路旁一堆番薯皮。是夜，为觅食进入一村，未得任何东西充饥，却闻枪声大作，见日军蜂拥入村，他们爬入禾草堆中的床底。14日他们混入由公路东行的难民中，迎面遇鬼子，日本兵要他俩挑担。黄植楠勉强挑了六七里路，佯装脚痛走不动，被日本兵踢了几脚，他索性装死。于是，一个日军上等兵的行李就落到国民党军长叶肇的肩上。叶平生未尝挑担之苦，忽压上几十斤东西，实难走动。日本兵看他胡须长长，不能胜任，只好另找壮者，叶得以解脱。在一小村镇叶躲了若干天，摸清敌情，逐次接近上海，由沪搭轮回粤。而黄植楠流落到了栖霞寺、六合。黄植楠让杨金贵带回一张字条，说请和家帮助打听66军叶军长的下落。和广舒就到栖霞山、龙潭、（句容县）华山一带打听。结果，他没找到叶军长，却找到云震中。原来他本家弟弟和广升，在马群开豆腐店，说我这儿躲着一个广东籍的小军官。和广升同和允龙把云震中送到六合。当时时局紧张（徐州会战正酣），路上也不太平，这回部队既没给钱，也没把和允龙带走。南京失陷3个月后，廖耀湘到了武汉。此前传说廖耀湘等人藏在南京法国使馆，因他们是留法学生。据此，教导总队长桂永清还特别托外交单位探询西迁的法国驻华使节，答复说不可能，因南京的法使馆，根本没留人驻守。和允涛跟廖耀湘走了，在廖的部队里当兵。因他不是行伍出身，一年不到就去广东找到黄植楠。黄有个姐姐在广东曲江一所中学当校长，和允涛就到她那儿念书，不到一年，不幸染上传染病死了。劫后余生返乡，和家失踪死难四人。1938年春"安民"以后，和家从江北回到仙鹤门。村上尸体东一具、西一具，有的地方成了堆。和家房前稻场附近两个池塘边，是刘家的几亩地，就有一堆尸体。和广舒带着女婿儿子，花了半个月时间，挑着畚箕、担子，将一处处尸骨收拢，挖坑、掩埋，把表面看到的尸骨都埋了。这些尸体，有穿军装的，有穿老百姓衣服的，就埋在仙鹤门小乌龟山、营盘山一带。和允龙的四叔和广发，在上海挑高箩，收旧。日本打上海，他就没了音信。日本打南京，和家有一两百担粮食，堆在3间瓦房里，和允龙的二伯和广扬看家，结果粮食和房子都给日本兵烧了，家中东西也全没了。没找到和广扬的尸体，家人只得做一口小棺材，招魂后埋在西岗小王庄。和允龙的外婆死得很惨，其拐杖竟被戳进她的下身，和允龙的舅母吴杜氏则被日本兵枪杀。一天，从土城头、麒麟门开来几车日本兵，下车就把仙鹤门村包围了。村民不知道出了什么事（后来听说是日本兵来"抓土匪"），家家都逃，和允龙也跟着逃，跑到隔壁中庵堂后面，那里草长得很高，他就躲入草丛。日本兵发现草丛有人，"吭"的一声，就摔来一块不小的石头。和允龙向前爬到街边，抬头一看，日本兵就站在他面前，用手枪对着他。"你的，多大？"日本兵问。"我的，十五。"和允龙把手翻了三番。日本兵把手枪插到腰间枪套里，抓住和允龙的手腕，把他胳膊拧到腰后，用脚一蹬，蹬得他睡在地上不敢动，然后日本兵拔出马刀，在他臀部戳了一下。日本兵走后，和允龙起来见裤子湿了，以为吓出尿来，一摸，一看，是血。"你屁股上有血！"村上一个妇女也看见了，给了和允龙一条裤子。和允龙跑了二里路，来到王家庄，睡在芽枣树下，中午就吃的芽枣。至今，和允龙的右臀还有一个疤。

当天，仙鹤门地区被日本兵抓走3个人：刘二胖，湖底村孙家龙，还有一个姓褚的（和广奎的舅子、灵山煤矿的老板）。未经任何审判，他们再也没有回来。当时因日伪封锁，和家不可能知道，1939年9月廖耀湘的新22师作为第5军主力，夺占昆仑关，全歼日军4000余人；1944年中国远征军反攻缅北，廖耀湘率新22师先后歼灭12000余名日军，包括有"钢军"之称的日军第18师团……如今，在廖耀湘家乡湖南新邵的政府公众信息网站上，笔者见到这样的介绍：新邵山川毓秀，人杰地灵……抗日英雄……廖耀湘……均出生在这一片神奇的土地上。抗战胜利受降，军长寻觅救命恩人。日本宣布投降后，陆军总司令何应钦和新6军军长廖耀湘飞南京受降、接收。当时一个美式装备的连，押着四五十个解除了武装的日本兵，就住在仙鹤门和家。"你们这儿有没有一位和老先生？"连长进村后问，"在大会上我们听讲过，南京仙

鹤门和老先生是我们军长的救命恩人。"1945 年 9 月 8 日《中央日报》第 2 版发消息说，"廖耀湘飞京开始接防……"，和家也从报上得知廖回南京了。第二天，他们正在收稻子，仙鹤门南北街站满了军人，廖的副官李万福开了一辆吉普车，把和广舒接到设在黄埔路军官学校内的新 6 军司令部。8 年抗战胜利了，患难之交的故人相逢，和广舒欢喜得老泪纵横。"现在日子过得怎么样？"廖耀湘问和广舒。"还做粮食生意。""在老地方，还是在城里？"廖知道战前在乡下和广舒开有"盛兴粮食行"。和广舒不想进城，回来跟三儿子和允龙商量。和允龙说，进城。因为仙鹤门也有人在城里把生意做得很好，再说，家有田地房产，如果进城生意做得不好，还可回来。和广舒采纳了三儿子的意见，进城住进珠江路珍珠桥、浮桥附近的一座坐北朝南的楼房。日本占领时期，该楼是日本人的"南京华东矿业公司"。廖耀湘对和广舒说，"这是敌伪资产，您可以住，但是不能买"。和家每月花一担粮食把楼租了下来，开了"盛兴机米厂"。廖耀湘派李万福送来一块"匾"，上款有无"开张志喜"，已记不清了，中间 4 个大字是"惠我四方"，落款是"中国新六军军长廖耀湘"。

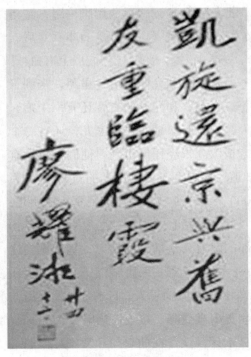

抗战胜利后廖耀湘为栖霞寺题字

说是"匾"，其实是三到四尺长，一尺多宽，黑字、红布、黄穗的锦旗。当时有些当兵的很邪，还有地痞流氓、青洪帮。和家觉得，这"匾"一挂，这些人就不敢胡来或敲诈了。廖耀湘还送了 400 块钱（价值近一百担米），和家就拿它做本钱。不用外人，老人对外，小兄弟几个采购的采购，管账的管账，生意做得还可以。廖还嘱咐和家：不要做军粮生意。因此，和家一两军粮生意都没做过。和家欢天喜地准备廖的来访，杀了鸡，买了肉，但廖没有来。廖夫人黄伯溶把和广舒的老伴接到上海。老太太回来说，（睡的）床，软乎乎的。李万福的老婆则住到和家。王楚英是抗战胜利中国受降仪式的警卫组长。他也记得廖找到和家后，"送了他一点钱，给他开了米店"，并回忆说，1945 年 10 月 10 日在太平路杨公井新 6 军军官俱乐部，当时还有美军军官在场，廖耀湘把这个老百姓和他的儿子介绍给大家，说他们是我的救命恩人。老百姓救廖耀湘这件事，新 6 军好多人都晓得。日本投降后，栖霞寺被中国军队指定为日本战俘集中营之一。1945 年 11 月廖去寺庙视察，得胜雪耻之感油然而生，挥毫写下"凯旋还京与旧友重临栖霞"的竖幅题词，又题写了"栖霞古寺"的匾额，前者至今尚存。现在，仙鹤门、珠江路原住居民中一些 80 岁左右的老人都知道，和广舒是廖耀湘的干爹，是廖的救命恩人。2003 年夏，笔者连续第二年率大学生志愿者下乡寻访南京大屠杀幸存者、见证人时始听说此事。1948 年 10 月 28 日廖耀湘兵团在辽西覆灭。两次战争性质不同，这次未见有老乡搭救廖耀湘的记载。头戴旧毡帽，身穿旧棉袍，赶着小毛驴，自称南方商人，化名"胡庆祥"的廖耀湘，在黑山以西为解放军所俘。

——录自《瞭望东方周刊·第 144 期》，作者戴袁支

"金陵孤儿义勇军"遗事考

今年是伟大的抗日战争全面爆发60周年。在全国人民的抗日怒潮中，有南京人民的抗日浪花。南京保卫战是人们都熟知的，然而在南京保卫战前后，就有几滴抗日的浪花在闪耀着它独有的光彩，这就是鲜为人知的"金陵孤儿义勇军"的抗日事迹。

笔者早在20世纪50年代，还是少年儿童时，就听老一辈南尽〔京——编者〕人讲过关于"孤儿义勇军"抗日的故事，那可歌可泣的斗争场面使我难以忘怀。我曾在南京小市街的和平门清真寺小学读过几年书。当时一位姓达的校工，在课余、饭后常给我们这些好奇的孩子们讲故事，讲得最多的就是"金陵孤儿义勇军"的战斗。我曾问过这位师傅："你怎么会知道这些事的？"他说，他不仅看到而且亲身参加过他们的抗日斗争，更重要的是这"清真寺小学"就曾经是义勇军的抗日活动据点，在小学任教的几个教师就是义勇军队员。

60年代，我大学毕业后，由于专业的关系，对研究南京的乡土史颇有兴趣。对南京"金陵孤儿义勇军"的事实，很想记录成文字，于是开始了多年的考证工作。可惜的是，因年代久远，人事变迁，知情人已难寻觅。而那位参加斗争的达师傅却在50年代末，南京一次大台风中被倒塌的校舍压死。但根据他讲的故事所发生的地点，我还是找到了一些重要线索。现简要整理出来，供读者和史学者研究。

大家知道，和平门外有座小红山，小红山北麓有一个小山丘，当地人称为盘龙山，山上有座千年古刹——嘉善寺。因年久失修，到民国初已破败不堪，仅剩下几进殿庭和僧房，一些无家可归者常被收容于此。大约20年代后期，这里已成为一个专门收容辛亥遗孤的孤儿院。到30年代，所收容的各地孤儿已有60余人，男女兼有，大的有17、18岁，小的才12、13岁。负责孤儿生活的就是寺院的主〔住—编者〕持、一位可敬的老尼，还有她的二个徒弟，人们称老尼为师太，称徒弟为师姑。这三位尼姑，实际上是孤儿院的教师兼保姆。她们关照孤儿们的生活起居，教他们读书写字，教他们在寺院的田地里种蔬菜、种粮食，把孩子们当成了自己的儿女。

伟大的教育家陶行知先生，在创建晓庄师范后，每去晓庄总必走和燕马路，而嘉善寺就在马路东边的十字街。据师姑回忆，陶先生不仅本人来看望过孤儿们，还派晓庄师范的同学们到孤儿院来和孤儿们联欢。尤其可贵的是他通过各种社会关系邀请一些专家、学者到孤儿院来为孩子们讲课，在不知不觉中给孩子们灌输进步思想、爱国主义情感、民族气节等。据说，在嘉善寺孩子们读书的地方有许多名人格言的标语、挂牌、横匾。在进门的大墙壁上画的不是佛教故事，而是"屈原投江"、"苏武牧羊"、"孔子传道"、"岳母刺字"、"正气歌"等大壁画。陶先生还介绍孤儿院中文化较高、年岁较长的孤儿到小市清真寺小学去做"小先生"，这种传统一直保持到抗战期间。

这批在嘉善寺长成的孤儿们，他们平时生活很艰苦。由于寺内的经济不稳定，除靠社会捐助、香火钱外，全由孤儿们自食其力，靠田间的收获。所以孩子们都很珍惜这里的学习和生活，对三位尼姑也非常敬重，视如自己的亲生母亲。孩子们长大成人后，不管到那〔哪一编者〕里去工作和学习，他们总把这里当成自己的家园。

1937年7月7日，"七七事变"爆发，南京人民掀起了抗日高潮。各学校都走上街头，宣传抗日救国。7月8日，嘉善寺的孤儿们自发地组织起来，也走上街头宣传抗日。当天晚上，他们中一些年长些的孩子们（最大的也才18岁）决定向东北抗日义勇军学习，组成一支抗日宣传队，并准备随时走上前线去抗日。在他们的班长钟华的倡议下，成立了"金陵孤儿义勇军"，当场报名参加的有20余人，后来在抗日斗争过程中最多时发展到60余人，男女兼有。

他们组成义勇军后，有几个较大些的女孩就参了军，后来还赴上海参加了淞沪战役，当了通讯兵。上海失陷后，她们又回到南京，参加了南京保卫战，最后牺牲在保卫紫金山的战斗中。她们是紫竹、洪梅、石兰三位孤儿。

南京保卫战开始后，嘉善寺院里的孤儿们都疏散了，因为小红山一带已成为保卫南京的第二战线，但以钟华为首的义勇军队员们都分别参加到抗战

斗争中去。女孩子们参加战地救护，或参加到红十字会中去做医护工作。而男孩子们，有的参加了地方保安部队，有的参加了地方抗日服务队，真正做到了"国家兴亡、匹夫有责"。他们以全部的爱国热诚投身到抗战中去。南京保卫战中，据师姑的回忆，屈歌、史青等人参加了保卫中华门的战斗，郑兴参加了保卫光华门的战斗，钟华参加了下关一带部队撤退的保安工作。

在南京沦陷后，参加红十字会医护工作的女孩子中，有几个为护送伤员去下关而没有来得及撤走的，后来也回到嘉善寺来。而有 2 个则是因在战地医院看守重伤员，鬼子包围了北崮山战地医院，没有能撤走的伤员全被鬼子杀害，女护士被鬼子轮奸后又被残暴地杀死。孤儿院的这两位少女也遭到了同样命运。她们是薛梅、黄菊两位孤儿。

钟华亲眼见到下关大屠杀的场面。他是和另一位叫雷岳的同学一起在下关协助地方撤退人员去江北的，下关失守后，他们都成了俘虏，雷岳脚部中了子弹，由钟华扶着他。他们和其他（他—编者）俘虏一起被押到长江边，当机枪扫射时，雷岳一把推倒了钟华，自己中弹压倒在他身上，钟华是趁鬼子不注意，在深夜里从死尸堆里爬出来，才逃回嘉善寺的。

南京沦陷后，孤儿们都失去了生计和经济来源，于是又重新陆陆续续回到嘉善寺来。这些经过战争洗礼的义勇军队员们，怀着对日寇的深仇大恨，对战友的深切怀念，在钟华等人的领导下重新聚集起来，拿起了武器，开始了"金陵孤儿义勇军"新的战斗历程。

起初，钟华他们是利用清真寺小学的油印机印发抗日传单和标语，悄悄送出或张贴，曾在南京城造成很大影响。后来鬼子和汉奸来清真寺搜查过几次，虽没有查到什么破绽，但还是没收了油印机和油墨。

接着，他们开始偷鬼子的汽油，来烧敌人的汽车和摩托车，如放火烧了富贵山下的汽车库，就是最大胆的一次焚烧行动。他们还烧了鬼子的几个粮仓。给城内外的鬼子以很大震惊。他们还曾打算放火烧鬼子的兵营，后因鬼子看守得严而放弃了这个计划。

到 1938 年初春，鬼子在北崮山下修筑起军用仓库，方圆十几里都架起了铁丝网，且里外三层，中间的一层还是电网。鬼子强迫中国民工为他们建造了一座座的军用库房。义勇军队员金沙子被派到民工里去，一面做工，一面了解这座大型军用仓库的情况。后来，根据金沙子提供的情报，义勇军队员几次从铁丝网外，通过古墓道，钻进了网内，偷偷地打开了几座仓库的天窗，从里面弄出枪支、弹药、手雷、炸药包等，义勇军队员用鬼子的武器武装了起来。（这座大规模的军用仓库现在称 406 库，仍是军用仓库，基本保持着原样）

有了武器的义勇军队员，经过短时期的自我培训，人人都能使用武器：手雷能扔出几十米远，枪支装拆、射击都能应用自如，于是他们开始了武装打击鬼子和汉奸的活动。那时，他们经常出没于城内外，袭击单身敌人，晚上更是活跃在大街小巷，经常干掉巡逻的鬼子和汉奸，给城里的所谓"治安"造成极大的混乱。为此，鬼子的治安部队曾费了九牛二虎的力气来寻找这支抗日"游击队"，但并没有什么成果。鬼子汉奸们实行早晚宵禁，早关、迟开城门的办法来防御这支"游击队"，结果收效甚微。其原因，是义勇军队员在金川门不远处找到了一座废弃的地堡，这是南京保卫战时修建的，后来不知何故没有正式启用就废弃掉了。金沙子首先发现了这座地堡有条能从城墙里面通到城墙外面的地道。他们秘密地把它隐蔽起来，平时用城砖堆砌好，需要用时再推开。义勇军队员们就是从这个秘密通道中进出于城内外，难怪每次鬼子汉奸在城里查户口，搜捕"游击队"都落空了。

义勇军在城里最大的一次除奸活动是在深夜袭击了汉奸们在鼓楼设立的鸦片馆，打死了开鸦片馆的老板，这对南京的汉奸势力是一次沉重打击。

义勇军在郊区的战斗很成功。最出色的一次是炸毁鬼子的一列军车，地点在尧化门附近的沪宁铁路线上，这给鬼子以沉重打击。为此鬼子汉奸在城内外搜捕了几天，但毫无结果。据嘉善寺的师姑讲，这是在城里糖坊桥附近的"红梅舞厅"里做"陪舞小姐"的女义勇军队员何花、秋桂她们从鬼子军官那里获得的情报，由在铁路上工作的白菊证实后，钟华、郑兴、金沙子他们用从鬼子那里偷来的炸药包，安放在军列必经的铁路线上，待鬼子军列一到，炸药包爆炸，把鬼子的军列炸了个底朝天。

义勇军队员还在和平门外到太平门外一带神出鬼没地打击鬼子和汉奸。使得这一带的汉奸胆小如鼠再不敢随便欺压老百姓。由于这一带抗日斗争闹得很凶，鬼子很害怕，竟下令关闭和平门，另开玄武门通行。这就表明和平门一带鬼子已难对付游击队，而玄武门的两边是湖水，不利于游击队的隐蔽活动，这正说明了活跃在和平门一带的义勇军给鬼子造成了很大的威胁。

当然，鬼子不会甘心让这支游击队在南京城内外活动，不断想方设法消

栖霞地区军民抗击日军实录

灭这支令他们头痛、心惊的游击队。

　　义勇军队员在长期的斗争中，不断有人牺牲，有人被捕。鬼子和汉奸曾千方百计、想方设法地去从被捕者嘴里了解"游击队"的情况，但我们这些义勇军队员都以崇高的民族气节，大义凛然地走向刑场。没有一个人在严刑拷打下低头，在残酷的折磨中求饶，他们不愧是民族的英雄。例如郑兴就因他会讲一些日语，曾伪装成日本鬼子，打进日本军事机关去了解情况，因失误而被捕，受尽了严刑的折磨，九死一生，但始终和鬼子纠缠，尽让鬼子头目拿他没办法。在监狱里他和义勇军战友取得了联系，后来被钟华他们营救了出来。

　　为了营救落在慰安所里的女孤儿，义勇军队员们冒险闯进傅厚岗的慰安所，救出了少女们。但金沙子则为此而被捕，最后死在鬼子的刑审房里，表现了义勇军战士不屈不挠的崇高品质和可贵的斗争精神。

　　"金陵孤儿义勇军"最后被敌人破获，还是因为在发展队员时审查不严，在发展的队员中有一些是社会青年，他们只是出于一时的爱国热情参加抗日斗争，但当有生命危险或要冒死行动时就表现得软弱胆怯，从而暴露了行动计划。某中学的学生被吸收参加义勇军开展消灭汉奸的行动，其中要消灭的汉奸的名单中就有这个学生的亲属，他有意无意地向家里人透露了消息，他的家人立即把情况报告了鬼子，鬼子和汉奸事先做好了准备，当义勇军来街上抓汉奸时，扑了一个空，鬼子立即出动，跟踪追击，义勇军虽迅速撤退到小红山中，但还是被鬼子发现，把他们包围起来，义勇军在突围失败后只好全部撤进了小红山的一个山洞中坚守，在弹尽粮绝的最后关头，鬼子还要他们投降，但钟华他们拉响了存放在山洞里的炸药包自爆了，一声震天动地的爆炸声，震撼了小红山的山谷，义勇军战士全部为国捐躯。这群青少年，这群无父无母的孤儿，为抗日献出了最后一滴血。当年鬼子和汉奸们为了不可告人的原因，没有把这段反日事件公开，所以知道这段史事者甚少。

　　"金陵孤儿义勇军"主力（11位队员）自爆后，鬼子汉奸对嘉善寺、和平门清真寺小学以及义勇军经常活动的地点进行了搜查，对有关人员进行了审查，除了在嘉善寺搜到孤儿们的一些破旧衣物外，什么有"价值"的东西也没有。对嘉善寺的二位师姑（师太在南京保卫战开始后不久病逝）进行审查的结果是"出家人以慈悲为怀，对孤儿们的生活起居给以照料外，其余一概不知"。对清真寺达师傅审查结果是"我是校工，他们是教师，我认不得字，他们干什么我也不知道，要了解情况去问黄校长！"（黄春寿校长早去了上海）

作者曾在 60 年代见到了二位师姑中的一位，当我问及"义勇军"时，她并不肯多讲什么，经我诚恳请求，她说："我只大概知道这些情况。"她所讲的比达师傅讲的内容更丰富、更细，但毕竟年岁大了（当时已七十多岁，身体也不好）许多事混串在一起。时间上也有前后颠倒，但基本上说清了义勇军的情况，也就是文中所叙述的基本概况。那是一个深秋的下午，我请她到住房外替她照一张相，这恐怕也是她一生唯一的一张小照了。（现保存在作者这里）这师姑在"文革"中去世，很是遗憾。

总体上看来，"金陵孤儿义勇军"从 1937 年 7 月 8 日创始直到小红山失败（时间在 1939 年 10 月间）先后坚持了 2 年多的时间，先后牺牲的大约有 20 余人。他们都是爱国的青少年，他们抗日的活动范围主要在南京的城区和现在的栖霞区一带，他们的斗争属自发的学生抗日斗争范围。他们应当属于南京保卫战的余波，是南京人民抗日的一部分。他们英勇抗日的事迹，应永载史册，他们的光荣属于南京人民。

——录自 1997 年 9 月《栖霞文史·第三辑》，作者石桥

栖霞地区军民抗击日军实录

炮台遗址忆硝烟

——谈南京保卫战中的乌龙山炮台

在南京栖霞区沿长江南岸的中部，有一条东西走向，海拔72米，长达十华里，崎岖起伏的乌龙山脉，因为它位居要地，被历代兵家视为扼守附近水陆要道的天然屏障。清代光绪年间，朝廷在乌龙山中段，临近窑头村的山顶上，建起了要塞炮台。那时，乌龙山炮台地段属上元县境。一九一二年，辛亥革命胜利后，将上元县撤销，和江宁县合并。中华民国将南京定为国都，也在乌龙山建炮台，定为"江宁要塞炮台"，隶属南京江宁要塞司令部指挥。当时，乌龙山炮台地段，属于江宁县八区管辖。现在，此地为南京市栖霞区范围，并以通向乌龙山下窑头村一条大路为界，路东为该区尧化街道地段，路西为该区燕子矶街道地段。

一九三七年，抗日战争发生之前，乌龙山炮台的基本建设、武器和人员配备比较完善，营地建有土围墙、台长办公室、官兵宿舍、医务室、食堂、仓库等，均是砖瓦房；通往山下一条大路能通行汽车。整个炮台阵地，设置各种炮十门，其中大炮二门，口径23公分；快炮二门，口径12公分；小炮一门，口径7.5公分；还有德国造的克鲁伯炮三门。官兵100多人，除此，阵地上还设有探照灯，夜间也能参战，为了保障炮台安全，还配备一个守备连。

一九三七年十二月上旬， 日本法西斯为实现几个月打败中国的梦想，以日军侵华头目松井石根大将为总指挥，统率10多万日本海陆空部队，分多路向南京发起进攻。当时，南京政府为抗拒日军入侵，也调集了陆海空军，其中包括江宁要塞炮兵，共有15万多人，参加了南京保卫战，并任命唐生智为南京卫戍司令。南京政府制定了保卫南京三道防线作战部署。第一道是：以龙潭、栖霞山、汤山、淳化、牛首山、板桥、上新河为市郊外郭防线；第二道是：以紫金山、城墙、护城河等为城郭防线；第三道是：以城内街巷和建筑物为城内防线。

十二月八日，日军一路兵力进攻到龙潭、栖霞山时，遭到中国守军的顽强抵抗，日军伤亡惨重。日军又从镇江将山田师团调来增援，战斗打得更加激烈，双方在龙潭和栖霞巷战中，打死的日军尸体，横卧满街。日军屡攻难进，就又调动海军、空军，联合作战向西进攻，并派出舰艇，想从水路去占领下关，达到包围攻取南京的目的。

江宁要塞司令部司令是邵百昌，他给乌龙山炮台下达的战斗任务是：用炮火控制长江水道，阻止敌人军舰西进，配合步兵保卫南京。乌龙山炮台官兵们，当看到东面栖霞山战斗打得很激烈，就发现日本军舰，从江面上冲了过来。他们就集中火力，给予迎头痛击，有的敌舰中弹冒烟，敌人只好掉头逃去。

日本海军偷袭未成，接着又派来多架飞机，向乌龙山炮台猛烈轰炸、扫射。当时有五颗重磅炸弹，落在炮台营区和阵地上。一颗在台长办公室附近，一颗在操场上，一颗在弹药库门外，那弹坑有一人多深。一些大树也炸断了。一些新兵没有防空经验，有几个人牺牲了，副台长李廷方也牺牲了。

炮台杨台长，一边发动官兵清理营区和场地，一边组织官兵继续战斗；并和西边高射炮台联系好，联合起来共同对付敌人。敌机轰炸一阵以后，敌人军舰又在长江里冲了过来。此时，炮台阵地的战斗也更激烈了，高射炮三炮齐放，对付敌机轰炸、扫射，要塞炮就对付敌人舰艇。炮台的官兵们，一边忍着战友伤亡的悲痛，一边奋勇和敌人战斗。他们在和正面敌人作战时，突然发现敌人从背后打过炮来，他们观察以后，原来是一支进攻到南边仙鹤门的地面炮兵打过来的。炮台官兵们就想用阵地大炮给予回击，可是他们的想法用不上啦。原因是这样的：当时要塞司令部聘请来的外国教官是德国人。那时，德国、日本和意大利人，已结成联盟。在战前，德国顾问借口为阵地防空安全，让炮台用水泥和砖，将炮台砌一圈周围墙，上面还用铁丝网拉起来，炮的发射口只留下摆动九十度的角度；有的炮台就用土打成土围墙。这样就留下后患，原来大炮都能转 360 度，后来就只能打一个方向。官兵们当时立即用工具将土围子打开，铁丝网拉掉，用大炮还击背后打炮的敌人，还支援了步兵对敌作战。

　　乌龙山炮台冒着腹背受敌的威胁，坚持连续作战，牢牢控制着长江通道，日本军舰多次想冲过去，都被打了回去。

　　一九三七年十二月十日，日军前线指挥官松井石根，组织部队连续进攻，攻破第一道防线后，就向中国守军劝降，遭到严词拒绝，日军又发起攻打南京城的总攻击。到十二月十三日上午，日军相继攻进光华门、中山门、中华门。卫戍司令唐生智，根据蒋介石的指令，向部队下达了撤退转移的命令。

　　乌龙山炮台接到撤退转移的命令，将各炮的炮拴卸下来掩埋好，下午黄昏时撤到周家山，找好船，晚上想渡江去苏北；不料，日本军舰又开来了，阻止中国部队北渡。副台长彭玉山，又领一些人，冒着黑夜，回到炮台，将炮拴挖出来，用重炮将日本军舰打走后，才安全地渡江北去。

　　乌龙山炮台的官兵们，在南京保卫战中，面对腹背受敌的险境，不怕牺牲，英勇战斗，坚持了七天七夜，他们配合了第一道防线部队作战，阻止了日军快速进攻；他们履行炮台职务，在南京保卫战期间，始终控制了长江航道，使敌舰不能肆意西进；他们支援全城部队，完成了"短期固守"的任务，赢得了时间，让南京军政机关和城内大部分老百姓，撤离了南京城；他们根据上级命令，也机智地组织大部官兵，撤出阵地，转移到江北去，将炮台骨干保留下来。

　　乌龙山炮台的官兵们，为保卫南京付出了鲜血和生命，他们所做出的业绩，已载入抗日战争史册，将被后人敬仰、颂扬。

　　　　　　　　——录自 1997 年 9 月《栖霞文史·第三辑》，作者胡汉林

紫金山激战

池端正巳
1914 年 11 月生
南京战时〔日军——编者〕第 16 师团步兵 33 联队第二大队
1999 年 6 月采访

　　我们溯扬子江而上，在白茆口上游 6 公里的地方登陆。不断地追赶敌人，往南京方向前进。虽然途中有过几次战斗，但论激烈程度当以紫金山的战斗为最。上山一看，周围灌木被采伐了，成了烧荒地，没有可以藏身的地方。好几次子弹从我身边穿过。这是场激战。许多伙伴或死或伤，怎么也前进不了。我在登上紫金山的地方负了伤。现在在电视上看到美国攻击伊拉克等的场面，就回想起那时的情形。那夜月亮稍微露出一点脸，曳光弹常常在空中飞过。我看见南京城就在眼下，有的地方电灯泡亮着。我们被告知那儿是外国人住的地方，不能射击。我又饿又冷，在下面煮的饭盒好不容易才运上来，

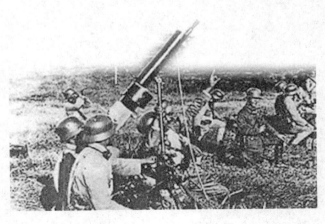

中国军队高射机枪阵地

中国军队炮兵阵地

是没有一点菜的酱油饭。那天傍晚，联队长发出了夜袭的命令，决定拂晓行动。深夜三点，我们部队接近敌人，一听到"冲过去"的命令，就"哇"地冲了过去。但是敌人就在眼前。敌人马上应战，子弹、手榴弹飞了过来，战场上一片混乱。同伴接连中弹，实在是惨烈。我也受伤了，倒了下来，被上来的卫生兵抱起来，接受了紧急止血处理，好不容易下了山。下山途中看到眼前炮弹不停地在爆炸。这以后，我被南京郊外的野战医院收容。那儿有大量的伤兵，挤得满满的。

——录自《南京战·寻找被封闭的记忆》

［日］松冈环著，上海辞书出版社，

2002 年 12 月第 1 版，第 142—144 页

紫金山不得了

大泽一男

1916 年 12 月生

南京战时〔日军——编者〕第 16 师团步兵第 33 联队第二大队

2000 年 12 月采访

　　我的家庭是普通老百姓的家庭，有父母双亲，我是三兄弟中的长子。因为体检下来我是甲种合格，所以肯定要当兵，父母嘱咐我"卖力干"。昭和12 年（1937 年）1 月 10 日，在久居以现役加入了 33 部队，属于昭和 11 年（1936年）的兵。

　　我们中队是作为志愿兵升上来的，被称为行走的步兵标兵。

当年抗击日军的紫
金山雕堡

栖霞地区军民抗击日军实录

　　昭和 12 年（1937 年）8 月，我们的中队成立了。离开联队本部，在大阪住了两宿，然后去北支。在子牙河参加过战斗，接着回了大连，然后到上海。虽说是敌前登陆，但因为激战已结束，很安静，没有听到枪声。去南京的一路上都碰到敌人，我们中队有人战死了。

　　在紫金山，大概攻击了 3 天。我们中队是在前线打仗，损失很大。我们和第 5 中队抢头阵，从正面登紫金山，上面"嗵嗵嗵"地往下扔手榴弹，手榴弹碰到大的石头就反弹起来。中队长给自己的小队下命令"突击"，于是，代理小队长也叫着"突击，突击"前进，上面"咕噜咕噜"地滚下石头，人也从上面滚下来，小队长的声音听不到了。过了一会，听到了"上来"的怒吼声。我飞速上山，发现山顶挖了壕沟，沟里有士兵，就跳进去，用刺刀刺中一个敌人。在紫金山时没有使用掷弹筒。在碉堡里，有不想逃跑而将脚锁起来的，有战斗到死的，看见后吓了一跳。大群的中国兵被击中，动作快的人逃跑了，山上已经没有中国兵了。从山上看到的南京是个很大的城市，非常漂亮。

　　　　　　　　　　——录自《南京战·寻找被封闭的记忆》

　　　　　　　　　　〔日〕松冈环著，上海辞书出版社，

　　　　　　　　　　　2002 年 12 月第 1 版，第 145 页

寻访乌龙山炮台记

张智峰

2012年农历是壬辰龙年，南京城市记忆民间记录团将第183期活动的主题，确定为寻访乌龙山老炮台。龙年寻访与龙相关的历史遗迹，显得十分有意义。

寻考必须做些准备工作，这是南京城市记忆民间记录团的不成文规定。为此，笔者绕山一周实地察看了乌龙山的地形。

乌龙山位于长江二桥和长江四桥之间江段的南岸，呈扇形分布。山不高，虽然海拔只有72米，但绵延十几里，分布着多个山头，地理位置十分险峻。由于乌龙山位置偏僻，周围多为公司厂房，几乎没有居民区，平日里来乌龙山游玩的人并不多。山里野草杂树丛生，荆棘遍地，要在乌龙山里找到炮台遗址，是一件非常困难的事情。

得知南京城市记忆民间记录团将寻访乌龙山炮台，网友西北麦克特意提供一份民国初年绘制的《乌龙山炮台地图》。从地图上得知，当年的乌龙山炮台，分为上台、中台和下台。而乌龙山炮台始建的时间，笔者在《同治上江两县志》中，找到了线索。原来，乌龙山炮台始建于清道光二十二年（1842年），是南京最早的炮台。

乌龙山炮台雄踞长江南岸，是长江上的重要要塞。同治十三年炮台重建后，共分为上、中、下三部分。其中，明台5座，暗台11座，安炮21门。光绪三十一年（1905年），铁良在《密查沿海各省防备折》中说："金陵一路炮台，乌龙山扼下游来路……"，当时的乌龙山装备了后膛炮、快炮12门，配备官兵100多人。据记载，清末名将吴长庆（浦口至今还保留纪念塔的吴武壮公祠）曾经率领庆字营500名官兵，在乌龙山炮台一带驻守过。

栖霞地区军民抗击日军实录

乌龙山炮台遗留下的建
筑设施

民国时期，乌龙山炮台被沿用，被编为江宁要塞第五台，简称"龙台"。

网友枕寒流提供的资料中说到了乌龙山上的"乌龙庙"，而网友西北麦克的老地图上也标有"乌龙庙"。根据现在的地图，结合老地图，乌龙庙与地名瓜冲几乎在一条直线上。根据这些要素，南京城市记忆民间记录团开始了第一次寻访乌龙山炮台活动。

2月11日，我们从窑头的位置上到乌龙山的山脊，一路向东行进。行走的过程中，在半山腰发现一个山洞，上书"一号洞"。洞里有水，洞口连接着一条水渠，水渠的尽头，应该是个水泵站。看这个情形，应该是过去乌龙山南面没有拆迁时，农村种水稻从长江翻水用的水渠。

老地图显示，清末的炮台位置在窑头和后庄之间。我们寻考上山的出发地，基本上就在窑头旧址。自窑头向东一直走到乌龙山东侧的周家山，两个多小时的寻访中，一点蛛丝马迹也没有发现，这引起了我们的思索。

究其原因，可能有如下几条：其一，乌龙山的南面，现在已经成开发区，原有的山体已经变了模样，开发区所建企业厂房的地面高度，几乎与乌龙山山顶相差无几（最高处可能相差十米）。而且乌龙山山脊宽度，不足数十米。清末乌龙山有14座炮台，难道一点痕迹都没留下？这有点难以置信。

其二、近百年来，乌龙山发生过几次重大战火。

一是南京光复时。"宣统三年（1911）辛亥岁九月二十二日，乌龙山炮台驻有清军张勋部将高汉廷、李金臣及炮台官汪龙高等炮兵守之。是月二十五日，时云南省黎天纆（字辅臣）统粤兵驻吴淞，由犹龙（字霁云）奔走沪上。决议兴师攻往南京。十月初四，至高资，夜十二点至龙潭。初五，黎天缵偕由犹龙、丁荫昶、黄光五、王福泉率兵队至西沟渡，少憩，更拔队向乌龙。行半里许，浙军游击管带金富有亦率所部来会。行抵石埠桥。栖霞汛水巡额外高明诚率父老迎于道。且谓公等不至，我辈万无生理。黎天缵、由犹龙二君以言慰之。偕行诸人，雇驴四匹，至甘家巷，就地为炊以食。食毕。率兵往取乌龙。抵乌龙时，敌军炮官汪龙高去镇江未归。黎天缵军猛袭击之，清军猝溃。司事何国鼎角崩相迎。军士急进，遂克乌龙。"

二是民国十六年孙传芳率部南进。"民国十六年（1927）丁卯岁国民革命军总司令部以第四十二、第五十八两独立团驻扎龙潭、下蜀；后改为以第二十二师担任栖霞、龙潭、下蜀防务。七月二十七日，奉军孙传芳第十三师率先渡江，攻占栖霞火车站及栖霞山。翌日，被夏威第七军克复。是月二十九日，孙传芳率所部十个师分途南渡：一由望江亭趁浓雾向乌龙山偷渡，乌龙山一度陷入孙部，旋被国民革命军第七军部队击溃。"也就是龙潭战役时，乌龙山发生过激战。

三是南京保卫战时期。抗战初期，在南京坚守过的炮台军官瀛云萍在《坚守乌龙山炮台》一文（收录《南京保卫战》中国文史出版社）中回忆，当时的江宁要塞（司令邵百昌中将）辖有"龙"（乌龙山）、"虎"（老虎山）、"狮"（狮子山）、"马"（马鞍山）、"雨"（雨花台）等炮台。乌龙山炮台西侧有一个乌龙庙（始建于唐代，乌龙山因庙而得名），中日战争爆发之前，国民党军在乌龙庙东北侧设置了一个"甲一台"，装备四门八八式高射炮，"一方面与'龙台'合力防江，一方面致力于防空。"

会不会是战火使乌龙山山顶夷为平地，炮台在战火中被炸毁？虽然不排除这种可能，但笔者还是希望在乌龙山寻找到炮台遗迹，因为在南京市第三次文物普查栖霞区一栏中，乌龙山炮台（清）赫然在列。根据这个提示，乌龙山炮台遗址应该还在？只是我们还没有找到其真正的遗址。看来，要将乌龙山炮台弄个水落石出，还得下一番功夫不可。

用过中餐，记录团直赴乌龙山公园，希望有所收获。由于新开尧新大道，将乌龙山一分为二。记录团成员分成若干小组，将这里的几个小山头，一一搜遍，仍旧一无所获。随后，记录团又来到窑头，对窑头左边的一片山，进行了地毯式搜索，结果我们一无所获。

不论是老地图标识，还是文字材料记载，乌龙山应该存在炮台，这是毋庸置疑的。而我们的第一次寻访，不得不以失败告终。

为了不耽误记录团其他成员的时间和精力，笔者下决心独闯乌龙山，寻找乌龙山炮台。此前也有很多文物爱好者、网友结伴去寻找乌龙山炮台遗址，但基本上都无功而返，有的网友在乌龙山里转了一整天，也都没有找到此炮台的一点痕迹。

第二次寻访，是 2 月下旬的一个星期天，笔者从窑头这里上山，沿着山脊向南一路探寻。山上本没有路，笔者不得不开辟出一条路来，艰难前行。初春时分，山上枯树残枝，利于观察。笔者花了近两个小时，攻下了两座山头，却什么也没有发现，只好放弃了寻访。

两次寻访的经历，使笔者想到了利用业余时间展开走访，或许能获得有价值的线索，或许能确认乌龙山是否还存在炮台遗址。走访期间，据曾经居住在乌龙山南侧分流的居民说，在乌龙山东侧的周家山上曾经有炮台。由于周家山属于乌龙山的余脉，这个消息令笔者颇感意外，走访为我提供了重要线索。根据这条线索，笔者开始了第三次探访乌龙山炮台。

由于拆迁，使得周家山已经人迹罕至，一个人走在山上，不得不提防着意外的发生。经过两三个小时的踽踽独行，周家山的几个小山头，都留下了笔者的足迹。可惜的是，一座山头上种满了茶树，另一个山头已经被推土机推平，看不出一点点炮台混凝土基础的痕迹。

虽然，三次寻访活动都无功而返，但并没有使笔者灰心丧气。于是，第四次寻访又开始了。根据排除法，笔者第四次寻访乌龙山炮台，是从乌龙山的中部向南搜寻的。走在满是坟场的山上，阴森森的，为防止意外，笔者手持一根木棍，一路打草惊蛇，一路东张西望，盼着有炮台遗址的出现。翻过三个小山头，笔者看到了乌龙山的山坳里，有一个面积很大的水塘。没想到，在这山里还有这样的美景，使笔者忘却了登山的疲惫。地毯式的搜寻，并没有实质性的收获，只好草草结束。

2012 年清明小长假的第一天，笔者闲来无事，又惦记起牵挂的乌龙山炮台来。于是，一个人再次驱车来到乌龙山脚下，打算把剩下的南面几个山头统统拿下。

上了山，老远就看到远处有一堵围墙。墙的里面是一家企业，外侧则有

乌龙山炮台遗址

一条羊肠小道，贴着围墙，向前延伸。笔者沿着小道，翻过一道山岗，又一道山岗。每当看到一个山头，心里就充满了希望。但是，正所谓希望越大，失望也越大。穿行在密林间，一点点炮台的痕迹都没有，用垂头丧气来形容此时的心境，是一点不为过的。原路返回走到围墙的拐弯处时，有一条岔路，看情形岔路是通向左侧两个低矮的山头，或者是乌龙山北面下山的路。也就是说，除了这两个小山头外，整个乌龙山都已经被我征服了。这两个山头会是炮台遗址所在地吗？笔者并没有抱着太大希望，沿着小路，向最后的两个山头走去。

莫约走了几分钟的路，突然在路的左边，出现了一片混凝土结构工事。笔者大喜，莫非就是我找了多次的乌龙山炮台？

据现场观察，工事表面的中间，有一个垂直的通气孔，孔约1米多深，孔下有一条1米见方，长约3米的通道，通向工事的一侧。

简单目测后发现，工事表面积约20多平方米，呈不规则多面形形状。带孔的一侧，与山体有1米的距离，高约205米，人可以下到底。侧面的通道口，位于工事的中间位置，其他几面则与地面差不多平。毫无疑问，这就是乌龙山炮台遗址。

看到炮台遗址，笔者耳畔仿佛想起了隆隆的枪炮声。枪林弹雨中，国民党军队在这里英勇作战，狠狠地用炮火打击着日寇。一直藏在乌龙山深处的炮台遗址，终于浮出水面，这也是继清凉山炮台、狮子山炮台、老虎山炮台、东炮台遗址之后，南京又一处被找到的重要炮台遗迹。乌龙山炮台遗址找到后，

《金陵晚报》作了连续报道，许多爱好者根据报道线索，顺利地探访了乌龙山炮台遗址。

在中国文史出版社出版的《南京保卫战》一书中，收录了时任乌龙山炮台军官瀛云萍的回忆文章《坚守乌龙山炮台》。文中披露了许多鲜为人知的国民党军队在乌龙山炮台在抗击侵华日军的细节。如果能从抗战时期的文献中，再找到有关南京保卫战时期，中国军人在乌龙山炮台抗击日寇的记载，那么，将是一件很完美的事情。如果文献和实物都有，这将更加具有说服力。于是，笔者又将精力转移到检阅文献上。

经过多年的努力，终有所获，笔者找到了一份1937年12月13日出版的《香港华字日报》。该报有一则消息，标题为：《南京剧战之烈有史以来仅见》，副标题是"敌向我乌龙山阵地猛攻不惜弹药发炮已达万发"。

兹录内容如下："中央社十二日下午四时南京电敌自十日上午三时起，屡向我乌龙山以南阵地猛攻，发炮已达万发，飞机不断投弹，更以坦克车数十辆，掩护其步兵前进，我阵地几乎全被毁，血肉横飞，敌我伤亡均极惨烈，我军现仍坚守乌龙山要塞，待援进攻。"

这则消息，是目前笔者所见的唯一一篇南京保卫战期间，国民党军队在乌龙山抗击侵华日军的文章。百余字的消息里，我们读到了中国军队百折不挠的精神，仿佛看到了国民党军队英勇抗击日寇的壮烈场面。

战事惨烈，12月10日，日军陆海军联合向南京发起攻击，长江江面上也出现了日本军舰。乌龙山炮台对江面上的敌舰猛烈炮击，使其退出我火炮射程之外，连续几天都不敢前进。毫无疑问，中国军人在南京保卫战期间的乌龙山上，写下了可歌可泣的篇章。

在中国人民抗日战争暨世界反法西斯战争胜利70周年，撰写此文，献给那些在南京保卫战中牺牲的中国军人！

市民在栖霞荒山上发现民国炮台遗迹

"老南京"版曾经报道过，南京的清凉山、老虎山、乌龙山等处均有炮台遗址，其中乌龙山炮台已经被列入文物普查名录。

最近，有文物爱好者在栖霞区周家山发现一些建筑遗址，很像是炮台残迹，很可能与南京史上最大炮台——乌龙山炮台有关。

早就听说周家山有炮台

栖霞的文物爱好者张智峰告诉记者，从清代末年到民国时期，南京沿长江的很多山上，都设有炮台。现在能搞清楚的有乌龙山、老虎山、幕府山、狮子山等处炮台。另外，南京城北的马鞍山、清凉山、富贵山，南京城南的雨花台也都设有炮台。

这些炮台大部分今已不存，只能在乌龙山、老虎山、清凉山找到一点点炮台遗迹。

关心栖霞文物的张智峰说，乌龙山炮台遗址位于栖霞区境内，已经被列入文物普查资料，但他觉得，栖霞区境内的老炮台并不只有这一处。

家住栖霞的张智峰，很早就听奶奶说过，周家山也有炮台，后来也听过亲戚的类似说法。另外，我曾经在史料里读过，栖霞区周家山也设过炮台，并且在收藏家朋友收集的民国军事测绘图上发现过周家山炮台。但这么一座炮台为什么会寂寂无闻呢？

遗迹可能是炮台的圆圹

上周六，记者和张智峰一起，试图去找到这座只在史料中露过几面的老炮台。

周家山，位于栖霞区尧化街道，是一座不大的小山，当地有过一座周家山农场。周家山大概有七八十米高，山上没有路，很少有人上去，记者和张智峰硬是开辟出一条山路，山体较陡，很是累人，到达山顶，二人已是气喘吁吁。

记者看到，山顶面对长江，较为平坦，但也不太好走，满眼坟场，有点瘆人，沿江的一面都是峭壁。再往前走，记者看到地上有水泥浇筑的建筑遗迹。其中一个为凹形，只有一个出口，出口处两边是混凝土墙，厚约40厘米，两墙之间宽约220厘米，整个凹形掩体约40平方米。张智峰说，这应该是炮台遗址无疑，可能是炮台的圆圹，中间放置的是大炮。

周家山和乌龙山仅仅一路之隔，乌龙山上的炮台遗迹记者曾经四次探访过，两处建筑遗址相比较，有很多相似之处，很像是年代相近的同一批建筑。

乌龙山炮台历史最悠久

"我推测，周家山炮台很可能是乌龙山炮台的附属，在民国时期，这两座山是连在一起，不分彼此的！"张智峰说。

张智峰介绍，乌龙山炮台是南京历史最久、规模最大的一个炮台，始建于清道光二十二年（1842），同治十三年（1874）重修。

乌龙山炮台雄踞长江南岸，同治十三年炮台重建后，共分为上、中、下三部分。其中，明台5座，暗台11座，安炮21门。据记载，清末名将吴长庆（袁世凯的恩师）曾率领庆字营500名官兵，在乌龙山炮台一带驻守过。

民国时期，乌龙山炮台被沿用，被编为江宁要塞第五台，简称"龙台"。抗战初期，在南京坚守过的炮台军官瀛云萍在《坚守乌龙山炮台》一文（收录《南京保卫战》中国文史出版社）中回忆，当时的江宁要塞（司令邵百昌中将）辖有"龙"（乌龙山）、"虎"（老虎山）、"狮"（狮子山）、"马"（马鞍山）、"雨"（雨花台）等炮台。

乌龙山炮台西侧有一个乌龙庙（始建于唐代，乌龙山因庙而得名），中日战争爆发之前，国民党军在乌龙庙东北侧设置了一个"甲一台"，装备四门八八式高射炮，"一方面与'龙台'合力防江，一方面致力于防空。"

可能是乌龙山炮台的一部分

张智峰告诉记者，站在乌龙山顶上，视野开阔，地势平坦，正对着长江。工事里如果架设大炮，的确可以有效阻击从江北或者江面上杀过来的敌人。正因为地理位置险要，一百多年以来，乌龙山炮台经历过多次重大的战事。

"1911 年江浙联军打败清军，光复南京；1927 年 8 月北伐军发起'龙潭战役'，打败北洋军阀孙传芳部队；1937 年 12 月中国守军死守南京，打响'南京保卫战'，这些战役中，乌龙山炮台都经历过战火。"张智峰说，一些当年在乌龙山炮台坚守过的抗战老兵的回忆显示，炮台官兵在南京保卫战中多次击退日军军舰和步兵的进攻。

而根据史料记载。乌龙山炮台也是南京历史上规模最大的炮台，分为上、中、下三个部分，共有炮位 14 个。其中。除了炮位以外，还有台长室、士兵室、操场、厨房、厕所、守卫室、弹药库、地道、水池、瞭望所等附属设施。其规模在南京史上各座炮台上，是首屈一指的。

"我推测，对面山上早已经被发现，并列入文物普查名单的炮台遗迹，只是乌龙山炮台的一小部分。此次我在周家山上发现的遗迹，则是乌龙山炮台留存至今的另一部分遗迹，也是这个南京史上最大炮台的组成部分！"张智峰希望，有关部门能够对周家山的这处遗迹给予重视，如果考证是乌龙山炮台的组成部分，应该列入文物保护的范围。

——录自 2015 年 1 月 31 日《金陵晚报》"老南京"版，记者于峰

栖霞地区军民抗击日军实录

劳山碉堡发现记

张智峰

南京主城和周边地区至今还散布着不少座碉堡，其中紫金山碉堡群和雨花台碉堡群，已经被市政府公布为南京市文物保护单位。而作为南京保卫战外围的栖霞地区，曾经也散有着一些碉堡，只是由于种种原因，栖霞地区的碉堡，剩下的已经为数不多了。2013年，笔者随南京城市记忆民间记录团在寻访幕府山嘉善寺遗址时，意外发现在劳山上也有一座碉堡，而据资料显示，这座碉堡尚未列入不可移动文物名单。

1934年，国民政府为加强首都南京的防卫，在南京城区及郊区开始建筑碉堡工事，到1937年8月，这些永久工事基本完成。1937年12月，南京保卫战打响后，中国军队依托这些坚固的工事同侵华日军展开了殊死搏斗，也重创了敌人。

如今78年过去了，这些在南京保卫战中发挥积极作用的军事设施，随着岁月的流逝，仅剩下十分之一的碉堡。据考察，南京现存碉堡主要分布呈现三大板块：一为长江板块，即现在的下关和浦口、六合沿江、狮子山、老虎山、小红山、幕府山一带；二是紫金山制高点和周边山体板块；三是城东南板块，即现在的宁杭公路、中华门外、光华门外和雨花台一带。

2013年10月19日，一行10多人，来到幕府山，寻访金陵四十八景之一的嘉善闻经所在地嘉善寺遗址。上午9点在窑上村集合后，沿着劳山路向幕府山进发。嘉善寺始建于明代，如今早已经荡然无存。寻访嘉善寺遗址没有成功，有人提议，去祭扫伟大的教育家陶行知先生墓。

提议得到大家的赞成，于是，众人顺着水吉路前行，路过铁石岗公墓后，沿着住户门前的小路上了劳山。从野道上山走了不远，前面的人大声呼喊起来：

劳山碉堡

"有一座碉堡,快来!有一座碉堡!"众人迅速围拢过来。果然,在山脊的密林中,一座碉堡跳入眼帘。从外观上看,碉堡为钢筋混凝土结构。对于南京周边的碉堡,南京城市记忆民间记录团的成员见过较多,所以,一眼就能认出这肯定是民国时期的碉堡。

虽经 70 多年风雨洗刷,碉堡外观上看仍异常坚固。这座碉堡与有些碉堡不同的是,整体为钥匙形,其中碉堡的前端呈圆柱体半地穴式结构,柱体上有四处机枪射口,里面可容纳 4—6 名士兵。后端是长方形混凝土结构的坑道,供放置弹药和士兵进出。

粗略量了下,圆柱体结构的直径约在 3 米,裸高约 1.8 米。由于碉堡建在山脊,视野开阔,利于观察和防守。整个碉堡工事除出入孔略有损坏外,其主体部分保存较为完好。随后,几位好奇的记录团成员,鱼贯而入,一探究竟。发现与其他所见过的碉堡,并无多大区别。

南京城市记忆民间记录团是个自发组织的群体,平时通过图片、录像、文字等方式,记录、收集、整理南京遗存的建筑、雕刻、文献、墓葬、石刻等,发现碉堡后,众人从各个角度对碉堡里里外外进行了拍摄,希望留下更多的影像资料。

看到这座碉堡,使笔者联想起晓庄卫生学校内的碉堡。由于两者相距的不是很远,因此推测,两处碉堡应当在同一时期建造,共同组成了一个犄角

栖霞地区军民抗击日军实录

防御体系。

　　栖霞区境内留存的抗战遗存，已经屈指可数了，因此，我们呼吁有关部门能够为区境内仅存的几座碉堡立一块标志碑，让人们能够永远记住这些抗战遗存，记住我们的先辈曾经遭受过的屈辱与磨难。而这些静默的碉堡，仿佛时刻在提醒着我们要牢记历史、勿忘国耻。

侵华日军在栖霞地区罪行新证

探寻参与南京大屠杀太平门集体屠杀的日本老兵在南京的宿营地

摘要： 在侵华日军南京大屠杀暴行的调查工作中，28个集体屠杀案件中的太平门集体屠杀是被发现最晚的一个。由于这一案件至今未能找到幸存者，因此，加害方的日本老兵证言成为还原这一事件的重要渠道。

此次，根据曾经供述太平门集体屠杀的日本老兵证言，在南京师范大学校外的职工宿舍区找到了当年参与南京大屠杀的日军宿营地，这不仅使得日本老兵的证言更为可信，同时也是日军太平门集体屠杀的一个佐证。

一、序

日军攻陷南京之日，曾在太平门地区使用机枪与地雷集体屠杀了1300多名中国人，这一事实在日军的记录中已经被证实，例如日军第十六师团长中岛今朝吾在其日记的1937年12月13日写道："所能了解到的情况表明，佐佐木部队处理了约15000人，驻守太平门的一个中队长处理了约1300人。"

〔日军一编者〕第十六师团第三十旅团长的日记《佐佐木到一少将私记》中也记录了"太平门外的巨大壕沟成为掩埋死尸之处"。

然而，由于在这场惨剧中没有一名幸存者，因此很难进行有效的历史调查。根据〔日军一编者〕第十六师团步兵第三十三联队第六中队的日本老兵回忆，就在进行完太平门集体屠杀后，第六中队的士兵前往金陵女子大学担任警备任务，在此期间，日军曾将寻求良民证的中国男性带出后屠杀，此外还曾多次强奸安全区内的中国女性。而这些日军士兵居住地就在金陵女子大学正门对面的西式楼房。2012年我借留学南京大学的机会，开始寻访证言中出现的这一建筑。

一开始的寻访并不顺利，南京师范大学正门附近的建筑物主要以20世纪70年代后建造的5–7层楼房为主，楼房后面虽然还留存有一栋老式房屋，但都是中国式砖瓦平房，并非日军老兵描述的西式豪华楼房。之后的2013年4月，我第二次来南京留学。再次前往南京师范大学附近寻访时，选择了沿宁海路向南方前进的路线。穿过路边的悬铃木，快走到广州路的时候，几座灰瓦西式楼房从树叶的缝隙中露了出来。当时我在想，这儿莫非就是日本老兵当年曾经住过的"老房子"？

就这样，我与当年日军第六中队士兵占据过的建筑物完成了第一次亲密接触。

二、寻访南京大屠杀期间的日军宿营地

2013年4月25日，终于发现了日军第六中队老兵龟田德一所说的驻扎地西式楼房。虽然我对日本老兵的调查工作已经持续了10多年，不过这一发现还是很让我欣喜。我曾经从南京大屠杀幸存者口中得知，现在的南师大正门与当年金陵女子大学正门的位置相同，因此，在南京大学留学期间，学习之余便会来到正门附近搜寻有没有西式楼房，不过一直未能发现新中国成立前的建筑物。发现老房子当天我所选择的沿宁海路向南的路线，根据证人屈慎行及许多逃难女性的证言，是当年许多中国女性逃难时曾滞留过的地方。根据当时的看门人之妻赵政莲的证言，"曾经多次看到日军卡车停在大门口，载上中国女性后离去。"丁荣声老婆婆证实："虽然藏身于安全区内，但是就在不远处就有日军犯下了强奸的暴行，后来趁着天色昏暗，才逃入金陵女子大学内。当时运气好，正巧有辆卡车进入学校，趁着开门的机会，很多年轻女性都逃了进去。"曾驻守金陵女子大学正门的日军第三十三联队第六中队士兵龟田德一对当时的情况记得也非常清楚，他说道："我们中队就驻守在金陵女子大学正门附近，每天都要前往正门执行警戒任务。""记得驻扎的建筑物屋顶挂有吊扇。"在当时，装有吊扇的奢侈洋房应该并不多见。

就在沿着种满悬铃木的道路快走到广州路的时候，透过不高的围墙，我的眼光突然停留在一栋两层楼的青砖西式楼房上。这栋建筑与我寻找的目标

极为相似，不由得我立刻走近洋房看个究竟。这栋洋房使用了中国式的灰色炼瓦屋顶，这种设计与留存于南京大学内的20世纪20年代建筑非常相似。两层楼内共有六户人家，看起来应该是集体宿舍。由于当时并未带照相机，于是只能先肉眼观察。居住区内共有3栋类似的房子，青砖之间的砂浆有很多已经掉落，剩下的青砖尤显突出。由于历经风雨，有的砖角已经磨秃，有的墙壁上遗留下了洞眼，毫无疑问应当是日军占领南京城时期的建筑。一楼有一户人家门外安装了门铃，于是试着去按了一下，出来的是一个年轻男性，他告诉我说："听说这里的建筑物是上世纪30年代盖的，但我并不清楚当时的具体情况。对面住着一位80多岁的老爷爷，可以问问看他知不知道。"接下来我就按了对面的门铃，不过一直没有任何人回应，于是只好选择了旁边一家的门铃。从这家中出来了一位和我年纪相仿的女性，听了我正在寻找老房子的解释后，她放心地告诉了我一些情况："当时我父亲逃离了南京。听说这栋建筑是1930年建成，作为金陵女子大学的美国人教授宿舍之用的。如今只有三栋了，当时有多少栋并不清楚。""不过我的父亲已经90多岁，耳朵也不好使，恐怕回答不了问题，很抱歉。"由此可以认为，这一西式楼房作为居家之用未免过于庞大，因此具有作为步兵第三十三联队第六中队驻扎地的可能性。于是我考虑尽快着手对建筑物进行拍摄。

三、拍摄老房子

第二天的4月26日，课程一结束我就准备好前往老房子进行拍摄。带着照相机和摄像机，我匆忙地来到了老房子面前。考虑到全面拍摄的话必须征求居民的意见，而且还得联系所有的居民才行，恐怕这有点困难，于是先考虑从建筑的外景着手。当日气温超过了30度，光线比较强，路人都已换上了半截袖。

沿着悬铃木的树荫，我开始了拍摄工作。延边有一条不是很高的围墙，在其上方铸有铁栅栏。考虑到使用三脚架拍摄的话过于显眼，于是只有小心翼翼的手举摄像机进行了短暂的拍摄。

明治大正时期的日本，横滨、神户等地的建筑物、仓库一般使用橘黄色的砖块砌筑，中国则通常使用青砖。中国的城墙上也多使用这种用黏土烧制的青色砖块，颜色与日本式房屋屋顶的瓦颜色相同。

三栋建筑物都临近道路，由于地坪比道路要高 1 米，所以首先采用从下到上的视角拍摄。沿台阶进入建筑区域后，看到虽然有一部分房门已经出新，不过格子窗户基本上还保持着 80 多年前的模样。老房子上方有着加固用的水泥，墙角已经露出了被 80 多年风雨磨平的青砖。房顶还竖有青砖搭起的烟囱及一个小屋子。为了不碰到居民引起不必要的麻烦，我匆忙的结束了第一次简易拍摄，由于画面多有抖动，效果并不算理想。之后，又使用照相机对建筑外观进行了拍照。

四、与朱馆长一同对居民进行了调查采访

一个月之后的 5 月 22 日下午 2 点半，侵华日军南京大屠杀遇难同胞纪念馆朱成山馆长、保管研究处艾德林处长、翻译芦鹏三人一同前往老房子进行调查。参加过进攻南京战役的日本老兵龟田德一证言说："我们负责金陵女子大学正门警戒任务，宿营地在金陵女子大学正门对面附近的西式楼房。"如果这一老房子依旧存在的话，那么无疑会是一个历史的证据。未解开之谜也许很快就会有答案。进入建筑后，我们继续拜访了家中有 90 多岁老父亲的那一户居民，询问建筑物的由来。至此为止，单从老房子的外观来看，很有可能就是当年日军使用过的宿营地，但是作为证据，还缺乏知情人的相关证言影像资料。今日有朱馆长同行，最好能拍摄到 90 多岁老人的证言。

接待我们的依旧是老人的女儿，名叫谭红屏，估计已经退休，她婉拒道："父亲耳朵不好，身体也欠佳，现在正在午睡，不方便说话。"

朱馆长接过话茬，介绍了我常年从事调查日本老兵的工作，希望能够尽可能多的了解一下这栋老房子的情况。看到侵华日军南京大屠杀遇难同胞纪念馆的馆长亲自来访，居民遂请我们一行进入了房子内部，不过依旧表示："父亲年岁已高，且正在午睡，耳朵又不好，可能说不出什么来。"

接着，谭红屏女士推荐说楼上住着的一位 80 多岁的美术教授，是他父亲当年的学生（其父亲谭勇也是美术教授）也许知道些情况，她可以帮忙联系一下。

五、老房子居民口中的建筑物由来

（一）90多岁老人谭勇教授的干女儿李晓红的证言

就在谭红屏女士上楼联系之际，我简单的采访了照顾90多岁老人起居的李晓红女士。据其所说，老人曾经告诉她："这座房子是1930年为金陵女子大学美国教授居住而修建的，3栋楼房中的2栋配有很气派的壁炉。"

（二）美术教授陈通顺的证言

过了一会，住在楼上的是原南京师范大学陈通顺教授下楼来，坐下来与我们详细的说了以前的事情。他说道："1965年，我到南京师范大学上班的时候就住在这里，当时除了三栋西式楼房外，周围什么都没有。大学里面倒是有一些相同的房子，不过学校外面则很稀少。通过窗户可以看到，旁边一栋楼房和这栋有着同样的露台，烟囱正下方是壁炉的燃烧炉，可以烧木头取暖，炉砖是水泥做的，还保持着当年的样子。"能够看到，房间里面有着一个高约1米的壁炉，地板是非常有年代感的厚实木板。厚木板做的房门、窗框也保持着1930年的原状。

综合而言，这些证言中的老房子与南京大屠杀期间日军占据的西式楼房不仅在年代上还是位置上都一致。

当年，占据这一老房子的龟田德一等第六中队日军士兵就在附近参与了对中国人的屠杀。日军从安全区中将中国男性市民当做中国士兵带出，傍晚时分集体射杀了100多名中国男性。以下通过龟田德一等人的详细证言，可以了解到太平门集体屠杀以及金陵女子大学发生的屠杀、强奸等案件的真相。

六、〔日军—编者〕第十六师团步兵第三十三联队第六中队龟田德一的证言

（一）太平门集体屠杀

12月13日，南京沦陷的第二天早上8点左右，我进驻了南京的太平门，并在那儿担任了14日、15日的警戒任务。在进驻之前两天的战斗中死去的中国人尸体，就散乱的堆积在地上无人收拾。记得当时分队长曾命令我们："只要是男的格杀勿论"，估计这应该是从松井司令官那儿一层一层通过师团长、中队长传下的命令。进入南京之后，上司提醒我们："绝对不能进入第三国

的权益范围所在地"，恐怕是担心引发国际问题。之后，我们开始搜捕中国男性，只要碰到，就以"你是当兵的吧"为由直接抓走。许多俘虏们被集中在太平门附近，中间还夹杂着老年男性、普通女性、孩子，人数有三四百人之多。工兵在太平门外右侧一角钉下了木桩，围起了铁丝网，然后把中国人赶了进去。里面已经预先埋好了地雷，为了防止日本兵误踩，还用白纸写了"地雷"两字。中国人全部进去后，日军触发引信引爆地雷，被炸死的中国人死尸堆积如山。听说是因为使用步枪来不及，所以采用了地雷。之后，我们爬上城墙，从上面往尸体上倒下汽油并点燃。但是因为尸体堆积过厚，燃烧效果并不理想，堆积在上面的人差不多都死了，但下面的还有人活着。第二天早上，分队长命令新兵检查尸堆中有没有活口，有的话"用刺刀解决"。我也爬到尸堆上来回踩踏，发现有人还活着的话，就喊道"这儿还有活着的"，接下来，其他的士兵就过来把幸存的人刺死。有些人喉咙被刺后，鲜血如同喷泉一般涌出，脸色也瞬间变得煞白，各种惨叫声不绝于耳。我们中队只负责太平门附近的搜捕处决，远一些的地方就没有去了。当真是做了不得了的事情。听说下关那边是用机关枪处决的，不过没有亲眼目睹过。貌似下关那边因为中国人太多了，导致机关枪杀不完，所以才在太平门使用了引爆地雷的屠杀方式。

（二）金陵女子大学正门执勤与处理尸体

结束太平门的警戒任务后过了一两天，我被派往金陵女子大学站岗，部队占据了附近的民宅作为宿营地。宿营的民宅是一栋悬挂着吊扇的豪华房屋，附近还有几栋相似的建筑，换句话说就是高级住宅区。中队200多人按照分队为单位分别住进了这些房屋中。在担任警戒任务时，其中一个工作是处理散布于金陵女子大学附近的尸体，这些尸体的阻扰已经使得汽车无法通行。散乱四处的尸体有些被电线挂住，有些被炮弹炸死，数量非常之多。由于要将尸体运往很远的下关处理，所以处理工作非常辛苦。单凭人的力量是拉不动的，因此用电线把五六具尸体的脚拴在一起，使用马或者是军车牵引，硬是拖到了下关。全中队的人员都参与了这一工作，而下关则是死尸堆积成山。我们的任务仅仅是把拉来的尸体堆到死尸山上而已，在那儿常常能够看到长江水面上漂浮的大量尸体，以及被不断抛入的尸体搅浑的江水。运送尸体的道路上滚落了许多尸体，甚至挡住了汽车的通行。就在那遍布尸体的道路上，汽车颠簸着从尸体上碾过，那场景不是开玩笑，真的是横尸遍野。从金陵女子大学至下关为止的尸体运送工作每天持续两个来回，要从一早忙到晚上，部队之间采用轮流换班制，每工作一天就休息一天。

（三）枪杀寻求良民证的男性在金陵女子大学负责警备工作的时候，曾经负责发放过良民证

发放工作从早上9点开始，至天黑为止。正好那时是冬天，天黑的早，大概4点左右就结束了。就在门的内侧露天摆了一张桌子，准备好大量用于盖章用的布条。前来领证的人都是难民区内避难的难民，领到证后就能回家。良民证不只是纸做的还是布做的，总之就是一块和名片差不多大小的东西。上面用墨水竖着写有"良民证"三个字，再盖上好像是部队名称的章。许多难民蜂拥而至，喊着"给我良民证"，只要有了这个证，就能通过日军把守的地区，回到自己家中了。发放良民证的时候，首先将难民按照性别分开列队，男性需要从10名日本士兵中间穿过，以检查其是否是中国士兵。有中国士兵嫌疑的人会被带出来，脱掉衣服后再行检查，再次被认为有嫌疑的话就难逃被杀的厄运。每天大致会抓出80-100人，傍晚时以分队为单位对其进行屠杀。通常1个日军负责6-7个中国人，我也曾经押出并枪杀了5个中国人。枪杀现场就在一个豆酱工厂前，看到那儿有个大桶，我就把人推到桶里，再从上面向桶内射击。当时就想着能早点把事情解决掉，然后早点回去泡个澡。这样的事情共干过两次。

（四）经常目睹强奸案件的现场

有很多南京的女性会躲在桶里。日军经常会找寻到女性后带出去强奸。我本人并没有干过这种事，不过经常能听到女性的哀鸣声。还有士兵会拿着手枪在路上威逼女性，总之宪兵进驻之前情况非常糟糕。警戒任务是三班轮流制，所以士兵都闲的无事可做，因而经常会去抓女孩。部队里面有后备役、预备役、新兵等几种类型，有的后备役兵家中也有女儿，看到同样年纪大的中国女孩后还会去阻止。新兵因为害怕老兵看到，所以也不怎么敢做，倒是预备役的年轻士兵干了不少这种事情。

（五）亲眼目睹的南京大屠杀

我曾经亲眼目睹过南京大屠杀，而且太平门的屠杀不仅是目睹，自己也曾参与其中。在到达南京之前，曾经看到一个日军军官让三个中国人坐在河边，从后面用军刀斩首处决，被砍下的头颅顺着河水流淌而去。中国人就算不

懂日语，在那个时候恐怕他们也知道命已难保了吧。东京都知事石原慎太郎如今还声称没有发生过南京大屠杀，在我看来，他就是在"胡说"。南京大屠杀是根据日本军队、日本政治家的命令进行的，我自己也亲身参与过，很清楚那是真实存在的，那些政治家的话都是不能信的。说实话，在研究历史的老师面前回忆在南京的那段真实的经历是一件让人害怕的事情，就算到了这把年纪，也很担心说出来会引起什么结果，为了儿孙，更是难以说出口来。

回顾往事，深感战争是一件不可为之事。当时，因为是天皇的命令，所以觉得都是理所当然的事情，拿到现在来看的话，还是儿孙满堂的这个时代好。日本对满洲、韩国的殖民统治无疑都是侵略战争。德国很认真的把历史都教给了年轻人，但是日本却什么都没有做。

七、〔日军—编者〕第十六师团步兵第三十三联队第六中队
大东真一（假名，1906年7月生）证言

拂晓时分，开始进攻太平门之时，抓到了敌军的工兵，于是让其一面排雷，一面带路从紫金山前往太平门。太平门有着很多的敌军败退士兵。听说那儿发生了屠杀，不过我自己并没有去，有些喜欢看杀人的士兵特意跑去旁观了，想必应该是把败退的中国兵杀掉了吧。貌似那时中队长曾经说过类似处分俘虏的话，我自己没有干过，不过喜欢刺杀、砍杀中国人的一些士兵是干过的。俘虏们后来被挨个带到了太平门外，那段事情已经不怎么记得了。再之后，我们被派往下关地区参加扫荡作战，具体的事情已经忘记了。我只参与了城外的扫荡作战，在村落之间来回进行了搜索，不过没有发现敌军，村子空空如也，留下来的基本上是女人。分队进入难民区的时候，曾经帮助中国人救出过被拉到塔中的两个中国女孩。

八、〔日军—编者〕第十六师团步兵第三十三联队第六中队
野田富士夫（1915年生，假名西田泰雄）

13日早上，接到了"第六中队作为先锋攻往太平门"的命令，于是我等

前往进攻太平门，从长江到太平门只有一条路。途中抓到了一个中国炮兵的军官，于是让其带路，带完路后中队长就把他杀了。过了一会，大量的中国战败逃兵蜂拥而至，这些人穿着军装，但是没有武器。虽然他们没有武器，不会杀向我们，但是我们只有几十个人，总得处理一下才行。于是把数百人的俘虏赶进城外的壕沟内。俘虏全是男性，战意全无，只是坐在壕沟内，我们用机关枪将他们射杀，杀完后看到尸体让人作呕，于是赶紧掩埋了起来。新闻报纸有时也会提起战争中的事情，说什么太残忍之类的，如今的中国政府也总是说起当年的那场战争，中国人对我们依旧怀恨在心。战争就是那样，不杀掉对方，就是自己被对方杀掉。被埋起来的尸体中间可能还有活着的人，有些并没有给予其致命伤。我只是在旁边看着而已，什么也没有做，也没有任何感觉。埋尸的日子是在 13 日或者是 14 日，并没有暴尸多长时间。埋尸地本来就是一个挖好的壕沟，只需要填上土就行。沟内深约 2 米，宽约 2 米，里面堆积了很多尸体。那时候，虽然也有点同情感，不过想到俘虏总是要被杀掉的。战争的时候其实没有什么军规之类的东西，所有的事情都是想怎么干就怎么干。就在附近还强征过居民的物资。

九、结　尾

根据陈通顺教授与李晓红女士的证言，到 1965 年的时间点为止，金陵女子大学正门附近的西式楼房仅有此处三栋，由此可以推测，1937 年 12 月日军第三十三联队第六中队占据的楼房显然与之对应。

根据龟田所言："宿营地靠金陵女子大学正门很近，所以都是走过去放哨"。就在放哨、发行良民证的过程中，龟田参与了对 100 多名中国人的屠杀。其自己也把五个男子推进豆酱工厂的大桶中后开枪射杀。然而叙述此事的时候却是一副若无其事的样子，还说道："当时的心情就是想早点结束后吃饭泡澡去。"杀人对其而言貌似已经是家常便饭的事情了，他还是太平门大屠杀的直接参与者之一。

龟田所属的分队曾经从城墙上对着屠杀中的遇难者浇上汽油点上火，第二天又在尸体堆中搜寻，发现未死之人后补枪射杀。对于龟田而言，即便是所谓的上司命令，如此频繁的杀人行为对其而言究竟有无感到过心痛或是自责？第一次采访他的时候，他曾经告诉我："从中国回来后的很长一段时间，

总会梦到自己被中国人打。"妻子有时夜里还会把做噩梦呻吟的他唤醒，谈到原因时他回答说："也许是在中国杀人太多，遭报应了吧。"不过，看到他说话的神情，我并未感到其对中国人的一丝愧疚和自我反省。

南京大屠杀不仅包括南京沦陷后的扫荡作战，而且还包括日军以警戒为名，搜捕中国男性后屠杀的行为。同时，对妇女的性暴行的发生也非常频繁。日本老兵中的大部分都不愿叙述南京大屠杀的历史，但是也有少数像龟田一样赤裸裸的供述杀人、强奸罪行的人。

出于记录历史事实的任务，我只是单纯的向老兵提出问题，并把回答记录下来。参加过集体屠杀的大部分日本老兵都显现出一种"不能违抗上头命令"的态度，至于强奸他们则认为"既然队长和有些士兵都干了，那大家也都跟着学了。"这无疑是日军的强迫性教育，导致了士兵完全失去自我意识，唯命令是从的后果。至于强奸问题，虽然没有命令，但是日军都抱着"只要没被发现就不会有事"的流行想法。被剥夺人性、唯命是从的日军士兵，哪怕是犯下杀人的暴行，也完全感受不到自身的罪过。

在我调查的250名日军老兵中，能够反省自身行为的仅有少数的几个人而已。之所以造成这样的局面，是因为日本在侵略战争期间把屠杀敌国的俘虏当成理所当然的事情，而且在战败之后也未能对其犯下的战争暴行进行清楚地认识，担当应负的责任。日本的一般市民、老兵们也对国家发动的战争真相全然不知，身为战争的参与者，却对中国的巨大战争受害不闻不问。1945年日本战败后，闭眼应对历史，使自己的未来道路变得日渐狭隘，丧失了很多与中国及亚洲各国建立友好关系的机会。在眼下这种情报瞬时间传遍全球的时代，睦邻友好关系的构筑无疑是日本最重要的课题。为了拉近中日两国在历史问题上的隔阂，民间研究是一个必须坚持下去的工作。我希望通过研究，能够更多地了解到南京大屠杀受害者的痛苦，并为其讨回公道。很欣慰地看到与南京大屠杀有着紧密关系的老房子至今依在，希望这一刻有日军侵华历史证据的建筑物能够作为历史文化被长远地传承下去。

——录自《日本侵华史研究》，［日］松冈环著，2014年第1卷，芦鹏译

侵华日军南京大屠杀太平门遇难同胞纪念碑

京市人民政府立
2007 年 12 月 13 日

碑文：

1937 年 12 月 13 日，第十六师团三十三联队六中队等侵华日军部队在南京太平门附近，将约 1300 名放下武器的中国官兵及无辜的市民集中起来，周围用铁丝网围住，用事先埋好的地雷炸、机枪扫射，再浇上汽油焚烧，次日，日军复对尸体检查，对濒死者用刺刀补戳致死，太平门集体屠杀中无一中国人幸存。

值此南京大屠杀事件发生 70 周年之际，为悼念在太平门附近无辜的中国遇难者，侵华日军南京大屠杀遇难同胞纪念馆、旅日华侨中日友好交流促进会、日本纪念南京大屠杀遇难者 60 周年全国联络会、日本"铭心会南京"访华团联合在此建碑，祭祀遇难者魂灵，铭记历史教训，并告知中日两国青少年，绝不让历史悲剧重演。

太平门遇难同
胞纪念碑

明常设难民所庇护难民及阻止
日商在栖霞山开矿

二十六年丁丑八月，日本侵略我国，蒋委员长中正率部将陈诚、顾祝同、张发奎等大军八十万人，迎战淞沪，敌窜松江，截我后，全军转进。九月京师陷，留守唐生智逃，都迁重庆，继续抗战。贼破城之日，纵兵大掠，奸淫肆虐，滥杀平民十余万人，秦淮碧水，为之尽赤，京市居民，逃亡一空。

师目睹哀鸿，怃然心伤与寂然监院及其徒众等，在栖霞寺设难民所，广事收容，不期而至者三万余人，尽出寺储，以供糟糠，不足，继之负逋。再不足，地方士绅孔广财，秦景韩，纪敦五，纪扬彰，为之募继，敌酉恐滋事生变，促解散，师抗颜争，触怒顽敌。寺众惧祸及，谓师曰："从井自陷，智者不为。

寂然上人碑拓片

况寺产已绌，曷不顺之？"师曰："释氏方便之教，普度众生，吾人暮鼓晨钟，孜孜穷年，现正面临考验。今兽兵塞途，凶焰未戢，此处万无家可归之妇孺，既入慈悲之门，安可为

记载栖霞寺僧设难民所庇护难民的"寂然上人碑"

德不卒，推而出之，委诸沟壑乎？"众闻师言，义肝为壮。迄至南京秩序稍定，始陆续遣散，先后达四月有奇，耗米麦杂粮百万斤。师见义勇为，与夫临危不惧之大愿力，可窥一斑，非徒博善誉也。

民二十八年己卯，若舜上人正式退席，师接方丈职，时东南半壁，俱陷敌手，寺中诸缘顿寂，食指浩繁，支持匪易。而维新大吏，往来日众，虚与委蛇，势不能免。或有劝师远避者。师曰："佛图澄之于石勒，鸠摩罗什之于姚苌，偓祖之于刘龚，未闻远而避之。子何摭拾宋儒之余论，而违释尊弘化群生之圣解哉？况乱政可避，陷区护法信众，亦将避之乎？余不忍宗祖若师，费万千心力，兴建之道场，复见丘墟也。"师之圆成佛道，勿执迷情者如此。

会有日商觊觎栖霞山钨矿，威逼利诱，迫师签约，租与开掘，师严拒谓之曰："山林川泽之利，权为国有，法有明文。今我政府西迁，僧有何权利，越俎代庖？况我土沦亡，君等可予取予求，何须假衲之手，而后始称合法耶？"议不成，敌宪将逮狱，师大意磅礴不为惧。敌色厉内荏，终不了了之。

——录自《栖霞山志·明常法师事略》

侵华日军在栖霞地区罪行新证

石埠桥渡口的屠杀

（1938 年 1 月 27 日左右）

石埠桥渡口在栖霞山西北 1 公里，是长江南京下游的一个人渡码头，江对面是六合县划子口。日军占领南京后，这段江面常有小汽艇巡逻。

1938 年春节前的一天早上，张库村民余有正、陈富强、吴学顺等 10 余人从家中取粮后到达石埠桥准备过江，被汽艇上日军发现。日军在余有正的面袋里发现了一支手枪，就叫他们跪下，然后用刺刀刺，余有正等 8 人被刺死。吴学顺、陈富强躲在附近未被发现。日军走后，2 人逃往栖霞寺。

张库自然村在仙鹤门以东 2 公里，离灵山不远。解放前属江宁县第六区北城乡，解放后属南京市红旗农牧场二大队，上世纪末南京市筹建仙林大学城，红旗农牧场拆迁，张库村民集体搬入尧化门尧林仙居，张库原址成为南京应天学院校舍。

跑反时，张库村民多半从石埠桥过江，在瓜埠街等地逃难。春节将至，部分村民回家取粮，准备在外过年。回到张库，见房屋大部被烧，家中稻谷也被烧焦，村里一片惨象。碾米时，陈富强、吴学顺等人排在前面，碾完后就动身赶路，一大早到达石埠桥。吴学金为人忠厚，排在最后，碾完后在家小睡片刻，烧好早饭，吃饭了才动身，上路时已有 8 点来钟。他一到石埠桥，听说江边有 8 人刚被日军打死，便赶紧回头，在栖霞寺躲了一天，第二天才过江。

在瓜埠街避难的妇女盼男人取粮回来过年，一个个望眼欲穿，一遍又一遍地念叨说："他们怎么还不回来呢？"。左等右等，不见人影，她们急得哭起来了。忽见吴学金一人挑着担子回来，知道情况不妙，就嚎啕大哭了。过了几天，陈富强、吴学顺也回到了瓜埠街，把亲眼看到的屠杀场面告诉了乡亲们。

余有正的面袋里怎么会有手枪呢？原来，突围部队在仙鹤门同日军打了一仗，丢下了不少武器弹药。余有正捡了支手枪和一些子弹，打算拿到江北去卖，不料被日军查出，遂遭毒手。

在石埠桥渡口遇难的村民有 8 人，现查知姓名的有以下 6 位：

陈富喜（陈茹美的家门伯父），当时 50 来岁

陈富云（陈茹美的叔父）

陈富才（陈茹农的父亲）

吴学江（吴如荣的叔父），当时 40 来岁

余有正、余有双兄弟俩，当时都是 40 来岁

遇难村民的尸体被日军抛入长江漂走了，一个都没有找到。安民后，他们的家人跑到渡口为亲人招魂。回来后垒起了空坟。此后每年清明节，他们就在空坟前祭奠亡灵。

——录自费仲兴著《城东生死劫》，中国工人出版社
2008 年 2 月第 1 版，第 241—242 页

侵华日军在栖霞地区罪行新证

北家边有冤魂六千

　　北家边是一个不大的村庄，在南京太平门外，位于栖霞区尧化镇乌龙村，距宁栖公路甘家巷车站向西 5 公里处。1994 年 12 月 13 日是侵华日军南京大屠杀遇难同胞悼念日，当地群众首次揭露侵华日军曾在这里屠杀 6000 余名国民党士兵和老百姓。笔者闻讯后先后 6 次来到北家边，寻访侵华日军在此杀害我无辜同胞的"万人坑"，向社会公布了这一历史惨案。

　　严兆江，76 岁，男，当年参加掩埋尸骨于"万人坑"的唯一幸存者。他指着村头土路两边各有一口方圆上千平方米的水塘说："这就是 57 年前的'万人坑'。当初，我和 20 多位乡亲在塘里捞死尸埋，捞了半个多月，足足有 6000 多具尸体在这两口塘里。那时，我们是等日军走后，村民们自发组织起来的，带上木棍、布条做的简易用具，去塘里收尸。先收有头有身子的整尸，后收光有身子的无头尸，最后用网捞头、胳膊、腿的分尸。有一次，我有网捞，一下子就捞上来 7 个人头。这些尸体全埋在附近的乌龙山、黄毛山和'万人坑'附近了。"说到这里，严兆江老人面目便阵阵抽搐，痛苦不堪。"我不能想，一想起 1937 年的大屠杀我就合不上眼，能有几夜睡不着觉。那塘里是人垛人、人叠人呀，水都被染红了。惨得很哩！在塘边的一个水井里，还捞出一个被日本鬼子'倒栽葱'扔进去的国民党兵，硬是被水呛死的。捞出来时还有一把盒子枪，可能是当官的。"严兆江老人被日军抓去当民工，日日夜夜给鬼子烧水，一天吃两个剩下的饭团充饥，幸免于难的他亲眼目睹了日军灭绝人性的大屠杀：把国民党士兵和老百姓集中起来后，用刺刀逼着往水塘里赶，先是用机关枪扫，后来人多了嫌费事，就把成箱的手榴弹往人群扔，炸得血肉横飞，日军手舞足蹈，哈哈大笑。一些日军仍嫌不过瘾，不够刺激，就在塘边用东洋刀砍头，用刺刀挑肚子来残杀中国人。

赵本洁，80岁，男，自30岁起一直都是戴着假牙生活的。他指着自己的嘴控诉道："我这一嘴牙齿，就是被日军一枪托砸光的，这一辈子我都戴假牙。在'万人坑'遭屠杀的大都是国民党兵，附近的老百姓只要碰到日本兵，也是死路一条。1937年底，一群日军冲到我家抢粮食，母亲不让抢，被刺刀捅了几刀，我上前去护母亲，被日军一枪托砸在嘴上，并用白布勒着我脖子，沿路往'万人坑'拖，拖到半路上绳子断了，我拼命地跑到乌龙山的山洞里藏起来，半夜偷跑回家，母亲已被日军捅死了。"

张仁炳，73岁，男，北家边乡办工厂退休工人。他说道："距北家边2里路有个炮台，驻着许多日军，疯狂地杀、烧、淫、掠，老百姓提起北家边一带都毛骨悚然。王家湾有个才20多岁的青年，路过北家边时，被日军拦住，用东洋刀砍了头，头滚到水沟边，牙齿还在动哩！"

夏奶奶，83岁，提及日军恨得直咬牙："那时候，这里的大姑娘、小媳妇、中年妇女都用锅灰往脸上涂抹，有的在家里挖地窖，把女孩藏起来，女人们脸不洗、头不梳，任衣服发臭，任虱子乱爬，让头发发馊、结饼，忍耐臭脏，才免遭毒手。"

赵乃富，51岁，尧化镇政府会计。他回忆道："1953年，有人在万人坑附近盖房子，地基才挖下去一尺多一点，就看到了成堆的尸骨，吓得掉头就跑，

房子也不敢盖了。"

赵乃泉，66岁，南京炼油厂退休工人。他告诉我们："我的两个叔叔就是在'万人坑'被日本鬼子杀死的，大叔叔是被枪打死的，小叔叔是被刀砍死的。"

向北家边村民访问得知："万人坑"原是修筑土路时，在道路两侧取土垫路基形成的洼地。当时，守卫炮台的国民党官兵未来得及撤退，被日军围住后，用铁丝网封住，成连成排押往北家边杀害。

乌龙山炮台位于尧化门北面。据乌龙村71岁的村民夏安荣介绍道："1937年12月14日，四艘日本军舰经吴淞口直逼南京，这时江阴炮台已沦陷，敌舰到了镇江十二圩一带水城向南京进发，炮台上的大炮集中火力向敌舰开火，吓得敌舰不敢动弹。这时炮台下面的成千上万老百姓赶快渡江逃命，长江水面上黑压压一片，农民们扛来铺板、大门、竹床等，扎成小木排漂过江去。后来大炮不响了，下午时分，日军从陆地上向炮台包围过来，围住了约有两个多师的国民党官兵。这近5000人被日军抓住后饿了三四天，一个个没有一点反抗能力了，全被带往北家边'万人坑'枪杀了。"

——录自张宪文主编《南京大屠杀史料集》第27册
《幸存者调查口述（下）》
江苏人民出版社凤凰出版社，第1438—1440页

侵华日军罪行被写进家谱中

【人物档案】张仁庆，1937 年 12 月 12 日，南京失陷前被侵华日军当成靶子枪杀。

【口述实录】2007 年 11 月 24 日，笔者因调查家族口碑资料，第二次来到南京市栖霞区栖霞街道石埠桥村张仁淼家。

张仁淼（1926-2008），南京市栖霞区栖霞街道石埠桥人，按照辈分为笔者的曾祖父辈。民国时期，张仁淼家里曾开办过私塾，因此，也读过几年书。张仁淼向笔者介绍家族史的时候，对笔者说起了他的堂哥张仁庆（也是笔者的曾祖父辈），被侵华日军当活靶子，开枪打死的事。

民国时期，石埠镇周围有不少村庄，其中张姓族人居住的有张家大村和张家小村。在两个村子之间，有一条小河，通往长江。张仁淼与张仁庆就居住在张家大村，他们的家庭在张家大村近百户居民家中，条件是比较好的。张仁庆比张仁淼大几岁，他们俩家里都养了牛。每天他们都要牵着牛，和其他孩子一起，到小河边放牛、玩耍。

1937 年 12 月 12 日，侵华日军正沿着栖霞山一带，向南京城进攻。11 岁的张仁淼与堂兄张仁庆等几个人，到石埠桥张家大村的小河边放牛。老远就看见一队日本鬼子，气势汹汹地冲过来，有几个胆小的孩子，丢下牛跑走了。张仁庆、张仁淼等几个胆大的孩子没跑。日本鬼子端着枪，闯到他们跟前。看到张仁庆个子高，就对着张仁庆叽里呱啦乱吼起来。

那时，张仁庆、张仁淼也不知道日本人说些什么，就没有回答。日本鬼子气急败坏，露出狰狞面孔。强行将张仁庆拖到河埂上，并让张仁庆双手平举，此时，一个日本鬼子端起枪，朝着张仁庆的左肋部开了一枪。子弹从张仁庆

侵华日军在栖霞地区罪行新证

左肋部穿过胸腔，从右肋部而出，张仁庆当场被打死。日本鬼子哈哈大笑，随后扬长而去。

看到堂哥被打死，年仅 11 岁的张仁淼吓的〔得—编者〕不轻，急的〔得—编者〕不知道如何是好。等日本鬼子走远了，才踉踉跄跄跑回去，并告诉了张仁庆的家人。12 月 13 日，张仁淼由家人带着，到江南水泥厂跑反，躲进了江南水泥厂难民营里。

张仁淼告诉笔者，这是张家第一位被日本鬼子打死的亲人。70 年过去了，张仁淼始终难以忘记那个血腥的场面。但他也从来没对儿女们说起这件事，直到笔者第二次上门，张仁淼才将埋藏在心里 70 年的往事，告诉笔者。遵照张仁淼老人的遗愿，笔者修纂家谱时，将侵华日军犯下的罪行写进了家谱中。希望子孙后代，不要忘记这段惨痛的历史。

口述：张仁淼
执笔：张智峰
调查时间：2007 年 11 月 24 日
调查地点：南京市栖霞区栖霞街道石埠桥村张仁淼家中

李书义、谭大坤惨死在日本人手中

李书义和上前的黄枪会

抗日战争爆发前，栖霞山周围的各村中，农民为了护村抗匪相继成立了带有帮会色彩的大刀会。其中规模较大的，摄山渡以戴广令为首；上前村以李书义、谭大坤为首；隶属于西岗的总堂会；李家岗也有一支大刀会，和上前的大刀会互有联系，首领也叫李书义。

当时，大刀会的武器比较简陋，一般只有大刀和长矛。大刀一般为2尺5寸长，并装上3尺5寸长的把子；长矛一般为戟，再装上5尺长的把子。刀和矛的口都很锋利。大刀会员一般来自各农户，农户家中只要有男丁的，到十四五岁都要参加。年少的会员，一般玩长矛；而有点功夫的人，则玩大刀。当时，摄山地区的大刀会一般都在刀、矛上装上红须子，称为大刀会，而上前村堂会规定，会员们所有刀和矛上都装了黄须子，因为他们在训练和升堂会时，必须向神明敬香，所以这支队伍又叫黄枪会。会众达80多人。

上前村当时有六个自然村，分别是上前、前社、后社、甘南、韦社和薛家村。黄枪会的堂会就设在古银树旁的陈帮才家大院里。会员们平时在家务农。但农闲时特别是冬天，必须到堂会练功，由当时的上前第一好汉谭大坤指导大伙训练，有时也分别在各村训练。但遇到特殊情况，需要集中御匪时，则由哨兵鸣三声枪为号，大伙就很快集中到一块，采取行动。李书义本来是在外面打流混事的，并且识文断字和南京的青帮有联系，后听说家乡成立了黄枪会，便回到家乡，投奔了黄枪会，随后，又被推举为首领，排在谭大坤之前。

和戴广令结下梁子

1939年深秋，李书义和谭大坤派人到摄山渡和当时的自卫团长戴广令联系，打算两支堂会联合起来应付突发事件，但戴广令因为有日本人撑腰，干了不少坏事，不愿和黄枪会联合，并明确对来人说：以龙栖马路为界，北为戴的活动范围，南为黄枪会的活动范围，井水不犯河水。李书义和谭大坤得知情况后，立即派人到摄山街上侦察地形，了解情况，准备报复，灭掉戴广令。

三天后的一天夜里，黄枪会的50多人带着武器，悄无声息地包围了戴广令的堂会。谁知，当天晚上戴广令不在，他带着几个人到一个徒弟家吃酒去了。值班的只有戴广令的大徒弟王昌发（欺男霸女，干了许多坏事）和另外三个会员。王昌发也有一身功夫。当他知道来者是上前黄枪会的人员后，立即从楼上的窗户穿出，跳进一片水田里，哪知周围都有黄枪会的人，终因寡不敌众，被活捉了。李书义、谭大坤二话没说，就命人把王昌发的人头割了下来，并挂在摄山街的门楼上。其后，乘着月色，一行人就撤退了。当天夜里，伪自卫团长戴广令得知大徒弟被杀，而且人头还被挂在门楼上，气得七窍生烟。他发誓，要杀掉李书义，灭掉黄枪会，给他徒弟报仇。第二天，他就通过一名日本翻译官，向鬼子汇报，说上前一带有新四军抗日的队伍在活动。接着，李家岗惨案就发生了。

枪会垮了

李家岗惨案发生的当天凌晨，刚好是谭大余在堂会前站岗，他当年只有15岁，已是黄枪会会员了。夜色中，他突然发现从村口东边跑过来五个人，三男二女。原来，他们是李家岗大刀会报信的。问完口令，了解情况后，谭大余立即向李书义汇报了戴广令带人到李家岗大刀会报复的情况，并点名是冲着李书义而来的。李头领听说此事后，立即叫人放三声号令枪，很快在前社集中，召集了80多人，用黄表纸洗了脸，向李家岗方向冲去。

当时，跑在最前面的是大队长谭明根。冲到李家岗后，谭明根朦胧中发现，有30多个日本鬼子，他们不但有长枪、短枪，还有机关枪。只有很少戴广令的人。领头的谭明根一看全是日本鬼子，好汉不吃眼前亏。他大叫一声："不好，赶快撤退！"就在这时，一个眼尖的鬼子兵一枪打中了谭明根的胸膛，当场就死了。跑在第二位的小青年，叫李双银，只有18岁，也被鬼子一枪打死了。其余80多人，见势不妙，乘着夜色，分别向漳桥和西岗方向跑了。小鬼子们杀了李家岗的16名大刀会员，又杀了上前的2人，便收兵了。这一晚，日本鬼子共杀了18名无辜的中国人。上前村的黄枪会也垮了。

李书义和谭大坤死得都很惨

过了两天，戴广令又领着日本人到上前六个村去抓黄枪会的人。当时，村里多名会员都分别躲到西岗、漳桥、东流、陆家边、圣村的亲戚家去了。戴广令的目标是想抓李书义和谭大坤。他们见人没抓着，就放了两把火，把李书义和谭大坤家的房子都烧了。他还想抓会员报仇。这时，陈帮才站出来讲话了。陈帮才何许人呢？原来，他一直在南京青帮里混，而且辈分很高，戴广令也是青帮的人，他的辈分比陈帮才要低一些。陈家的房子就是上前黄枪会练功的堂会。那天，他得知黄枪会垮掉的消息后，特地从南京赶回来的。戴、陈见面后，陈帮才明确说："戴团长（戴当时是摄山自卫团团长），冤有头，债有主。你的仇人是李书义、谭大坤，他们的房子也烧了，其他人都是跑龙套的，你如果都抓了，会引起众怒。其他会员的家长也七嘴八舌地说：要抓，就抓我们，放过孩子吧。经过协调，戴广令目标盯到李书义和谭大坤二人了。"

再说，李书义和谭大坤。黄枪会失败以后，他们一直在外躲避。谭大坤有个老师叫苏家兴，是陆家边有名的私塾先生。事情发生的一个多月后，二人辗转投奔到陆家边苏先生家。苏家兴非常热情地把他们安排好，并叫他们只能住在家中，不能随便出去走动，否则走漏风声。当谭大坤提出请苏家兴出去和戴广令化解矛盾时，苏家兴一口允诺了。三天后，苏家兴就只身一人去拜会戴广令了。这一去，也离李、谭二人的死期不远了。第二天，苏家兴满面春风地回到家中，他对谭大坤说，你们两人就在我家住一阵子，戴团长那边已摆平了。事实上，苏家兴已和戴广令设好了局，准备活捉他们了。

这时，已是春天了。又过了10多天的一个上午，苏家兴按照约定，悄悄地在大门右边挂了一件大褂子，并把两只袖子绑在一起，右边用竹竿撑了一个帽子，下面倒放了两只鞋子。后门口放了一把大扫帚，表示"客人"都在家。

晌午时分，苏家先后来了三个人。第一个人带了个篮子，提了把小洋镐，声称是挖药材讨水喝的；第二个是卖香烟、洋火、棒棒糖的；第三个人，穿着很破旧，说是要饭的。这三个人实际都是戴广令的探子。其余30多人把苏家兴的前后院子都围了起来，村前村后的路也都堵死了。这时，李、谭二人还蒙在鼓里，在老师家喝茶呢。

侵华日军在栖霞地区罪行新证

这时，当第三人到苏家兴家要饭时，只见苏家兴对他说："这中不中，响不响的，要什么饭呢？去去去，到别人家去要吧。"一失手，把他的讨饭碗打掉在地上，碎了。一听到碗响，猛地冲进来十几个汉子，很快就把李书义抓住了。谭大坤有点武功，他见势不妙，跳上院墙就朝外奔去。后面几十个人一直追赶，一直跑到一叫陡山根的地方，谭大坤一看，前面是一个小塘，已无路可走，就跳了下去。当时是春天，水很冷。塘边又围着几十个人，谭大坤挣扎了半个多小时，终因寡不敌众，被捞了上来。在塘埂上，就用石块、棍把他的头砸烂了。随后，又把李书义五花大绑的带到塘边，把他的头割下，带回摄山渡祭王昌发去了。就这样，上前黄枪会的两个首领就惨死在戴广令的手中。

　　　　　　　　　　——录自原黄枪会员谭大余（时年 93 岁）口述，罗大刚整理

侵华日军劫掠萧秀墓神道石柱小辟邪

栖霞地区南朝陵墓神道石刻中，除辟邪是由整块青石雕凿而成外，神道石碑和神道石柱都是通过榫卯装接而成，其中，神道碑分碑身和碑座两部分，而神道石柱则由柱身、柱础、柱盖三个部分组成。栖霞区是南朝陵墓神道石柱最多的地区，有萧景、萧宏、萧㫤、萧秀、徐家村、萧伟墓及张库村失名墓等神道石柱。萧融墓也有神道石柱，今天，仍然可以从萧融墓神道东辟邪前蹲踞着的一只小辟邪上看出。神道石柱上的柱盖体量相对较小，因而也容易散失。如今，在栖霞地区南朝陵墓神道石柱中，只有萧景墓神道西石柱、萧宏墓神道东石柱（缺盖上小石兽）上还有柱盖，其余柱盖大多都去向不明。根据前人的考察，神道石柱柱盖并非人为从柱上取下，而多是被雷电击落，《梁代陵墓考》中就有"天电"击石的记载。这些柱盖有的被埋入地下，有的也许被人偷运走，给后人留下一个个谜团。1935 年，朱楔调查南朝陵墓石刻时拍摄的照片，其中就有当时藏于南京古物保存所内的萧秀墓神道石柱柱盖之小辟邪，照片后被收录在《建康兰陵六朝陵墓图考》一书中。不久之后，抗日战争爆发，日军侵占南京，这座小辟邪被日军劫掠，成为中国人心中永久的痛。

近年有学者魏丽莎根据日本人松本信广著《江南踏查》一书提供的信息，发表《南京文物大劫难》一文（刊于《东方博物》2005 年第 4 期），披露萧秀墓神道石柱柱盖上小辟邪被侵华日军偷运到日本的史实。

魏丽莎在文中写道："古物保存所 1915 年建立于南京明故宫旧址，是中国较早建立的博物馆之一。该所成立后，发掘南京明故宫（1929 年）、南京栖霞山三国墓葬（1930 年）等，取得了一系列令人瞩目的成就。但日本发动的战争，一夜间摧毁了辛苦建立起来的研究所。保存所可以拿走的文物全部

105

萧秀神道柱顶小辟邪

被盗走，剩下的是堆积如山的陶器碎片和二楼散落一地的纸片拓本。明器类无一完整之物，鉴镜古钱也不见踪影。尽管如此，松本等人还是不肯放过，他们将这些残存的文物全部移至历史语言研究所，如数劫走。除陶瓷试验工场外，松本一行还对南京古物保存所进行了洗劫。"

"其中最珍贵的要数梁萧秀墓葬石阙顶盘上的天禄兽。萧秀为梁武帝七弟，死于公元518年，封梁安成康王，埋葬地在栖霞镇甘家巷。这里是南朝墓石刻中遗存最为丰富、规模最为完整的一处，现存有石辟邪2件、石柱1件、石柱础1件、石碑3件、碑座2件。二辟邪东西相对，东辟邪完整，西辟邪微残，均躯体极大，遍体刻毛饰纹。神道碑有3件，二立一倒，碑文为南朝书法家贝义渊书写。天禄兽高0.58米，长0.6米，盘径0.855米，厚0.13米，遭雷击落地后，1924年，江苏省省长韩国钧（号止叟）将它移至古物保存所保存，可惜它也落入日人之手。"

——录自《守望——栖霞地区南朝石刻大观》，方志出版社
2010年12月第一版，第47页

侵华日本兵拆毁萧憺碑亭

　　1937 年，侵华日军占领南京后不久，萧憺碑亭就被日军拆毁。日军拆毁碑亭显然是想运走千年名碑。众所周知，日本的历史文化受中国唐朝的影响最深，日本又是个喜爱汉字书法艺术的国家，面对影响到唐朝书法艺术的萧憺碑，自然不会无动于衷。也许是石碑太大太重难以运走的缘故，萧憺碑最终逃过一劫。日本人对南朝石刻情有独钟，说到这个话题，人们会联想起同样发生在栖霞的几桩事。一是民国十七年（1928），日本人柏木蜀江游历栖霞山，"请"了佛首三尊回国，供奉于东京市外桥町寓所中。柏木蜀江屡感灵异，惊魂不定，既害怕又舍不得将佛首送回，最终还是于民国十八年（1929）将佛首邮送回栖霞山，托寺僧将佛首供奉原处；二是民国十年（1921），日本东京化学家益田玉成游栖霞寺后，"请"了观世音菩萨像首回国供养，过了三年，京都发生大地震，江户雄都百廛灰烬，四邻罹难，唯独益田玉成家平安无事。一日观音菩萨托梦给益田玉成，说要回栖霞山，于是益田玉成用檀香木将观音菩萨像装好，通过渡船运回栖霞山。这两件事，由福建闽侯人林翔于民国二十年（1931）分别勒碑于栖霞寺，其中一碑文由时任国民政府主席林森书写。遗憾的是此二碑至今仍被水泥抹面，未见天日。

——录自《守望——栖霞地区南朝石刻大观》，方志出版社
2010 年 12 月第一版，第 62 页

侵华日军在栖霞地区罪行调查

燕子矶地区

🔖 王国民口述

王国民，男，1928 年 1 月生

调查地点：燕子矶街道燕华花园社区

调查时间：2007 年 6 月 11 日

调查人：苑美云

1937 年 12 月逃到江北避难，1938 年春天回到燕子矶杨梅塘村。南京沦陷后，日军在雨花台、中华门、光华门一带，不仅野蛮地击毙、刺杀所遇到的已放下武器的中国士兵，还杀害普通百姓。躲藏在东关头涵洞里的数百名中国同胞，全遭日本军杀害，许多市民都没有逃出来，到处横躺着普通市民的尸体。在城内的大街小巷，日本军不断骚扰，打门的砰砰之声不绝于耳，如果开门稍迟，就立即以刀枪相向，在街上，日本军遇到抄手走路的人，就一枪打死，如果看见日军就跑，也一样会被打死。隔壁邻居王安帮 1937 年 12 月在燕子矶杨梅塘村遇难。当日本人进入燕子矶杨梅塘村时，村里的房子全部被烧光，一些人逃到江北避难，而没有逃离的人，有老人、妇女及儿童全部躲进村中的一座破庙之中，躲避日本鬼子的残酷暴行。当日本鬼子看到王安帮时，就厉声喝住他："站住！"他根本就不敢再走半步，日军的残暴行径，他们都是有目共睹的。随后对他进行了搜身、盘查，结果什么也没有搜到，日本鬼子恼羞成怒，气急败坏地端起枪就对准他的腹部开了一枪，他应声倒下，便没有打中要害，肚皮却炸开了，肠子也流了出来，此时，他还没有失去知觉，也许是中弹的缘故，他感到非常的口渴，就强忍着剧痛，把肠子往肚子里塞，拼命地向村中破庙旁边的水沟爬去……终因伤势过重，又没有得到及时医治，几天之后就含恨离开了人世，家里一贫如洗，没有钱买棺木，家人就用马槽把他安葬了。

◉ 刘仁金口述

刘仁金，男，1926 年 3 月生
调查地点：燕子矶街道燕华花园社区
调查时间：2007 年 6 月 11 日
调查人：苑美云

1937 年 12 月逃到江北避难，1938 年春天回到燕子矶贾家边村。1937 年 12 月，日本鬼子在燕子矶江边集体屠杀了已解除武装的中国士兵和难民 5 万多人，许多青壮年市民被当作士兵捕去，他们用绳子捆住这些青壮年，押赴水塘边或砖墙前，用机枪射击或用火烧，南京"尸横遍地，惨绝人寰"。日本军进入燕子矶贾家边村时，老百姓看到日本鬼子就胆战心惊，他们所到之处，无不烧杀抢掠，为发泄兽欲，就连幼女、老妇、孕妇也不放过。有一位孕妇即将分娩，留居家中，也没能逃过日本军的蹂躏。当年在贾家边的田间，我曾亲眼看到，日本军让已解除武装的中央军的一排人，用绳子自己一个一个地捆起

草鞋峡遇难同胞纪念碑

来，随后用机枪一阵猛烈的扫射。据他们说，日军见到中国人就要搜身、盘查，查到东西就收下，查不到东西就任由他们处置。同村李华新于 1937 年 12 月在逃离江北的江中心时遇难。当年他在乌龙山炮台当兵，乌龙山炮台是远近闻名要塞口。日本军的船舰从上海吴淞口出来，途经江阴，到达南京。南京沦陷后，李华新想逃到江北去避难，却没有逃过日军的巡查，在江中心被日军发现，逮住他并抓上了船，把他的四肢钉在一个门板上，使他动弹不得，日军丧尽天良地用狼狗活活地将他撕烂，随后扔进了长江之中……为了生计，城外的人不得不担些柴火和蔬菜进城去卖，换些生活用品，可进出城门时都要进行搜身及盘查身份证。当时的米是不允许卖出城的，有的妇女把换回的一点米放进腰间围包起来，出城的时候，日本军就用刺刀乱戳，看看是否有米，一次，竟然把一位孕妇的肚子给挑开了，胎儿都露了出来，可见日军是何等的残暴，真可谓极人世之至惨。

● 李文轩口述

李文轩，男，1920 年 12 月 24 日生

调查地点：燕子矶街道电瓷社区

调查时间：2007 年 5 月 12 日

调查人：宋夕英

当年日本鬼子进村时，身强力壮的人都逃到江北一带去避难了，只留下一些老人和小孩。我是南京大屠杀的血火中侥幸生存下来的。当年南京城尸横街巷，火光冲天，日本兵天天杀人，长江水都变红了。当时七里洲孙晓昆有个姨妈差点被抓到，当时村里的一些人都会躲在柴垛里，她幸亏机灵，没有躲在柴垛里，鬼子进村无恶不作，对准柴垛就是一阵乱刺，一些人活活地就被刺死了，鲜血四溅，惨不忍睹。村北有一个姑娘在逃跑时被日本鬼子抓去，轮奸了，后来不堪承受身体和心灵上的痛苦，精神崩溃，疯掉了。1937 年 12 月，日军进攻时，村里好多人都跑掉了，我们家也是后来听说日本鬼子散了，我们才回来了。家里就像遭了劫，空荡荡的，扔的到处是鸡骨头。

🔘 路远祥口述

路远祥，男，1922年11月28日生

调查时间：2007年6月14日

调查人：奚金兰、舒馨

日军南京大屠杀时，我是一名国民党的炮兵，在乌龙山14号炮台，当时日本军在南京城里残忍地烧杀抢掠，实行他们的三光政策。很多房屋都被烧毁，当时可称得上是惨不忍睹，到处都能看见尸体，看见逃跑的老百姓。当时国民党兵在乌龙山一带有很多炮台，我是14号炮台的炮兵，由于当时日兵的火力装备非常强，几次交战都失败了。我们只能与日本兵作短时间的游击战，掩护百姓过江，让他们到六合、江浦农村逃亡。我们也在隐蔽处进行训练，好日后有机会与日军作战。记得当时在乌龙山脚下一带民房全部被日军烧毁了，我们就在山沟里搭建临时住所，并进行训练，一来在深谷里日军不容易发现，二来也容易躲藏。有一次在乌龙山脚下训练时，听见日军车子的声音，班长立刻让我们分散隐藏，有的躲藏在树上，有的躲藏在草丛里，不一会儿日军的车队从我们身边而过，可能是有任务，他们没有停下来扫荡。1937年冬天的一天，日本人打过来了。当时天气很冷，我们每人都站在炮台边，只听见长官一声令下："开炮！"我便不停地向144号炮里装弹药，也不知道装了多少，就知道不停地向日本兵开火，发泄多年来的仇恨。过了很久，听见战友们说我们胜了，日本兵败了下去，我们放下手中的弹药和战友们一起欢呼，事后数了一下，我共装了288枚弹药。

🔘 戴增荣口述

戴增荣，男，1923年生

调查地点：下庙社区佘冲

调查时间：2007年6月12日

调查人：吴玉萍

1937年冬天日本鬼子侵犯南京时，我是南京大屠杀的血火中侥幸生存下来的，当年南京城随处可见遇难同胞的尸体，火光冲天，日本兵天天杀人。日本兵打进南京时，见人就杀。许多人逃到长江边，日本兵惨无人道地用机枪扫射逃跑群众，江水很快就变红了。我印象最深的就是亲眼看见隔壁邻居吴霞洲在 1937 年冬天被日本鬼子推下河，活活淹死，遇难地点就在现在的燕子矶新合村新合鱼塘。我听村里人说当时有一个水塘，日本兵用刺刀强迫几个中国人把一家 5 口塞进麻袋里，并让他们把麻袋口扎紧，用枪逼着这几个人把装入麻袋扛在肩上，向水塘中间走去，当水淹到他们胸口时，日本鬼子就向塘里扔手雷，一边扔一边大笑，麻袋里面的人和扛麻袋的人全部被活活炸死了。日军称这种残忍的游戏为"炸活鱼"，日军不把中国人当人看。

——录自张宪文主编《南京大屠杀史料集》第 39 册

《幸存者调查口述续编（下）》，

江苏人民出版社，凤凰传媒出版集团，第 1609—1617 页

⊛ 戴国生口述

戴国生，男，80 岁

调查地点：燕子矶街道下庙村樊甸 12 号

调查时间：2004 年 7 月 10 日

调查人：徐仁雨、纪闻、施月琴

我叫戴国生，今年 80 岁，家一直住在柳塘村伏家巷。1937 年冬天日军从上海顺着铁路过来，中央军退到了长江边上，当时没有船过江，中央军就用木板、木柜子甚至将门卸下来用来飘着过江。日军发现就用飞机低空扫射过江的人，或者用机枪架在江面上对着江里面的人扫射，死了有好几万人。在许家巷，中央军扔掉的枪炮堆得有房子那么高，日军还迫使投降的中央军用绳子自己绑住自己，然后将他们押到上元门，到了之后排成队用机枪进行集体扫射，死了两三万人。据我所知当时活下来的只有两个人，一个人是趁着天黑，在日本人开枪之前就顺势倒下，将尸体盖在身上；另一个人也是趁着天黑滚到坑里。日军在扫射完后还用刺刀往尸体上戳，检查是否死掉。幸存

112

下来的两个人先后到三台洞十村的一个叫王老头的家要些吃的、喝的，后来他们过江到了七里洲，据说后来投靠了新四军，两名幸存者在解放后曾回来感谢过王老头。

我还记得当年在大窝子，日军也曾集体屠杀过中央军，尸体堆成了山。在许家巷也被打死过七八个人。

我当年为了逃去江北，趁天不亮就从家里出发，大概中午的时候到江边上，那个时候江边上已经站满了没有船等待过江的人。一个中央军叫我和他一起过江，但他只有一个马桶，我就没同意。后来那个

晓庄碉堡

中央军就用个马桶过江了。到了江中心时，一个浪将马桶打翻人也被淹死了。我没有办法过江，白天怕被日本人发现，就躲在草堆里等到第二天晚上摸黑回家，那时路边全是尸体，经常一不小心被绊倒，用手摸摸是什么，会发现全是死人。但为了活命只能忍着害怕继续往前走。

我曾经两次从日本人手上逃生。一次是村上来了两个日本兵，当时我和其他人坐在家门口，那两个日本兵让我起来，我听不懂他们的话就没有站起来，其中一个日本兵就掏出子弹装进枪膛子里，坐在旁边的七八个人告诉我如果我再不起来他们就会用枪打死我的，我害怕得站了起来，一个日本兵准备对我开枪但被另一个日本兵拦住了。但日本兵的怒气还是无法发泄，刚好有一只母狗带着九条小狗经过，他就向那群狗开枪，母狗吓得掉进草堆，他就将草堆点燃，用刺刀刺向小狗，将小狗戳在空中旋转，向村民们示威，然后扔进烧着的火堆，就这样，九条狗被杀死我才免于一死。过了几天那个日本兵又回来了，村民们急忙赶来告诉我，我吓得直往山上跑，日本兵看到我就对我开枪，我吓得一摔滚到山底晕了过去。醒来后发现衣服被打破了，我却没有受伤，活了下来。于是我逃到另一个山头，到天黑才敢回家。

日本人还在村里烧房子，一次村里来了四五个日本兵，他们用草包引燃，将全村的房子都烧掉，只剩下几间瓦房。村民冻得要命，只能靠着破墙搭个棚子睡觉。

☢ 戴志诚口述

戴志诚，男，79 岁

调查地点：燕子矶街道道渡二村

调查时间：2004 年 7 月 3 日

调查人：谢刚、徐丽蓉、徐康、施月琴、纪闻

我亲眼目睹日军在道窝子、永宁卉一带用机枪杀人，人死后推到江里面，江里面充满尸体，划桨时桨不时碰到漂在上面的尸体。大窝子，日军经常到那里杀人，尸体堆得像房子一样高，然后日军浇上汽油焚烧，火光冲天。

同村的黄家富在家睡觉，日本兵将他当作中央军拉到村头枪杀。日军进村后到处找花姑娘，找不到就烧房子，后来发现藏在草堆里的蒋万山老婆将其强奸。她和另一小孩曾去拿中央军丢掉的武器，日军发现后追赶，幸有一好心人将他们藏起来才逃过这一劫。

☢ 董孝根口述

董孝根，男，78 岁

调查地点：胜利一村 14 幢

调查时间：2004 年 7 月 13 日

调查人：施月琴、纪闻、徐仁雨

我家原来住在江宁的下部高家村，后来在电瓷厂做工才搬到胜利一村。日本人进南京用飞机轰炸，当时不知道，只看到头顶上飞机在兜圈子，还不时听到"哗啦啦"投放炸弹的声音，才知道打仗了。农村人攒点家产不容易，所以当时村里人就待在江宁没跑。

日本人很凶，经常拿着棍子把村里人从家中赶出来集中在一片空地上，开始只是向我们要东西，要鸡要鸭的，后来干脆自个到家里去翻了，日本人

来糟蹋没办法，人出去了只有随他翻，你要反抗他们就会打你，不过村上被打死的人不怎么多，我知道的只有一个。

那时日本人在村上找花姑娘，有些妇女、姑娘被强奸了，女的只好在洞里躲着。有一次，村上一个女的不小心被日本人看到了，被日本人拖去要强奸，女的不答应，趁日本人一不留神就跑了，日本人在后面追，眼看前面就是塘没有路，女的就往塘里跳，刚跳下去，日本人一枪把她打死在塘里。

村里人都怕日本人，看到日本人就想躲，因为日本人一生气就会打人。记得村上有个叫董世的娶了个小老婆，养了儿子，日本人来了小老婆逃走了，董世把家里头灌稻子的仓（旧时农民使用的一种农具）倒过来扣着，父子俩钻在仓下，才没被日本人发现。

我还亲眼看到在村旁的一块田里头，一个村里人跪在那，帽子反戴着，日本人用刺刀从他大腿上横刺过去，还好没刺在骨头上。

日本鬼子开始没有烧房子，后来新四军在我们房子上架着枪打鬼子，鬼子就烧我们房子。

那时有过打摆子，我记得过一次，冻得直抖，发了两次烧就好了。

老百姓都恨日本人。后来日本鬼子投降了，老百姓终于可以发泄愤怒，看到日本人就打，就揍，后来讲好条件就没打，日本鬼子把枪交了就大部队撤走了。中国人恨死日本人了，路上不肯给他们吃的、喝的，有些好心人背后还是会塞给日本鬼子的，中国人太善良了。从我们那到汤山一带，路上都是日本人甩掉的军用毛毯、水壶之类的，他们背不动了，都扔在了路上，也有好多日本人用这些东西去换吃的。日本人败了，我们好开心。

☢ 金福鑫口述

金福鑫，男，81 岁

调查地点：燕子矶街道柳塘村

调查时间：2004 年 7 月 7 日

调查人：徐康、徐丽蓉、谢刚、施月琴、纪闻

1937 年日本攻打南京时我 14 岁，当时住在柳塘诚实村。日本兵来了以后，烧杀抢奸无恶不作。经常有三四个日本兵进村抢东西，他们不管什么好坏，

只要是能吃能用的他们都抢，稍有反抗就开枪把你打死。日本兵到我家把我养的小鹅抢走了，我跟在他们后面哭着闹着要他们还，日本兵就用枪托打我，赶我走。当时许家巷驻有国民党中央军，日本人抓住他们以后把他们分别关在三间房子里面，关了200多人。日本人惨无人道，他们竟然把这三间房子浇上汽油放火烧，里面的中央军全部烧死，场面惨不忍睹。日本人还进村乱抓年轻人，不管你是农民还是中央军，只要发现头上有帽痕的，他就认定你是中央军，有的甚至被当场枪杀。日本那时还进行空袭，国民党一拉警报我们就躲进地洞里。当时有汉奸放烟火引导日本飞机进行轰炸，主要轰炸八部堂。

日本侵略者对我们中国犯下的罪行，我永远不能忘记！

● 冯氏口述

李冯氏，女，85岁

调查地点：燕子矶街道柳塘村小岗下

调查时间：2004年7月6日

调查人：徐康、徐丽蓉、秦开伟

1937年我家住在柳塘村小岗下。日本人入侵后，将许多中央军抓到小岗下的一池塘边，用机枪进行集体扫射，尸体没有人处理，百姓由于害怕日本军都不敢去处理。

日本人到村里找花姑娘，我亲眼看到当地一妇女被日本军抓去，并被侮辱。当场有许多村民看到都不敢出手相救。村子里有一名姓郭的被日本人打死。村中还有一名男子叫陈支江，在跑反时，被日本军打死在船上。村里还有一名叫"黑儿墨"（小名）的女子躲在地洞里，被日军发现后，拖到现小岗下一铁路旁打死。

我当年还听到别人说仙鹤门一位姓袁的，被日本军抓去做壮丁，在逃跑到江中心时，被一日本军用枪将肚皮打破，肠子都流了出来，但他捂着肚子，有幸逃了出来。

日本人到村子里还将村子里的房子都烧掉，使用细菌战，带来了大面积的打摆子病。

116

🔘 王伟平口述

王伟平，女，68 岁

调查地点：太平村胜利一村

调查时间：2004 年 9 月 13 日

调查人：徐康、徐丽蓉、谢刚

1937 年，日本军入侵时，我家就住在笆斗山，我舅舅就是在笆斗山被日本兵杀害的。

我舅舅叫胡义厚，是 1936 年和母亲一起跟着我父亲到南京的，舅舅当年还很年轻，没有成家。一次几个日本兵到我们村里找花姑娘，舅舅、表哥，还有隔壁几个邻居（有女的），就躲在大草堆里。日本人就没有找到他们，他们听到日本兵吹集合哨就跑了。我舅舅跑得慢，被一个日本兵发现，日本兵就跟在后面追我舅舅。从我们家前门追到后门，舅舅被日本兵的刺刀连刺三刀，被刺死。

🔘 吴瑞挺口述

吴瑞挺，男，77 岁

调查地点：燕子矶街道下庙村上坊一队

调查时间：2004 年 7 月 12 日

调查人：徐丽蓉、徐康、徐仁雨

我叫吴瑞挺，今年 77 岁，日本人是 1937 年冬天过来的，当年我 10 岁，日本兵来时本来打算和父亲一起过江，父亲却被抓去挖战壕，回来以后已经无船过江，江被封起来了。第二天退兵来到我们村子，他们将枪和马都扔掉，卸下门窗，把一切可以漂起来的东西都用来过江。日本人为了阻止他们过江，就用一种可以伸缩的汽油橡皮船，里面可以坐两三个日本兵，到江里对过江的人扫射，死了好几万人。

我们村子里有好多国民党溃兵，一次我和父亲准备过江没有船，就趁着天色较晚赶回家。当时我手里拎着一个篮子，里面一小撮米。这时突然一个

国民党兵跑过来抢走篮子将里面的生米吃掉。村里一个叫胡常生的家里躲着八个国民党兵，平时怕被日本人发现门都是锁着的。那天村里来了三个日本兵，向村民要盐，胡常生老婆看了日本兵害怕，又不懂他们的话，就吓得往家里跑，哪知日本兵就跟在她后面，胡常生见老婆回来就把门打开，日本兵就跟着闯了进来，发现了那八个国民党军，当场用机枪把他们打死。我亲眼看到几个日本兵在上坊一队打死了20多个头上有帽箍的中央军。

日本人来了几天后，在上庙村上坊一队的村头发放印有日本国旗的袖标作为良民证。一个中央军就化装成老百姓想拿到一个良民证，不巧被一个日本兵发现，那个日本兵当场抽出刺刀把那个中央军的头砍下来，滚得好远。

日本军当年住在谢岗头，几天后，村里又来了几个日本兵，说是要到村子里抓鱼，一个叫吴霞洲的指了一个塘告诉他们那里有鱼，日本兵就扔了一包炸弹到塘里，没有炸到鱼。那个日本兵就从村里抓了11个年轻人，我认识两个，一个叫胡兆林是从苏州逃到我们村的，另一个叫吴启银也是上坊队的，现在还活着。大冬天的，日本兵逼他们下水摸鱼。由于是吴霞洲告诉日本人塘里面有鱼，日本兵没有炸到鱼就故意不让他上来，吴霞洲就被冻死在塘里。

日本军到我们村里还经常今天杀几个明天杀几个，一次我们村里有七个人到菜地里种菜，被日本兵碰到当场打死。胡常生的二儿子到尧化门去的时候也是被日本兵打死的。

侵华日军用此储油设施贮藏军用汽

油金属储油罐外还有砖混结构的保护墙体

日本兵还经常到村子里找花姑娘，我们村里吴某的母亲几次被日本兵抓去军营。当年还有个邻居叫吴国靓的也被日本兵强奸了好几次。

日本人还烧房子，村民不敢住在村里就躲到山上的桑树林里面。日本人来之后村里有人得了打摆子病，在田里干活经常突然发病，特别冷，就躲在草堆里将草盖在身上。

⚫ 张玉发口述

张玉发，男，76 岁

调查地点：燕子矶街道下庙村

调查时间：2004 年 7 月 10 日

调查人：徐康、徐丽蓉、谢刚、秦开伟

当年日本进攻南京时，我才 9 岁，就住在南京化纤厂。当时在许家巷驻有一个营的国民党中央军，日本人来时营长号召大家拼死抵抗，但是全营没有多少人响应。大家已经没有信心了，都想投降保命。后来该营派人去尧化门向那里驻扎的日军投降。来了三个日本兵把全营的人缴了械。日本人将全营的人押到尧化门集体屠杀了。现在想想当时人真是太老实了。要是这个营抵抗一下多好，也不至于全营遭屠杀。

过了几天我在村边和几个同伴玩，路边有个老太太和她女儿正在赶路。这时来了个骑马巡逻的日本兵发现了她们母女俩。这个日本兵马上跳下马要强奸那个年轻的女子。正当该日本人欲施暴时，那个老太太找了根绳，把一头栓在马身上，另一头栓在日本兵腿上。马受惊后就飞奔起来了，把这个日本兵活活拖死了。当时我们看了觉得很解气，日本人太坏了。

日本人还放火把我们村的房子烧了。我们村那时也流行打摆子病，而且比较严重。

——录自张宪文主编《南京大屠杀史料集》第 26 册

《幸存者调查口述（中）》，

江苏人民出版社，凤凰传媒出版集团，第 525—546 页

侵华日军在栖霞地区罪行新证

八卦洲地区

⊙ 蔡德金口述

蔡德金，男，83 岁

调查地点：八卦洲镇大同村 8 队（原双柳村 187 号）

调查时间：2004 年 7 月 6 日

调查人：范国平、高从样

我当时住在七里洲下鸡谷村。家里有六口人，父母，两个姐姐和一个妹妹。种七八亩地，也打一些鱼虾，当时村里有二三十户人家。

鬼子进南京是从雨花台来的。有许多南京人逃难到八卦洲，有亲投亲，有友投友，当时我们村里住满了人。南京人吃的东西大多是自己解决，自己出去找，日子很难过。小孩很多，老人比较少，老人舍不得家，也认为日本人不会对老人下手，就留在家里。

日本人进南京后，经常来八卦洲，来的时候都是坐汽划子，大家一听到汽划子的声音就躲起来，鬼子上来后，就抢鸡、猪等能吃的东西，我家里 12 只鸡，两只三四十斤重的小猪，都被两个日本兵用枪打死后给抢走了。他们后来又胁迫船民给运到江对面的。

日本人上来的另一个目的，是找花姑娘。当地的姑娘大多躲在地洞，或芦苇荡里，他们一般找不到，但南京城里跑反到这的姑娘糟（遭—编者）了秧（殃—编者），我邻居家住着的一个姑娘被两三个日本兵轮奸，当时那个姑娘只有 23 岁。

中央军过江时死了很多人。日本兵在汽艇上架着机枪扫射木排上的中央军，中央军横七竖八地死在江里，有很多的尸体被浪推到江岸上，到处是尸体，任其腐烂，无人处理。

那年八卦洲上很多人吃树叶。洲上有鬼子来，我们就躲，有些人用小船躲在芦苇荡里，鬼子到处找，用刺刀戳，找到姑娘就糟蹋。

● 管其荣口述

管其荣，女，84岁

调查地点：八卦洲镇巽离村222号

调查时间：2004年7月14日

调查人：倪振林、侍晓莎

我17岁时（1937年）鬼子来到八卦洲。那年冬天的一天晚上，在老七里洲，村民赵光富的姨，20多岁，被鬼子在地洞中发现并强奸，当天晚上死了。

1937年冬天的一天下午六七点，我叔公刘兆怀（刘老四）在东坝头埂上遇见鬼子。鬼子叫他把抢来的鸡送到船上，叔公看见家里的房子着火了，就把鸡送给别人了。在回家的路上被鬼子用枪打中，肠子流了出来，当天夜里十二点钟左右死亡。

在长江南边，日军在船上用机枪扫射撤退的中央军。史家大窝子到煤炭港全是死尸，尸体残缺不全。

● 郭义和口述

郭义和，男，79岁

调查地点：八卦洲镇生产村31号

调查时间：2004年7月6日

调查人：邵啸、范裴裴

日本人是1937年冬月二十六来南京的，冬月二十七来的八卦洲。

我们家南面大马路原是一个大埂，国民党当时从那里退下来的，他们是从江南来的退兵。他们都是抓着前一个人的屁股在水里游，怕被日本人的炮弹打到。我父亲当时还问他们为什么逃到八卦洲来，说这里是四面环江，是一个害马坑，这些国民党说是当官的给他们找的路线。

我12岁时听过一些老年人讲当时国民党船舰在江南，日本人从江北炮轰大厂镇，傍晚火光很大，国民党在八卦洲80%没枪，日本在海上用炮轰，就打国民党，死了好多人。但当时环江埂上死的人少，因为冬月二十五、二十六、二十七三天大雾，信教的人认为是上天保佑的。

侵华日军在栖霞地区罪行新证

日本人冬月二十七来八卦洲时，我们用小船逃到离家较远的地方，也在八卦洲，有十几天。

日本人会用手摸男人的头、肩膀、手和腿，发现是国民党的兵立刻就把他杀掉，因为当兵的头上要戴头盔，肩膀扛过枪，腿上绑过绑腿，手上不像老百姓那样，生老茧的位置不同。当时有两个国民党约 30 岁住在这里的庙里，当时保长会让每家轮流送东西给他们吃，后来被日本人发现捉了出来，被日本人在小河口用枪打死了。这是 1938 年阳历 3 月或 4 月的事，后来保长让穷人来把他们的尸体抬到了西北大厂镇那边埋了。

当时八卦洲藏了很多的国民兵，我们家屋里、屋外也有很多，日本的飞机来轰炸，国民党兵有的慌了就跑了，被他们发现就被轰炸，阳历 27~28 日，有四个兵被炸死了，我亲眼看到的。我们去了十几个人去捡尸体，捡了两趟，到二龙义公地埋了。

我 13 岁时，知道有两个女的被抓走了。其中一个住在二步埂，人称"老姑娘"，二十几岁了，家里有母亲、三个弟弟、一个哥哥。她被日本人从家里带走了，到江边时大喊救命，过了几天，回家后很多人去看她，她在床上，躺着哭，她家当时住芦苇棚，她和她母亲一样是小脚，过了一段时间就搬走了。

另一个住二步埂七里洲，个把月才送回来，后来就死在八卦洲了。

过了头台洞、二台洞、三台洞后，那里死的人更多，老虎山死的人特别多，有好几万人。正月十五我当时和同村的几个人去老虎山大窝子，到那里翻尸体找枪卖给新四军，我当时看到国民党兵被日本人用铁丝把左右耳穿通，还排成一排用枪扫射。我当时还看到树上挂着一些人头，是用铁丝穿通耳朵挂起来的。我问老欧："树上挂的什么？"老欧说："人头石榴。"后来，尸体被拖走埋掉，也就是在杀人的地方，挖个大坑，好几米深，一个坑能盛下不止一万人，老虎山大窝子有七个大坑，全是尸体。

我当时从死去的国民党身上找到了手枪，就给五个大人。帮他们找钱、找枪，他们还给我糖吃。

☢ 韩贵道口述

韩贵道，男，86 岁

调查地点：八卦洲镇东江 5 队 5 号

调查时间：2004 年 7 月 18 日

调查人：范国平、范裴裴、陈亮

我家当时住在七里洲长塘湾子，与侯为林是邻居，家里有三间草房。日本人来时是阴历十月，刚来时很凶。

我亲眼看到在下关煤炭港，日本人设立了岗哨，通过的老百姓如果没有身份证就被打甚至被杀。我们村里有一个 30 多岁的卖柴人叫姚一民，他到大厂镇去卖柴，在江面上被日本人用机枪无缘无故地打死了。这是 1938 年春天的事情，他的儿子叫姚思山。

在幕府山的史家大窝子，我估计有两万名中央军被杀，他们是唐生智的部队，七个日本兵在两个翻译的帮助下，让中央军排成四队，用机枪把他们打死。我和村里的陈健财、叶和成曾经到那里去捡过死人身上的东西。

阴历十一月，日本兵在草鞋峡也屠杀了很多国民党兵。当时江里都是尸体。

在七里洲的二步埂的老官房，当时是国民党警察所，日本人来时，许多南京城里的难民跑反到这里。

1937 年冬天，我在上元门对面的岸上（在七里洲），看到日本兵无缘无故把狄文江打死。日本兵在七里洲还糟蹋妇女，我们村里有两三个妇女被侮辱，有一个姓白，20 多岁，原来在老虎山那边种菜，日本人进城后，他们家投靠我们家邻居张国珍，张国珍是她的表姑夫。白姑娘和她嫂子（姓胡）在家里来不及躲避，被三个鬼子污（侮—编者）辱，当时是下雨天，这是 1938 年底的事情。

有一次在煤炭港，早上有一对卖柴的夫妻经过岗哨，因为没有带身份证，男的被打，女的被拖上船糟蹋了。

侯为林的哥哥，叫侯为振，他被鬼子抓到军营里当了半年苦力，偷偷跑回来。

我有一次在江边玩的时候，日本人叫我送抢来的鸡，十二三个，100 多个鸡蛋，他们叫我挑到汽划子上，一直送到军营里。

我们村里后圩的刘主海，被日本人打死，他家离我大伯家五里路，他老婆姓王。

☢ 何高钰口述

何高钰，男，86 岁

调查地点：八卦洲镇民洲村 11 号

调查时间：2004 年 7 月 4 日

调查人：倪振林、陈亮、侍晓莎

我原是八卦洲的私塾老师，22 岁教书，原住在老七里洲，后迁入新民洲（原泥滩洲），第一次在八卦洲看见鬼子是在 1937 年十一月十六日，主要是在老七里洲附近活动。冬天十一月份的一个下午，日军乘坐汽油船在三付码头登陆。一个姓俞的二十七八岁的妇女被拖到姓肖的一户人家实施强奸，有四个日军参与，强奸后将俞某放回，这件事对该妇女伤害很大。

1937 年阴历冬月初八南岸大批撤退的中央军抱着木头、门板等，利用江水划着逃跑。下午四点多钟，来了六艘日本军舰，日军在船上用机枪扫射。江中的人无一生还。岸边尸骸成丘，惨不忍睹。

我救了两个新参加中央军的士兵，叫耿学尧和俞小平，原是无锡长泾镇人。我写了封快信给他们的父亲，几天后他们的父亲到了八卦洲。我通过江边一户姓李的人家，将两人交给他们的父亲。他们连夜回南京城，再回无锡。后来回信说已安全到家。

鬼子摸清了村民的作息时间，算好了下午四点乘船来八卦洲，那时人们正在挖芦篙。1939 年 11 月，日军抓住一个妇女，将其拖到刘老四家门口，由于语言不通，发生误会，鬼子踢了刘老四一脚，用刀捅在他肚子上，刘老四肠子流了出来，次日下午三四点死亡。两个鬼子将抓到的妇女强奸；另两个同来的鬼子去老后新圩找花姑娘，遇见农民包有海，问是否有花姑娘，包有海说没有。鬼子打了他一个耳光后把他扔进水塘，然后将他的房子烧得精光，家里的荸荠地也全部被毁。

1939 年冬天，我父亲的船停在湖中，我被两个鬼子叫住，叫我给他们撑船去找花姑娘。我骗他们说是芦苇荡不通，姑娘都跑了。鬼子叫我将抢到的鸡、猪送到他们船上。我提出要吃些东西，鬼子用指关节猛击我头，一个礼拜才好。我将东西送到三付码头的福记轮船上，总共挑了两里路，后来鬼子给了我一罐食物，我不敢不拿，后来鬼子让我回去。那以后我非常小心，没有再被鬼子抓住。

1939 年 12 月，我乘小吴的船去宝塔桥贩卖芦苇柴，回来时候遇到鬼子。鬼子根据吴志远额头上有帽檐的痕迹，认为小吴是中央军，要将其枪毙。我用小石头在地上写字给鬼子看，写的是："他姓吴，叫吴志远，挺好的良民，很贫苦，没有咪西（吃的）。家里有两个小孩和父母，共六个人，是最好的良民。"鬼子看后说开路！小吴才逃脱一死。

鬼子来了两三年后实施安民。原来的铃木、秀云部队由冈村部队接替。冈村是占领南京的陆军部队的领袖。安民后日军对村民的侵扰较先前要少许多。

☣ 贺银口述

贺银，女，86 岁
调查地点：八卦洲镇七里村 6 队
调查时间：2004 年 7 月 3 日
调查人：陈亮、倪振林、侍晓莎

我原住在老七里洲，第一次看到日本人是在我 19 岁时（1937 年）冬天，日本人上岸后就抢鸡、鸡蛋和猪。

那年冬天（1937 年）的一个下午，十几个日本人来到我们的那个村子找妇女和小姑娘。大家都躲在地洞中，那些地洞很多都是为了躲鬼子专门挖的，当时有个叫"殷小嘴"的小姑娘，还有村里的其他几个妇女，七八个人躲在地洞中一天了，大家又饥又渴。这时，她们听到外面有动静，殷小嘴以为是她妈妈，便问了句"鬼子走了没有"。哪知鬼子就在她家里。就这样，她们躲的地洞被鬼子发现了。她们七八个人全被鬼子糟蹋了。事后，殷小嘴的母亲（我们都叫她"细长腿"）还让我去安慰她的女儿。

在我 20 岁那年（1938 年）快过年时，我们村有一个姓曹的（名字记不清了）被日本人叫去把做好的豆腐送到船上。姓曹的把豆腐送到后，日军就开枪把他打死。

我 21 岁那年（1939 年）10 月份的一个中午，一个姓戴的妇女出门逮鸡，被日本人看到，便被拖到屋里强奸了。这是我亲眼看到的。

侵华日军在栖霞地区罪行新证

125

1940年的夏天，有四个外地人在我们村做工。有一天，鬼子又到村子里来，认为这四个人是中央军，就向他们开了枪。这事就发生在我二伯伯的家里。四个人当场死了三个，另一个在我二伯伯家里喊了一夜。我倒了碗水给他，他刚喝了两口就断了气。

在十三塘有个叫刘三子的妇女，有一次在捆芦苇时被三个日本人拖上船，强奸后放回。有一个日军的炊事员在五年期间多次强奸刘三子，每次一来就去找她。

当时，我们那里的小姑娘为了躲避日本军糟蹋，通常都剃"和尚头"（光头），这样看起来像个男娃，或者用锅灰在脸上、身上乱抹，让自己看上去很脏。有一个13岁的小姑娘，就因为没像其他人那样做，而被日本兵强奸了。

在日本兵来的期间，他们杀了不少人，我的邻居就有十几人。其中有一位姓齐的，鬼子要强奸他的妻子，他上前阻止，就这样被鬼子开枪打死了。这件事发生在1939年左右。

我有个侄子小名叫小狗，在1938年他十三四岁的时候，有一天，鬼子让他送鸡去他们的炮台。小狗送去后就再也没回来。我嫂子天天在家念叨小狗的名字，后来神智失常，生病死亡。

在我二十二三岁的时候，那会儿快插秧了，估计是农历四月份吧。有一次我去葛塘集（现属六合县）买了点米和油，在往回走的路上突然听到有人喊"日本人来了！"我连忙丢下米，只拎着油，同大家一起躲到了后面的山上，等到确定安全才下山。下山一看，整个葛塘集被日本人放火烧得差不多了，还死了不少人。

后来我听说，日本人来这里是为了报复。当时葛塘集住着一家兄弟三人。有三个日本兵先后多次强奸这三兄弟的老婆。兄弟三人实在看不下去了，便决定和这三个日本兵拼命。于是在日本兵再一次来的时候，三兄弟一起杀死了其中两个日本兵，有一个逃走了。逃走的那个回去报了信，于是葛塘集便遭了殃。

日本人来时，有许多人躲到了江边的芦苇丛中。有的人抱着小孩，不知道小孩什么时候会哭，一旦小孩哭了，就会把鬼子引过来。就因为这个，许多人忍痛把自己的孩子扔到江边。这些婴儿都被江水卷到江里淹死了。

☢ 蒋如山口述

蒋如山，男，87岁

调查地点：八卦洲镇东江村1队

调查时间：2004年7月15日

调查人：孔令琦、张卫红

鬼子来的时候，我20多岁，当时住在六合，当时江南有许多人逃过来。晚上可以看到南京城里一片火红。1937年腊月底，草鞋峡有个30多岁的女的从燕子矶坐船到六合的瓜埠，结果被江上鬼子的小艇发现了，把那女的打死了。

听说鬼子在六合抓住一个二三十岁样子的女的，那女的逃跑，被鬼子给打死了。

1940年2月，葛重德在江里划船，鬼子让他停，结果他停慢了，鬼子就用棍子打他，后来给打残废了，浑身不能动，家里的劳动力没了，他家中过得挺苦的，连蚊帐也没有。

1937年阴历十二月，快过年的时候，我的叔叔蒋德如在江浦的永林种地，鬼子在汤山附近看见他，要抓他，他就跑，结果被鬼子打死了，家里人回来看见尸体都腐烂了。

我进城经过燕子矶，看见史家大窝子水面上漂着好多尸体。

当时中央军撤退，有万把人往瓜埠跑，另外还有跑其他地方的，有两万多人没跑掉，就用木板过江，鬼子用机枪进行扫射，江里尸体很多。

☢ 柯助春口述

柯助春，男，81岁

调查地点：八卦洲镇大溜东村101号

调查时间：2004年7月8日

调查人：倪振林、侍晓莎

我原来住在上坝。在上坝的骆路街，村民许志宏的妻子和一个姓潘的20

多岁妇女被十个鬼子轮奸。强奸后，鬼子将许志宏妻子的衣服剥光，强迫她从上街头跑到下街头。

 **李桂珍口述**

  李桂珍，女，77 岁

  调查地点：八卦洲镇上坝双桥村 160 号

  调查时间：2004 年 7 月 10 日

  调查人：陈亮、邵啸、范裴裴

  村里有个人叫周生涛，当时 30 多岁。1937 年的某天，鬼子抢了我家的鸡、猪，吼叫着让他送到船上，因听不懂鬼子的语言，不知如何做，日本鬼子就用绳子缚住他的脖子。后来他跪地求饶，很多人求，才没有杀死他。

  1937 年冬天，我表姐被日本兵枪杀。原因是鬼子叫她，她不懂，就在背后杀死了她。那年她 15 岁，我 10 岁，她叫王小五。

  鬼子来时，小姑娘和妇女都藏起来，藏在地洞里，留下一个老头曹德贤放哨，日本人来时咳嗽两声，走时再咳嗽两声。但有一次鬼子走后，大家刚钻出地洞，鬼子又回来了，大家来不及钻进地洞，便逃到周通钱家阁楼，被鬼子发现。当时有三个女人，最小的 15 岁，最大的 30 多岁，都被鬼子强奸，当时鬼子共有三人。其中有一成年妇女周曹氏 30 余岁，被三个鬼子轮奸了。此人 80 多岁后在八卦洲死去。

  1938 年冬天二三月间，后新圩村刘老四，被鬼子用刺刀捅入肚子，当时肠子流了出来，第二天死亡。鬼子杀他的原因时（是—编者），鬼子让他抬东西，他不懂，便杀死了。

  鬼子来村子要鸡，让我村的徐从发捉鸡，徐不懂日本兵的话，不知做什么，日本兵便用枪托打他，打了两个耳光，后来翻他家的柜子、箱子，没有人敢动。

 **李业才口述**

  李业才，男，81 岁

  调查地点：八卦洲镇驼路村 80 号

调查时间：2004 年 7 月 8 日

调查人：范裴裴、邵啸

八卦洲没有日本人驻军，日本人来如果有军官还比较好，但两三个人分散开后就不守正道了。

我 14 岁下半年跑到江北公日镇，后来又去了江心洲，第二年春天回到八卦洲。

我十五六岁时，日本人以八卦洲为目标进行航空演习，炸死了一些平民。在驼路街的菜场有一个卖茶叶蛋的老太被炸得出血，用把泥揾在胸口止血，没止住，失血过多而死。有一个三四十岁的姓郑的木匠膀子和腿都被炸断了。他老婆曾经被日本人强奸后，一丝不挂地跑了回来，后来这一家都死了。我当时读私塾，这是我亲眼看到的。

日本人用炮艇向八卦洲打炮，有一次在大同村，阳光照在一户人家的窗子上，反射的光被日本人看见了，他们就开炮把那屋子炸了。

安营邦有个郭老大和他的金徒弟，在街上被十几个鬼子和二鬼子带到江北杀害了。

我家当时住在驼路街，家里五个人，弟兄三个，家里靠划小木船为生，日本人一般都是八点钟在八卦洲丢炸弹，好像是在练习，一直丢了好几个月，共炸死了十几个人。

☢ 卢荣生口述

卢荣生，男，85 岁

调查地点：八卦洲镇大沙东村 11 号

调查时间：2004 年 7 月 11 日

调查人：侍晓莎、倪振林

鬼子刚来那时是个冬天，我母亲当时在江上划船。有一天，她在划船时看到我们村一个姓唐的女的，约 18 岁，在江边上（大沙滩附近）被两个鬼子轮奸。还是那年冬天，外沙有一个外地雇工来下坝买香烟，在回去的路上遇到鬼子。鬼子叫他站住，他由于害怕转身便跑，鬼子开枪将他打死。

129

芦（卢—编者）轩荣口述

芦（卢—编者）轩荣，男，81 岁

调查地点：八卦洲镇新农村 117 号（下坝村 6 队）

调查时间：2004 年 7 月 10 日

调查人：韦军、张卫红

我老家在扬州，鬼子来的时候我们一家搬到了南京八卦洲。因为我会剪头发，鬼子把我抓过去为日军剪头发。我替鬼子干了两三年，日军安民之后就把我放了回来，替鬼子剪头发是没有工钱的，我每天回来吃住，第二天再去，但鬼子会给我烟。

下坝 11 队有个叫周宗涛的人在下关幕府山被日本人杀了，这是我亲眼看到的。

我们村有个叫三凤的妇女，当时 20 多岁。那是 1937 年冬天，鬼子把她抓起来，强奸后，被扒光衣服，全裸着绑在八卦洲的江边，让过路的人看。

1938 年或是 1939 年吧，日本鬼子在南京那边抓人，朝我们村这个方向过来。在难民营检查，主要是对青壮年进行检查，看头上是否有戴帽子的印子，手指是否有老茧，腿上是否有绑过绷带的印子。有一些人被命令为日军绑腿，日军对翻译说了些什么后，翻译对那些人说："我们现在送你们回家。"那些人就被绑起来，十个人一组，用八号钢丝左手绑别人的右手（连环绑），他们被带到下关，幕府山那边已经准备好了机枪，那些人被排成一排之后，日军用机枪进行了扫射，扫射后，日本鬼子会用刺刀补一下，以免有人没死！这些被抓的人中有一个叫冯金贵的，他就是我们村的，他当时 30 多岁，他被绑在最左边，日军开枪后他顺势倒下，并把旁边一个人拉在了他的身上，日军扫射后，用刺刀进行补充，刺刀刺在了他身上的那个人，但他的头是在外面的，一个鬼子从他头上踩了过去，他忍痛没有出声，之后他跑了回来，他亲口跟我讲了这件事。

1938 年，有很多人得了打摆子，主要症状就是发烧、怕冷，一般三天发病一次，人得病了瘦了很多，还有很多人生疮，身上烂了，很痒，当时大约 80% 的人得了这种病。

当时日本人在各大路口都设有路卡，过路的人都要接受打针，打完之后会发一张证明，日本人来之前这种病是没有的，来之后就有了。我一家五口都得了那种病，有人死于这种病。日本人发现了这种情况，对一些村庄派兵进行了封锁，并抓走了些人，之后那些人就没有被放回来。

外国人开的药店有药可以治疗，有钱人就买了治，没钱人买不起，有钱人会送一些药给穷人，药品主要是奎宁丸。

这种病大约持续了两年，之后就没有了。

当时我们家有八口人，父母、奶奶、兄妹五个。父亲剃头收入很少，其他就靠讨饭过活。

☢ 陆其铎口述

陆其铎，男，78岁

调查地点：八卦洲镇兄南村114号

调查时间：2004年7月15日

调查人：倪振林、侍晓莎

我原住在老七里洲，后由于塌江迁至新闸村。

1937年农历十一月份，鬼子来到南京，在江南见人就扫射，拿人当活靶子。江南面有很多人逃到八卦洲。鬼子坐汽油划子来八卦洲，抢鸡、猪，还找花姑娘。

1937年冬天的一天中午，在老七里洲，我们书记的父亲刘兆怀（刘老四）遇到了鬼子，鬼子要他把刚抢到的鸡送到汽油船上。半路上，刘老四望见自家房子着火了，便将鸡丢下回家救火。他转身时被鬼子开枪打中，当天夜里死亡。

1937年的冬天的一天，一个姓吴的十四五岁的姑娘，没来得及躲，看见鬼子来便往水里跳。鬼子用刺刀顶着她的家人逼她从水里出来。吴某从水里出来后被三四个鬼子轮奸。

1937年冬天，在高家山，鬼子看到一个拉纤的人胳膊上的痕迹，说是背枪留下的，认定是中央军，用刀将那人一点点割死，这是从江南跑反住在我家的难民告诉我的。

鬼子经常烧房子。他们的军舰靠岸，怀疑一个房子里有中央军，就上去

一个人，将房子烧掉。鬼子还用指关节狠敲人的头。

1937 年冬，在老七里洲，一个姓陈的 20 多岁妇女从江南避难住在我邻居家里，没来得及躲，被两个鬼子轮奸。

1937 年冬，在老七里洲，我看见鬼子将一个从江南过来的妇女拖上汽油船，强奸后让她站在船头，不穿衣服。西江的村民站在岸上，都可以看得到。

听江南过来的难民说，鬼子在江南曾逼迫公公强奸自己儿媳妇。

日本人来之前我家有七八口人，主要靠种地为主。当时我们家有 20 多亩地，如果年头好，吃饭穿衣基本不愁。日本人来后大家都很害怕，所以没什么事都不敢出门。因为许多日常用品如油、盐、布等都需要到江南买，所以那段时间里能将就就将就，尽量不过江。这种情况持续了四个月左右。

☢ 毛振英口述

毛振英，女，80 岁

调查地点：八卦洲镇蚂蚁村 330 号

调查时间：2004 年 7 月 14 日

调查人：倪振林、侍晓莎

我原住在老七里洲。鬼子来的第二年（1938 年）秋天的一个夜里，一个叫吴爱郎的 13 岁姑娘，由于害怕叫出声来，被鬼子发现，在我家门口被三四个鬼子轮奸。

在 1938 年春天的一个下午，我一个姓黄的姨奶奶的孙子，当时 20 多岁，靠拉纤为生。鬼子看到他胳膊上被纤绳勒的痕迹，说是背枪留下的，认定是中央军。将他抓上船，行至江中推下江淹死。

鬼子来之前我们家有十五六口人，靠种二十几亩地和开杂货店为生，生活水平还可以。1937 年冬天鬼子来了，我和家里的其他五六个人跑反到江北，老人和男的留了下来。由于洲上走了不少人，杂货店的生意很难作（做—编者）。五六个月后鬼子安民了，我们便搬了回来。

☢ 苏丁英口述

苏丁英，女，84 岁

调查地点：八卦洲镇新闸村 5 队

调查时间：2004 年 7 月 14 日

调查人：侍晓莎、倪振林

鬼子刚来的一两年里情况特别坏，我们一天到晚提心吊胆，鬼子一来我们就吓死了。各家的鸡也不收，猪也不藏，只把女儿、媳妇藏好，因为鬼子不讲道理，年轻女人被他们抓到就肯定会被糟蹋。

在鬼子刚来的那年冬天（1937 年），十三塘有个姓陈的妇女，30 多岁。鬼子来的时候，她没来得及躲，被鬼子抓住后在她家里强奸了。

1937 年冬，鬼子有一次在江南城里投下了一枚炸弹，炸死了十几个老百姓。我第二天和父亲去城里卖东西，看到那里血流成河，血腥味臭得让人头晕。

鬼子来之前我们家共五口人，靠种别人的地为生，日子很苦。鬼子来后因为出门很困难——鬼子在路上置关设卡通行很不方便，所以生意很难做，日子就更苦了。

● 王桂英口述

王桂英，女，73 岁

调查地点：八卦洲镇兑南村

调查时间：2004 年 7 月 18 日

调查人：韦军、倪振林、邵啸

鬼子来时我住在老七里洲（现已塌入江中）。鬼子经常会从江南面过来，一般每次三四个。一来就抢鸡，抢猪，还会到人家里乱翻，找金银首饰，我家有几次被翻得乱七八糟。

鬼子到洲上来经常会糟蹋妇女。我有个姐姐十几岁，一听说鬼子来了就躲到我们家的地洞里，我们村里有个专门划船的叫高文景（音）的人，一次，大约在鬼子来的头一年的冬天里，他在江边划船，被鬼子逮住了。鬼子强迫他用船把他们送到洲上来，高文景知道鬼子不干好事，但不送不行，只好听他们的。就那一次，我的一个姨娘，大家都叫她王二子，在家被鬼子捉到，

侵华日军在栖霞地区罪行新证

然后被三四个鬼子轮奸了。另外，我们村还有一个叫王教青（音）的人，她有一个女儿十七八岁，头脑不好，也是在那个冬天，在家睡觉的时候被鬼子捉到后强奸。

老七里洲有个叫姚一明的，靠划船为生。在鬼子来的头一年里，有一次他在外滩附近的江中划船，被鬼子看到，鬼子让他把船划过来。他由于害怕，便想划着船走，被鬼子开枪打死在船上。这件事是我听说的。但我知道，姚一明的老婆过后不久便改嫁了。

☢ 王素华口述

王素华，女，90 岁

调查地点：八卦洲镇合新村 11 号

调查时间：2004 年 7 月 2 日

调查人：邵啸、范国平、侍晓莎

我 21 岁（1936 年）来到八卦洲，23 岁（1938 年）看到日军抢村里的东西，他们还让村民把东西送到船上。村民刘老四就是在送东西的途中被日军从背后开枪打死的。

日军都是乘小帆船来到八卦洲上，村民听到船的响声就往芦苇地或是家中地洞中躲。日军会踏地洞上面的木板，他们根据声音判断里面是否是空的，发现是空响就将躲着的人拖出来。他们有时将两个人的头使劲对撞，撞得头破血流。他们还在人的身上压很重的石头，压得下面的人爬不起来。

我们晚上都不敢睡觉。一次，我公公叫我睡觉，他听着动静。不知怎的日本兵突然来了，我来不及躲，于是就狠命把整个手臂抓破，鲜血直流。日本人看到后说我有病、有毒，才没有糟蹋我。妇女和小姑娘将锅灰涂在脸上，弄得很脏，来躲避日军强奸。我的小姑凤英就在家里被日军糟蹋了，当时她丈夫就在门外，但不敢进去。

我们村有个孤儿叫贾小甘，有十一二岁，日军叫他将抢到的牛送到船上，然后将他带走，就再也没回来。

我看到在江滩上，有五个人被日军杀死。

☢ 杨克明口述

杨克明，男，77岁

调查地点：八卦洲镇上坝6队小沙西村93号

调查时间：2004年7月9日

调查人：范国平、孙茜

我知道一个住在上坝的名叫李宝仓的人，他在铁路上工作，随中央军退往四川，他父亲带着两个孙女和他的妻子躲到了八卦洲。有一天在小沙滩，日本人来了，他们躲在小脚屋里，被发现了，李宝仓的妹妹文化水平较高，写字说她有病，有几个日本兵就轮奸了李宝仓的妻子。日本投降以后，她离开去了浦口。

万字会在上坝帮日本人做事，当向导逮人。

我在燕子矶码头上放牛，看见日本兵把小孩刺死，在栖霞山一列火车出轨了，运的是军火，日本人四处搜寻，抓到一个头上有印子的农民，把他抓住灌自来水，然后用脚踢他的胸口，那个农民七窍流血而死。

日本人刚进南京城的时候，在南京放火烧红了半边天。中央军撤退，在江面遭到日本人的扫射，死了很多人，有中央兵陷入江泥中被打死。

1937年秋天我和父母、老二、妹妹五个人一起到八卦洲。八卦洲有钱人跑反，我们一直住在八卦洲，家里有地洞不敢出来，做饭的时候也十分小心，鬼子经常来。当时听说有一艘国民党的军舰躲在八卦洲，但中央兵被鬼子打死了。

当时八卦洲的中央兵很多，家家都有中央兵住，在江边有很多中央兵被杀死，我就亲眼看到过。很多尸体都被淤泥埋起来了，不用人埋。当时家家户户都要挂日本旗，否则会被烧死的。

刘三做安民团团长。

☢ 杨志华口述

杨志华，男，85岁

调查地点：八卦洲镇光明村11队

侵华日军在栖霞地区罪行新证

调查时间：2004 年 7 月 11 日

调查人：侍晓莎、倪振林

鬼子来那时我住在老七里洲（现已塌入江中）。我记得他们来时经常打人，许多人被打得不死不活，我也被打过，也不知是为什么。

鬼子来的两年左右（1939 年前后），春天，我有个舅母姓祁，当时 20 多岁，被三四个鬼子轮奸。

鬼子来的第一年（1937 年）的冬月里，我的一个姨娘，40 多岁，因为鬼子和她说话，她听不懂，而被鬼子开枪打死。

☢ 俞斌口述

俞斌，男，83 岁

调查地点：八卦洲镇青龙尾村 212 号

调查时间：2004 年 7 月 10 日

调查人：倪振林、侍晓莎

我 1936 年来到八卦洲，鬼子在八卦洲无恶不作，烧杀淫掳。他们使用的是盖子枪，一枪可以放两响。

1938 年春天，在下坝，一个靠炸油条维生的村民的妻子被鬼子轮奸。

鬼子曾在光明大队用枪打死了一个村民。

有一个帮工，天亮时去下坝买菜，看见鬼子后吓跑了，被鬼子从后面用枪打了，子弹穿过胸部，把他打死了。

在上元门、幕府山附近打死的中央军最多。

日本人来以前，我家有六个人，母亲、两个哥哥、一个姐姐、一个嫂子和我。家里种二十几亩地，鬼子来之后还是种地。鬼子来损失很大，家里没钱，迫于生计就把土地卖掉了。

☢ 张如琴口述

张如琴，女，75 岁

调查地点：八卦洲镇乾坤村 358 号

调查时间：2004 年 7 月 15 日

调查人：侍晓莎、倪振林

鬼子来时我八九岁，日本人经常坐汽油划子到洲上来。他们一来就做丧德的事情。那时姑娘、妇女根本不敢在家。

1937 年冬天的一个晚上，有一个从江南跑反过来的妇女，三十几岁，为了躲避鬼子的糟蹋，用黑灰把脸抹黑。鬼子发现她脸上有一处很白，便起了疑心。两三个鬼子将她衣服脱光，证实是年轻妇女后将其轮奸。我们村上有位妇女，大约 30 岁，鬼子来得快，没来得及躲起来，便趴在姓陈的一户人家的茅坑里，鬼子嫌她脏，便放过了她。

☢ 郭立疗口述

郭立疗，男，84 岁

调查地点：八卦洲镇中桥 6 队

调查时间：2004 年 7 月 13 日

调查人：韦军、张卫红

鬼子来时，我有 18 岁。记得 1937 年冬天鬼子把江给封了，有的人没跑掉，当时中央军许多人就用木板、门板跳到江里，日军就用军舰、飞机进行扫射，当时死的人无数。我当时在江边捡木料，想用来修自己家的茅草房，结果就看见江边有不少尸体都泡胖了，当时逃过来的中央军住在农民家，家家户户都有。

1938 年村里的郭干事被日本军打死了。他当时在地方上维持秩序，听说南京安民后就跑去市区，据说在中央门被日本军给打死了，当时他三四十岁。

日本鬼子封江了，我们就没米吃，只能用小磨子磨玉米糊糊来吃。当地的万字会用皮纸造自己的钱，农民用东西换钱，可以买油、盐，这钱只能在八卦洲上通用。万字会还在江边收尸，把那些尸体埋起来，他们与日本鬼子打交道，给鬼子吃喝，还送东西。

侵华日军在栖霞地区罪行新证

⚛ 赵育才口述

赵育才，男，79岁

调查地点：八卦洲镇中桥8队106号

调查时间：2004年7月13日

调查人：韦 军、张卫红

鬼子从江南、江北两个方向来，来了七八次，一般来十几个人，主要是来找鸡，找女人。

在外沙一队有一个二三十岁的妇女被日本鬼子抓到强奸了，姓什么不记得了，他儿子还在中桥三队。

在外沙村还有一个妇女被日本鬼子强奸了。当时那妇女二十几岁，姓朱，已婚，当时她正在种芦篙，好像是在农历三月份，鬼子从江上来，她没有来得及跑掉，就被鬼子强奸了。

⚛ 周宝兰口述

周宝兰，女，83岁

调查地点：八卦洲镇建设村40号

调查时间：2004年7月3日

调查人：范裴裴、邵啸

我家当时住在长江七队，当时村里人很少，我们和邻居一起挖了个大洞，上面盖上草，日本人来了，有十几个人躲在里面，又挤又闷，有小孩的，还要把小孩嘴捂上，不让他们出声，有时甚至会捂死了。

我亲眼看见有个老头被日本人活活打死了，日本人说他儿子是"黑头"，让他把儿子交出来，老人没有交，就被几个日本人活活打死了。

日本人还向江对面的山上扔炸弹，我们这里也扔炸弹，当时我就在房顶上用红布做个良民条子，这样日本兵就不炸了。当时家家都有。日本人还抢鸡、抢猪、抢牛。

鬼子来之前家里有八口人，一共只有十来亩地，粮食不够吃就到别人家里打长工，日子很艰难。鬼子来之后生活没什么变化。

周龙英口述

周龙英，女，90 岁

调查地点：八卦洲镇兑南村 203 号

调查时间：2004 年 7 月 3 日

调查人：范裴裴、邵啸

我 25 岁那年，穿棉衣的时候，我干妈姓范，在七里洲，有一次日本人来了，她没有来得及跑，被日本人捉到了，他们把她的裤子脱掉，让她坐在床上，他们就在下面玩弄她的下身。

同年，在七里洲，也是穿棉衣的时候，有个姓汪的 50 岁左右的老头被日本人绑住四肢，挂在树上，等他们走了之后才有人敢把他放下来。

在史家大窝子，日本人抓了很多人，把他们绑起来让他们坐下，至少有十排，一排有四五十人，并把他们全扫射死了。

同年，我丈夫被日本人扒光衣服，站在李登楼家屋子旁边挨冻，当时刮大风下大雪。

那一年，有两个姑娘跑反到我家（七里洲），被日本人抓去侮辱了，她们当时只有十七八岁。

我还看见在大同村有两三个人被日本人用刺刀戳死了。

——录自张宪文主编《南京大屠杀史料集》第 26 册
《幸存者调查口述（中）》，
江苏人民出版社，凤凰传媒出版集团，第 582—653 页

迈皋桥地区

张成和口述

张成和，男，1933 年 3 月 15 日生

调查地点：合班村 32 号 1 幢 207 室

调查时间：2007 年 5 月

侵华日军在栖霞地区罪行新证

139

调查人：郭智玲

　　我属鸡，1933 年农历正月十七出生在南京北郊五班村，一个 30 余户的村子。我出生后数月，父亲便因贫病交加离开人世，不久，一个大姐也病亡。还有一个 1924 年生的二姐送给六班村的一户潘姓人家做童养媳，一个 1926 年生的聋哑哥哥到娘舅家做童工"独立"生活。在丧夫亡女期间，妈妈一人实在无力抚养我，窑上村姑妈领养我半年。作为无耕地、农具，又无主要劳动力而失去生活来源的孤儿寡母，成为村上最贫困，最凄苦的人家。

　　我母亲 1896 年出生在联珠村上中农家庭。据我姑妈讲，我父亲有兄弟五人，两个姐妹。家庭不富裕，有的抽大烟蹲班房，有的做过门女婿出去了，只留下二房、三房两家。我父亲排行老三，最本分，在联珠村史家做帮工，被我母亲相中。起初家人反对，后来还是嫁到张家，改名为张史氏。

　　母亲信佛，特别相信命运。常说命不好，不与任何人争长论短。有了儿女后，认为是她的延续，是她的来生，要为他们修个好福祉。对一些传统习俗"嫁鸡随鸡，从一而终"等信守不移。妈妈虽然大字不识一个，却常常教导我们，多想别人好处，少说他人不是。她还常说，敬人几分不吃亏，伸手不打笑脸人，有理也要让三分。企盼靠着自己劳动吃饭，甚至说有病也不能吃药。其诚善与随和得到村邻们的尊重。母亲的言传身教给我很大影响。第一，她得到不少村邻的敬重，特别是同辈人都喜欢与她往来，农忙时愿找其帮工，我也跟着有顿饭吃；第二，姑妈回娘家，总落脚在我们这个穷家，而不去二房，并协助妈妈；第三，过年过节娘家总要资助些食品，帮我们捱过年关；第四，对我这个缺吃少穿孩童，妈妈常把亲邻送的衣服，洗补好让我穿，还念叨："笑脏不笑破"。特别是寒冬，就用破布绳带，把我捆得严严实实，以防受冻。到 1933 年初，我出生时母亲才 37 岁，为了儿女而挣扎在衣食无着的悲惨岁月里，以后还患过"黄病"不能食盐。我更是骨瘦如柴，被不少人称是长不大的"毛娃"。

　　1937 年 12 月，我还不到 6 岁，日寇铁蹄践踏到了古都金陵。在日军杀人不眨眼的日子里，母亲背着我，跟着部分老弱村民，躲进附近丘陵丛林中，逃过生死一劫。这期间，我曾伏在妈妈背上，偷偷回过村里几次，见到路旁、塘边、田头都有尸体横卧。村里瓦房、草房，大多都烧成废墟。好些房屋成了残垣断壁。景象十分恐惧，甚至狗听到枪声或有鬼子远远路过，也乖巧地躲藏在隐蔽处，不再狂叫。

1938 年春，稍事平静后，逃难的村民陆续返回，收拾残垣断壁，种田种菜谋生。我家草房早已被化成灰烬。在未正式返回"家"的不少妇孺老幼，就在村旁后山坡挖坑支锅度日。有一天上午，几个荷枪鬼子，巡逻到村后山坡处，拉了几位妇女，包括我母亲在内。妈妈抱着我被迫回到村里，在一个胡姓大房被烧后的破墙内，鬼子凶恶地用带刺刀的枪，顶着我们母子，让母亲必须把我放下。可怜妈妈无奈，只好把我丢在一边，我也害怕得连气也喘不过来，更不敢哭。母亲还有其他几位同胞姐妹都被强暴了。鬼子走了，妈妈搂起我抽泣了许久。这不仅是妇女受辱，更是民族深仇大恨。另一次妈妈搂我痛哭，是在我 10 岁时，说我命苦，10 岁了，还没穿过新衣……

● 夏秀英口述

夏秀英，女，1925 年 3 月 24 日生

调查地点：迈皋桥街 29 号 3 栋 303 室

调查时间：2007 年 6 月 8 日

调查人：胡婷婷、周鹏、方华

日本来南京时我 12 岁左右，家里有父母、弟弟，有一个哥哥已经淹死了，全家去安徽避难的时候母亲还生了个妹妹。

当时我们全家住在迈皋桥街上，战乱爆发后我们跑到了安徽河洲去避难。父亲由于舍不得房子没有走，日本人来时他躲在地洞里，但还是被日本人抓到了。鬼子当时正缺劳工，看见我父亲满手老茧，就把父亲抓走做劳工了。父亲被抓前把衣服和一些钱留下来，本来准备交给邻居武大妈带给我母亲的，但是被当地的土匪抢走了。我记得我父亲 45 岁左右，眼睛不大好，开豆腐店的，别人都叫他夏毛子。自那以后我们再也没见过我父亲。

在安徽住了一段时间后，母亲听说父亲被抓走了，便带着我们很快从安徽回来了。为了维持生活，母亲在迈皋桥街上也开始磨起了豆腐。本想能过上平静的生活，谁料到不幸很快降临到我们头上。有一天早晨，日本兵又闯到了迈皋桥街上，我弟弟小马在门口吃早饭，旁边还有另外两个人，日本兵

侵华日军在栖霞地区罪行新证

141

冲过来就开了枪，可怜我那弟弟小马，当即被打中头部身亡，另两人被打中膀子跑了。我和母亲躲在墙的夹层里大气也不敢出，我那可怜的弟弟小马不过才9岁，就惨死在日本人的枪下，这些日本人真是禽兽不如！连孩子也不放过。我和母亲把弟弟的尸体掩埋在我们住的附近，后来坟也找不到了。从此以后我和母亲就相依为命，在露天卖起了豆腐。每当想起过去那不堪回首的岁月，我们还是悲痛欲绝。

☢ 曹洪炳口述

曹洪炳，男，1914 年 12 月生
调查地点：进取村 153 号 4 幢 103 室
调查时间：2007 年 6 月 9 日
调查人：胡婷婷、周鹏、卢红兵

日本人入侵南京的时候，我已经 24 岁，家里有父母、爷爷、奶奶、三个伯伯及大妈，当时全家住在亲爱村中庄那个地方（即现在的奋斗五队）。

日本人攻进南京城的时候，我们全家都跑到六合的小百渡（音）避难去了，在逃难途中，我亲眼看见了日本人残害我叔叔曹启河的全过程。那天我叔叔曹启河先跑，遇到了一队日本兵，日本兵示意让他们回去，等他们掉头走的时候，日本兵竟然残忍地开了枪，我叔叔曹启河和那些可怜的村民当即就倒在了血泊之中。我和家人躲在旁边，看见这幕惨剧，吓得飞快地跑了，连尸体也不敢去收。我还有个叔叔叫曹启寿，那年 40 多岁，是个先天性失明的盲人。他有个儿子当时在城里学机织，我叔叔不愿意逃跑避难，他认为日本人不会杀害一个瞎子。后来听我父母说，日本人攻进村子后，把没有逃跑的老百姓包括一些老弱病残都抓了起来，然后带到了尧化小学的操场上（现在的烷基苯厂宿舍区那里），日本人残忍地用大刀把抓来的中国人全都砍死了。等日本人走后，有人报信给我父亲说我叔叔死了，我父亲就从江北偷偷地回来和邻居去收尸，发现日本人把我叔叔的头都砍了下来。于是用木板将我叔叔的尸体抬走，掩埋在尖山那一带，后迁坟到老山（兴卫公墓东面）。

我们在六合一户叫杨五兔的人家里生活了半年后，我们全家从六合回来

142

了。后来在尧化街上学了理发，东躲西藏地拎个包到处给人理发，才得以幸存下来。当时日本人投降后，我还在小岗下给日本人理过发。

☢ 范朝臣口述

范朝臣，男，1930 年 11 月 21 日生

调查地点：合班村 5 号 1 幢 407 室

调查时间：2007 年 6 月 11 日

调查人：胡婷婷、周鹏、曹祥梅

日本人入侵南京时，我们全家跑到江北沙洲桥去避难，在那里靠打鱼为生。

日本人进村后，实行"三光"政策，真是无恶不作。我隔壁家有个姓周的老太太当时留下来看门没有走，那天日本人正准备开饭，周老太独自一人倒马桶去，日本人对周老太吆喝，她也听不懂，日本人见周老太不理他们，上前就用刺刀把周老太刺死了。

听说日本人在下关上元门那里疯狂地屠杀中国人。在江边上，日本人让好多中央军和老百姓站成几排，然后用机枪开始对着人群扫射，还有的日本人在江面上开着汽艇巡逻，架着机枪对岸上的中国人进行扫射，那时候尸体堆得很高，真的好凄惨啊！

我们在江北住了一年多回来了，发现原来的两间草房被烧光了，就暂时住在了亲戚家。有一次我在河的对面看见两个日本人在追一个 30 多岁的妇女，那名妇女用锅灰把脸抹黑了，妇女直往家里跑，两个日本人追进去之后把那名妇女轮奸了。

在回来半年后的秋天，我在河的对面看见日本人抓住了一个用黑布条蒙住眼睛的中国人，听说被抓的中国人叫汪明生，是个地下党，日本人调查出来之后把他抓走了。汪明生之后再也没回来过，他的妻子后来无依无靠，先是住在燕子矶二台洞，后来去了燕子矶观音阁出家当尼姑了，到现在还在世。

☢ 黄秀风口述

黄秀凤，女，1935 年 2 月 13 日生；黄永成，男，1937 年 5 月 19 日生

调查时间：2006 年 6 月 9 日

调查人：胡婷婷、周鹏、曹祥梅

日本鬼子入侵南京那一年，我才 3 岁，家里有奶奶、父母、两个姐姐，弟弟，全家住在现在的晓庄一带。

日本人快打来的时候，我父母把我送到了傅家桥的外公、外婆家。父母带着二姐和弟弟避难去了六合，奶奶黄郎氏和大姐黄腊红没有走，留下来看门。日本鬼子进村之后，杀人不眨眼，我奶奶遇到日本兵后，扭头就跑，没跑多远就被鬼子一枪打死了，我大姐黄腊红当时才 8 岁，她当时吓得哭了起来，日本鬼子毫无人性，对着我那幼小的大姐也开了枪。日本鬼子也去了傅家桥，当时我和外公、外婆在村里悄悄地躲了起来，他们就放火把我们住的三间草房给烧了。

后来我们邻居跑到六合把噩耗告诉了我家里，我父亲很快赶回来收尸，用一个木质的衣橱把奶奶和大姐的尸体放在一起，掩埋在回子山，后迁坟到铁石岗（燕子矶一带）。

☢ 曹慧萍口述

曹慧萍，女，1922 年 11 月 15 日生

调查地点：迈皋桥街 2-1 号 1 幢 106 室

调查时间：2007 年 6 月 10 日

调查人：胡婷婷、周鹏、曹祥梅

日本鬼子来南京那年我已经 13 岁了，家里有父母、哥哥、嫂子、姐姐。我们全家住在七里街红花地，有三间草房。

日本人一进城，我们全家就去了丹徒十九里湖避难，当时我有个大伯叫叶首富也跟我们一块走的。过了个把月我们回来了，我还是打扮成一个男孩的样子才敢回来。回来后听说大伯有个 30 岁不到的儿子没跑掉，被日本人强行抓差走了，到现在也杳无音信。最可怜的是我的婶婶曹陈氏，她被一伙日本兵轮奸了，当时虽然没有死，但是很快就得病去世了。

我记得我还有一个姓穆的 13 岁的小姐妹,她当时在中华门外沙家圩,躲时间长了就出来玩,不小心给日本人抓住了,这些毫无人性的日本鬼子竟然把她强奸之后又用刺刀刺死了,真是惨无人道啊!

☢ 陈广山口述

陈广山,男,1930 年 8 月 28 日生

调查地点:东井村 50 号 406 室

调查时间:2007 年 6 月 8 日

调查人:胡婷婷、周鹏

日本人来南京的时候,当时我刚好 7 岁,家里有父母、哥哥、嫂子、侄子,还有一个 11 岁的姐姐,我父母都是农民。当时我全家住在东井村梅家庄的一处茅草房,就是现在的北银桥市场对面。

日本人一进入城里,我们全家都跑到了七里洲(现八卦洲)我表哥宋炳荣家里避难。

过了一段时间,听从我们那里逃到七里洲的人说,当时有很多人没跑掉,被日本人杀了,日本人把我们村上绝大多数的房子都烧光了,只剩下盘龙山上面的庙(现送变电公司那里)还留着。

我哥哥和一些胆子较大的老百姓摇着小船回家去看看房子,有好几天没有回来,家里人就托人打听,后来听说已经被日本人杀了。随后我父亲一个人回去,在梅家庄那里发现了我哥哥的尸体,是被日本人枪杀的,一枪打在头上。我父亲带信给七里洲的亲戚,夜里过来和我父亲一起给哥哥收尸。他们用草席把哥哥尸体盖上,埋在现在的七三四厂那里,后来迁坟迁到七三四厂北门外,以前那里全是山。听我父母说,我哥哥死的那年才 25 岁。我哥哥死后,留下一个 5 岁的孩子,但因为生病 8 岁就死了,我的嫂子后来也改嫁了,嫁到了燕子矶,也早就去世了。

过了三个多月,我们全家回到东井村,在沈阳村那里发现一处空房子,没有被日本人烧掉,房主早跑了,我们就在这里住了下来。随后的生活中,我经常看见日本兵,他们拿着枪,插着刺刀,上面还插有太阳旗,戴着鬼子帽。

侵华日军在栖霞地区罪行新证

145

有一次我亲眼看见日本兵追一名中国妇女,妇女跑到山上去了,日本兵没追到,就气得放火烧山,山上全是柴火堆,把整个山都烧了。

——录自张宪文主编《南京大屠杀史料集》第 39 册

《幸存者调查口述续编(下)》,

江苏人民出版社,凤凰传媒出版集团,第 1582—1608 页

☢ 开茂口述

李开茂,男,65 岁

调查地点:迈皋桥街道兴卫村合作二队

调查时间:2004 年 7 月 13 日

调查人:严海建

我父亲李东银是在 1938 年跑反回来以后被日本人打死的。在跑反时,日本人把我们村的房子都烧掉了,父亲回来以后,上山砍树,准备回来搭房子,被日本兵碰到了,日本兵放狗跟在父亲后面撵,父亲死命跑,后来摔在山上的水塘里淹死了,那年我父亲才 29 岁。

☢ 徐长珍口述

徐长珍,女,80 岁

调查地点:迈皋桥街道怡园小区

调查时间:2004 年 7 月 8 日

调查人:周莉、王海燕

那个时候我 13 岁,住在象坊一队。妈妈眼睛瞎了,奶奶年纪大了,我跟他们没有跑反。日本人在尧化门搭了几个帐篷住。一般上午九点到十二点,下午三点到四点,到村里来找姑娘。一天日本人抓住我父亲,认为他是中央军,准备用刺刀刺我父亲,我抱住日本人的腿,说他是我父亲,日本人不相信,我哭了。日本人后来有点相信,把我父亲放了。在晓庄,我看到日本人打死了 37 个人,里面有中央军和老百姓。一天日本人来找花姑娘,三四个日本兵,

用刺刀刺草堆，有个十五六岁的姑娘在里面差点被刺死，后来被抓出来强奸了。那时我剃掉了头发，戴了个帽子，日本人以为我是个小男孩。

☢ 徐秀兰口述

徐秀兰，女，84 岁
调查地点：迈皋桥街道兴卫村合作一队
调查时间：2004 年 7 月 5 日
调查人：严海建、陈瑜

1937 年，我所居住的合作村是中央军与日军的战场。日本人来时我们全家跑反。听没有走的人说，日军用铁链把中央军和一些老百姓捆起来，关在我家的房子里，活活烧死。回来时，房里到处是焦尸，有几百人。为了盖房子住，我们把尸体抬出来，在原来煤基〔墼——编者〕厂那块地上挖了坑，将尸体埋进坑里。我们跑反了一个多月，回来时还有日军，我们就躲在中央军在紫金山上挖的地洞里。朝鲜兵经常来抢东西。

☢ 高王氏口述

高王氏，女，80 岁
调查地点：迈皋桥街道万寿村象坊四队
调查时间：2004 年 7 月 8 日
调查人：周莉、王海燕

那个时候我才 13 岁，我和哥哥、嫂子、侄子共九个人一起去了江北，我爸爸妈妈留下来看房子，后来房子给日本人烧了。他们逃到一个塘边，挖了个洞躲起来。早上爸爸说："天快亮了，日本人要到水塘边来弄水了，我们走吧。"妈妈耳朵聋，没听见父亲说往北逃，自己往南逃了。爸爸王家富跑到了丁家庄，回来发现妈妈被日本人打死了，后来爸爸逃到了江北，告诉我妈妈被打死了。到江北，我们住在嫂子的一个姐姐家里，借点米，弄点稀饭吃。安民回来后，我们从山上砍点树、毛竹之类搭个小房子住了下来。日本人来找花姑娘，我剃了光头，装成男孩，看到日本人来了，跑了几里躲了起来。

有一家三个人（父母和儿子），儿子 22 岁是个三只眼，三个人都被日本人打死了。

☢ 高周氏口述

高周氏，女，81 岁

调查地点：迈皋桥街道万寿村象坊四队 207 号

调查时间：2004 年 7 月 8 日

调查人：周莉、王海燕

日本人来的时候，我们村里一部分人逃到了江北，后来长江封了，我们没跑掉。日本人来村里，我们躲到了山上或者挖地洞躲起来。我们村里有四个人被日本人抓了去给他们烧饭，我丈夫也在内，两个月后他们回来了。象坊一队有个坐月子的妇女给日本人抓住以后糟蹋死了。尧化门有个七八十岁的刘老头在家看山芋，给日本人打死了。尧化门那儿老百姓挤着过江，很多人都给日本人打死了。那个时候日本兵驻在土岗。

☢ 何庆荣口述

何庆荣，男，77 岁

调查地点：迈皋桥街道万寿村象坊一队

调查时间：2004 年 7 月 7 日

调查人：王海燕、陈瑜

1937 年，我 10 岁，不久就和家人跑反到瓜埠镇，那天夜里江边好多人要逃，都是乘的民船。有的由于人太多，走不掉的，就将孩子丢在江边。我和父母、兄弟五人一起去的江北。没多长时间我们就回来了，日本人还是会来村子里骚扰村民。保长、甲长还欢迎他们。村里有两个从玄武湖来逃难的二十几岁的妇女，虽然涂着黑灰，但还是被日本人发现了，在那天下午两三点的时候，三个日本人轮奸了她们，这是我亲眼看到的。我听说附近有个男的肚肠子都被挑出来了。回来的时候经过燕子矶笆斗山那里，看见很多死尸，主要是中央军。

☢ 毛美口述

毛秀美，女，72 岁

调查地点：迈皋桥街道万寿村象坊一队

调查时间：2004 年 7 月 10 日

调查人：严海建、王海燕

1937 年，日本人过来的时候，我 5 岁，我父亲毛成霖和其他六个人在跑反的时候给日本人抓住，都给戳死了。后来我和家里人跑反到了栖霞寺的难民区，那个时候，我母亲坐月子，日本人用刺刀挑她头上的布，后来走了。

☢ 秦张氏口述

秦张氏，女，90 岁

调查地点：迈皋桥街道兴卫村合作一队

调查时间：2004 年 7 月 8 日

调查人：严海建、王海燕

1937 年，日本人来南京的时候，我们全家还没有走，我是童养媳，嫁给了比自己小 6 岁的丈夫，当时我 22 岁，他 16 岁。丈夫有一次在厨房里烧饭，被日本人的炸弹炸死了。我的嫂子姓张，和一个黄姓姑娘在家里被日本人发现了，结果遭到强奸。腊月里，我们全村很多人趁夜逃跑，日本人在后面追我们。在门口塘那边嫂子跳到塘里，被日本人抓住，杀死了。我当时害怕地在旁边发抖，幸好秦家老太太把我拽到一边躲起来，才幸免遇难。到了江北以后，我们没吃没喝，租别人的房子住，在路边捡芦蒿根吃，吃苞芦面。一两个月后，我们回来了，那个时候，日本人少了一些。

☢ 徐范氏口述

徐范氏，女，80 岁

调查地点：迈皋桥街道万寿村象坊二队

调查时间：2004 年 7 月 9 日

侵华日军在栖霞地区罪行新证

1937 年日本人来的时候，我跑反到了江北，安民以后回来的，看到江面上漂着许多尸体。为了躲避日本兵，我们都挖地洞躲起来，上面放着箩掩盖起来，一般一个地洞可以躲三个人。有一次，日本兵来找花姑娘，我们都逃到地洞里去了，但是日本兵还是抓住了两个三十几岁的妇女，一个姓王，一个姓蒋，强奸了她们。

☢ 徐邹氏口述

徐邹氏，女，87 岁

调查地点：迈皋桥街道合班村

调查时间：2004 年 7 月 4 日

调查人：周莉、严海建

我们家在民国的时候就住在迈皋桥，民国 26 年（1937 年），日本人打南京的时候，我们全跑到江北六合避难，过了个把月才回来。回来后日本人还没走，日子还是不好过，经常东躲西藏的，看到日本人从大路过来，大人们就开始跑，有的躲到山里，有的躲到草堆里。年轻的妇女都剃个男式头，脸上涂上锅灰，因为怕被日本人拖去强奸。我们村里那个姓夏的豆腐匠就被日本人杀掉了，他是看到日本人害怕，就跑，被日本人抓住了，用刺刀对头砍，就被砍死了。这是我亲眼看到的，不瞎讲的。

日本人在的时候日子不好过啊！

☢ 王秀英口述

王秀英，女，86 岁

调查地点：迈皋桥街道合班村 80 号

调查时间：2004 年 7 月 3 日

调查人：王海燕、周莉、周丽花

日本人过来的时候，我爸爸妈妈都不在家，在外面做小生意，我就带着弟弟、妹妹逃到了窑口（今奋斗四队），今天躲在这儿，明天躲在那儿，日子不好过。一次我躲在稻田里，看到三个日本兵用刺刀顶着个小孩子（三四岁）在空中转，那个小孩一直在叫，后来被戳死了。我还看见一个年轻的妇女被日本兵强奸了，没脸见丈夫，就跳池塘自尽了。结婚以后，我丈夫告诉我，他那时被日本兵用刺刀刺伤了小手臂，过了四五天逃了回来。日本人是畜生，不是人，八百年也不说日本人好。

☢ 陈庆荣口述

陈庆荣，男，90 岁

调查地点：迈皋桥街道合班村

调查时间：2004 年 7 月 3 日

调查人：周莉、周丽花、王海燕

1937 年农历九十月间，村里的房子都被烧了，我们全村人一起跑反到了江北六合，我公公王文炳舍不得这一点家产没有逃走，留在家里看房子。日本兵过来后让他抬东西，我公公已经六十几岁了，有哮喘病，不能走路，不能抬东西，日本兵就用刺刀把他刺死了。一天晚上我舅舅偷偷回家，看到公公的尸体就把他埋掉了。跑反的时候，大概在 1938 年的二月份，我偷偷回了一次家，发现自己家门口有一具尸体，40 多岁，穿着老百姓的衣服，他是被日本兵用枪打死的，我和另外一个人花了两块钱把他埋了。在东井亭和红山（今35 路总站）那边，我亲眼看到死了很多人，在东井亭有 100 多人被埋在那里。日本人安民，我们回家了，迈皋桥街上有个二十一二岁姓夏的人，是开豆腐店的，被日本人看到了叫他站住，他没有被日本兵逮住，日本兵开枪也没有打中他，他逃走了。日本兵还经常来找花姑娘，问人讨酒喝，有一次一个日本兵（川城）看中了一家人的酒，顺便"抓菜"（抓壮丁）抓了个人给他抬回去，前后两铁桶。

☢ 丁翠琴口述

丁翠琴，女，76 岁

调查地点：迈皋桥街道合作村

调查时间：2004 年 7 月 9 日

调查人：严海建、陈瑜

日本人打南京的时候，父亲王顺民带着哥哥到江北跑反，我和母亲、爷爷，还有叔叔在家。父亲走的时候在门口摆了许多水桶，说如果日本兵烧房子，就用水桶里的水救火。后来，日本人到村里，爷爷躲到山里，有一次不小心碰到了日本兵，日本人在后面把爷爷王进财打死了。父亲王顺民从江北送粮食回来，日本人进村，他就躲到山上的草丛里，日本人看不到人，就随便向树林和草丛里放枪，有一枪打到了父亲的手，他应声喊了声"哎呦"，被日本兵听见了，又补了一枪，子弹从他后腰打进去的，打穿了，前面肚皮都破了，肠子都出来了。后来日本兵以为他死了，就走了，到晚上，我们把父亲抬回家，夜里就死掉了。我四叔也是被日本兵打死的。日本人进村正好碰到他，就抓住他，问他村里有没有花姑娘，他知道她们躲在后山，就说不知道，日本兵叫他带他们去找，他不肯，日本兵就用枪把他打死了。

● 黄秀英口述

黄秀英，女，75 岁

调查地点：迈皋桥街道沁苑山庄 11 栋

调查时间：2004 年 7 月 8 日

调查人：孔令琦、周丽花

当时我只有 8 岁，家住老虎山。日军来时全家跑反到了江北，姐弟四五个肚子饿得慌，于是，晚上父亲和几个同乡偷偷地从江北跑到江南找粮食，结果被日军发现了，我父亲和几个同乡马上说自己只是老百姓，但日本兵还是立刻开了枪，一颗子弹从我父亲的肚子穿过，另有一个同乡的手指被子弹划破。所幸的是，父亲被那几个好心的同乡抬回了江北，经过医生的治疗，他在一年以后能下地干农活。这期间我们家的生活非常艰难，父亲因为中弹受伤而根本无法干体力活，一家人生活的重担一下子全压到了母亲的肩上。母亲因为劳累过度，40 岁刚出头就因积劳成疾而去世。

我和姐妹几个也开始干活（我在家里排行老二，当时只有十几岁），你们根本无法想象当时生活的艰难。我在割草的时候划破了额头和脸部，到现在还能清楚地看到脸上和额头上那两个大大的疤痕。生活所迫，我们当时还常常出去讨饭，讨回来的饭给弟弟妹妹吃。那个时候真是活受罪啊！日本兵害我们不浅啊！

卢尚氏口述

卢尚氏，女，86 岁

调查地点：迈皋桥街道沁苑山庄 11 栋 309 室

调查时间：2004 年 7 月 5 日

调查人：孔令琦、周丽花

日本兵来的时候，我 19 岁，已经嫁入夫家（奋斗村）。1937 年腊月二十几日从燕子矶上船跑反到江北的太平桥，直到三四个月以后才回来。夫家祖母的腿脚不太灵便，没有和大家一起跑反，但我们回来以后，发现她老人家已经被日本兵用刺刀杀害了。在江北跑反的时候，我的丈夫被日本兵抓去帮他们抓老百姓家的鸡，还要帮他们杀鸡，并做了很多杂活，后来在丈夫的要求下日本兵放他回来了。在江北的时候，有一天夜里我在一个水塘边听到了小孩和妇女的哭声。原来是一个日本兵把一个 1 岁左右的小孩扔进了池塘，并奸污了他的母亲。我还听到那个可怜的妇女哭着说："儿啊，你不能怪我啊！儿啊，你不能怪我啊！……"我们同村有一个小姑娘叫张小红，平时她管我叫婶婶，在江北一起跑反的时候，有一天她被日本兵看见了，日本兵追着她，意欲将其强奸，但她跑开了，于是日本兵就举枪打死了她。她死之前，在衣服的胸口上缝了两块大洋，子弹从她的胸口穿过，把两块大洋打了个洞。

在跑反回来以后，我在村里亲眼看到两个日本兵拖走了两个二十几岁的妇女，她们都是我们奋斗五队的人。她们后来被日本兵强奸了，但村里人都不敢说。后来有一次我到银宫山（现在已经被辟为采石场）砍柴，看到山窝子里全是人的骷髅，是中央军的尸体。

陆松潮口述

陆松潮，男，79 岁

调查地点：迈皋桥街道万寿村象坊四队

调查时间：2004 年 7 月 15 日

调查人：王海燕、陈瑜

　　1937 年，日本人来南京时，我才 12 岁。当天早晨，听说日本人来了，我和几个小孩躲在乌龙山炮台的一个稻草堆下，看见日本人的军舰从镇江过来，从上午就开始打，一直打到中午都打不上来。直到下午，来了三架日本的轰炸机，因为乌龙山没有高射炮，炮台被轰炸。下午三四点的时候，日本人的军舰靠岸了，用钢炮朝燕子矶两边打。而这边黄沙圩子（今万宝港），中央军在鹿台那儿，将百姓的棺材、门板抢走，用于过江，因为江北有八路。但是被打死很多人，日本人陆军从江宁过来。我们全家趁夜逃到江北，安民后过来，在黄沙圩子看见死了很多人，有狗在吃死人、死马，有上百人。日本人住在城里，他们有规定，一个人不能单独出去，太阳落山前必须回去，因为怕有八路。后来大约每天早上八点，都会来两个日本人，他们要找妇女，找不到就生气烧房子，烧完就走，妇女们都戴个草帽躲在水塘里，日本兵不去管老人小孩，年轻人怕被认为是中央军都逃走了。

☢ 王德珍口述

王德珍，女，76 岁

调查地点：迈皋桥街道合班村

调查时间：2004 年 7 月 8 日

调查人：孔令琦、周丽花

　　我娘家在安徽，1949 年嫁给了迈皋桥奋斗四队的涂宝生。婚后我常常听到家里的老人和大人说起有关 1937~1938 年的南京大屠杀的情景。印象深刻的有两件事。第一件事是涂宝生的同族姐姐被日本兵奸污，并且致死，当时那位同族姐姐才 13 岁。日军入侵南京以后，村里的大多数人都跑反到了江北或其他的一些地方，而有一些老人因为想留下来看家以及腿脚不灵便等诸多原因而留在了村里没有跑反，而这位同族姐姐同她的奶奶一起留了下来。家里的房子是不能待的，因为当时日本兵是见人就杀。于是她们在家门口的池塘边挖了一个地洞，这个洞不是很大，只能藏下三四个人吧。一旦日本兵来她们就躲进去，日本兵走后她们就回到家里。一次，有两三个日本兵来了，她们还没来得及躲进洞里就被日本兵看见了。那几个日本兵就在洞口轮奸了这个 13 岁的小姑娘，并把她弄死了。第二件事是两个 50 多岁的老人被杀的事。他们一个姓吕，一个姓侯，是之前从六合、江北逃到南京奋斗村的。在那之前，大家都认为南京是比较安全的地方，那个时候的老人喜欢到茶馆喝茶。这两个被害人就是在从奋斗村到尧化门去喝茶的路上被发现尸体的。日本兵当时见一个杀一个，连老人都不放过。

⚫ 徐命旺口述

徐命旺，男，82 岁
调查地点：迈皋桥街道兴卫村
调查时间：2004 年 7 月 2 日
调查人：孔令琦、严海建、陈瑜

我家住在迈皋桥兴卫村，1937 年冬天，日本人打到南京的时候，我们全家就坐木船逃到江北六合瓜埠跑反了。只有父亲一人留在家里看房子，我家后面不远就是铁路，铁路旁有日本兵的扳道仓库房，再往后就是老苍山，老苍山上也有日本兵。没有跑反的人平时都躲起来，他们大多数是留在家里看房子的老人。有一天，我父亲徐长银和姐夫兰恒兴，以及姐夫的堂兄，还有父亲的朋友兰光云四个人一起生火做饭。山上的日本兵看到了炊烟，知道村子里还有人，赶到村里。父亲是被日本兵用枪打伤了，跑到水塘边，跌进去淹死的。姐夫兰恒兴当场吓死了，兰光云也被枪打死了。只有兰恒兴的堂兄跑了，后来到江北，将父亲遇害的事告诉了哥哥，于是哥哥回来给父亲收尸，当时父亲的尸体就在水塘边。日本人后来在村里烧房子，听说是怕有中央军的士兵躲在里面。我们家的房子那时是刚建才两三年，还比较新，就被留下来了，而且因为靠着铁路，日本兵占用了，后来安民以后日本兵才搬走。日本人杀人太残忍了，经常都是推到茅坑里淹死，村里刘德福的爷爷刘广才就是被枪打死扔到茅坑里的。日本人还经常把中国人当活靶子，就打着玩，我母亲就有一次走路碰到了日本人，日本兵端起枪就打，有一枪擦着母亲的袖

侵华日军在栖霞地区罪行新证

155

子过去了，还好后来躲起来了。这些以前村里的人都知道，现在很多老人都死了，我父亲当年被日本兵打死时才50多岁，就这样没了。

⬤ 严世奋口述

严世奋，男，81岁

调查地点：迈皋桥街道合班村

调查时间：2004年7月3日

调查人：周莉、王海燕、周丽花

1937年我家还在栖霞石坪寨，我亲眼看到日本兵叫大家一起站队，有帽子的要脱帽，不脱就骂"小八格牙路"！还用枪打人的头。在石坪寨高家斗门我亲眼看见三个日本兵逮住三个来这里做生意的摄山村人，其中一个人要跑，日本兵还笑着说："他还跑。"连打三枪，那个人被打死了，其他两个也被打死了，当时有很多人求日本人说那三个人是好人，可日本兵不听。后来他们的家人来把尸体抬走了。我两个婶娘都被日本兵奸污了。一个是二婶娘（40岁左右），我亲眼看到有一次两个日本兵来了，她躲在家旁边的草堆里，被日本兵发现了，拖了出来，拖到家里，日本兵把她奸污了；一个是三婶娘（二十几岁），她刚生了小孩，我亲眼看到有一次三个日本兵听到小孩的哭声进了三婶的家，把她奸污了。后来她们的丈夫知道了，什么办法也没有。日本人太坏了！日本兵还叫中国人自己挖坑埋中国人。

⬤ 李桂香口述

李桂香，女，77岁

调查地点：迈皋桥街道万寿村

调查时间：2004年7月9日

调查人：周莉、严海建

日本人到南京的时候，我才9岁，到江北跑反，那个日子苦死了，没有地方住，也没有东西吃，都是靠讨饭过活，人家一般都是给一些干团子。几个月以后，回到村子里，房子都被烧掉了，只有刘老头家的一间瓦房没有被烧掉。刘老头没有跑反，留在家里看房子，日本人来了，刘老头正在烧饭，于是就躲在灶台后面。后来灶膛里的火掉下来，把草点着了，他就用锅盖把火扑灭，接着自己的胡子烧着了，他就跑出来，被日本兵看到了，逮住就是一枪，幸好他后面背着包袱，没打死，他倒在地上装死，才混过去，日本人以为他死了就走了，要不再补一枪他就真没命了。

到平定以后，日本人就不怎么杀人了，就是抢东西和找花姑娘。看见日本人来了，村里人都跑着躲起来。刘老头家有个媳妇，我们都叫她许大个子，有一次没来得及跑，结果被两个日本兵轮奸了。日本人在我们村里干过不少坏事。那个时候我姑妈带了一个女儿没跑，还有一对姓刘的父子没走，在一个地窖里躲着。有一次，我姑妈出来，不敢往地洞里跑，怕连累其他的人，就往山上跑，日本兵跟在后面撵，姑妈对山上的路熟，拐了几个弯日本人就看不见姑妈的影子了，姑妈就这样躲过了。那个时候也有好多人到我们村子里避难被日本兵打死的。以前下关有个姓杨的，我们管他叫掌灯，住在我们家的，后来被日本人抓去干活，就再也没有回来。还有一个50多岁的老头也是从城里来躲飞机的，村里人都跑反，他没有走，后来被日本人看见，他想跑，跑到水塘边，日本人叫他站住，后来就开枪打死了他。还有一个姓王的女的，日本人来了，她就躲在芦柴堆里，日本人用刺刀戳，还好没有戳到。日本人经常到村里找花姑娘，妇女们都不敢洗脸，还用灰抹在脸上，看到日本人来了，就躲到家里的夹墙里，那时家家户户都有夹板墙，就是双层的中间可以躲人那一种。我们还知道别的地方有一男一女跑到我们村，我们叫他们沿江边跑，他们往山上跑日本人在后面追，男的被打死了，女的也被打中了一枪，开始她还用手枕着那个男的，后来也死了。

☻ 王发志口述

王发志，男，68 岁

调查地点：燕子矶街道岗下村助济厂

调查时间：2004 年 7 月 8 日

调查人：孔令琦、周丽花

我母亲已经九十几岁了，她已经不能完整地表达她的意思了。但她所经

历的那个痛苦的年代，那些痛苦的回忆，我们都已经烂熟于心了，因为她以前经常跟我们这些晚辈说起。奋斗三队有一户王姓人家，在日本兵来的时候一连死了两口人，一个叫王顺民（排行老大），另一个叫王老四，他们一家有五个儿子，这两个分别是老大和老四。王老大死得很惨，他同我家有一些亲戚关系，他的老婆和我的奶奶是亲姐妹，当时我们两家住得很近，他家就住在我们家前面的房子里。日军入侵南京以后，村里的大多数人跑反到了江北或其他地方，而少数老年人留了下来。我们家房子后面是一排山，山上的树长得很密，日本兵不敢贸然进山，所以留守村里的老人们就常常跑到山上去避难。王老大当时已经50多岁了，他没有跑反，日军入侵南京后，日本兵也搜到了我们村，我奶奶把王老大藏到我家的柴草堆里，王老大害怕得直发抖，于是被日本兵发现了，日本兵把他拖出来，用刺刀戳他的肚子，把肠子都戳出来了。而王老大当时还没有死，却一动不动，直到日本兵走后，他才用手托着自己流出来的肠子，叫他老婆把它塞进肚子里，然后就断气了。王老四当时还没有结婚，也没有跑反。日本兵进村以后，他被日本兵逮住并被威胁着给他们带路找花姑娘。当时日本兵只要一见到男的就要求他们带路找花姑娘。王老四带着日本兵胡乱走了一圈，说没有花姑娘了，日本兵便立马用枪打死了他。根据同村的张国柄和张国华记忆，日本兵曾经在他们家门口（现在合作村）把300个中央军用绳子捆起来绕圈，然后用机枪扫射，把所有人都杀死了，无一幸存。后来张国柄和张国华（他们是堂兄弟）因为害怕那里闹鬼，就搬到了奋斗村。

☢ 吴启银口述

吴启银，男，83岁

调查地点：燕子矶街道下届村上坊

调查时间：2004年7月11日

调查人：孔令琦、周丽花

我当时16岁，日本兵在南京的那些日子我永远都记得。1937年冬，我和家人跑反到江北，又在阳历12月28日从江北跑了回来，因为我伯父被日本兵打伤了。伯父当时没有跑反到江北，因为他年龄较大。跑起来不方便，于是留下来看房子。日本兵进村以后到我们家来抢东西，并打了我伯父一枪，子弹从背后穿过肚子，所幸的是，没有伤着要害，后来伯父在我们的照料下活了下来。过阳历年的前一天，我被两个日本兵抓去干活。这两个日本兵连同一个翻译从尧化门过来，并一路上抓老百姓干活。傅家堂和傅锦山是在去尧化门的路上被他们抓来的。日本兵让傅锦山背着很重的手榴弹，这两个日本兵都带着枪，抓了包括我在内的十几个人，还有任家塘的任霞洲，以及定家庄的涂学礼。我们走在尧化门那条老路上时，傅锦山随口骂了日本兵几句，不料被那个翻译听见了，于是一个日本兵叫傅锦山把手榴弹给别人背，然后说放他走，在傅锦山走出几步后，便开枪打死了他。到了村里的池塘后，日本兵便逼着我们下水。任霞洲说这样很难捞到鱼，说他家里有渔网，用渔网的效果会更好。但日本兵不听。他们先用手榴弹炸鱼，然后让我们下水去捞，捞了很久，总共才捞到两条很小的鱼。那个时候正是一年中最冷的时节，池塘的水面上已结上了一层薄薄的冰，身体差的人根本熬不住。日本兵见真的没有鱼，便放我们上岸，而任霞洲已经被活活冻死，涂学礼也是口吐白沫，白沫喷出去很远，在别人的帮助下勉强爬上了岸，但从此重病不起，不久便去世了。我怕日本兵再找我干活。于是决定当天晚上跑回江北，但是到了江边却发现没有船了。之前看到村里的稻场上有七具尸体，死了很久了，据说是中央军里开车运粮食的司机，后来躲到我们村里的一间小房子里，被日本兵搜到，然后集体屠杀于稻场。我们捞鱼后的第二天，傅锦山的哥哥傅锦来被日本兵抓去干活，也被打死了。

🔘 杨石玉口述

杨石玉，男，80 岁
调查地点：迈皋桥街道怡园小区 13 栋
调查时间：2004 年 7 月 26 日
调查人：王海燕、周莉

日本人来的第一天，早上八点抓了连我在内的 13 个人，日本人到了农村把年轻人统统带走，一路上还抓了很多装成老百姓的中央军。日本人把我们带到了栖霞向东一个叫木路的地方，那边是十亩大的田头（两边是山，中间

侵华日军在栖霞地区罪行新证

159

是一个窝子）。日本人把老百姓放在一边，把认为是中央军的放在一边，给一些老百姓开了条子，让他们回来，称他们是良民，那个条子写着"大日本帝国陆军通行证"和其他一些中国字和日本字，那天我的爷爷和叔叔被放回来了。他们走了没多远，剩下的人就被日本人打死了，枪声大概持续了一刻钟，里面的人喊啊、叫啊，后来都死了，这时是晚上五点多钟，被打死的有五百多人。第二天，我和日本人到了尧化门。这个地方有老百姓和中央军。老百姓里十个会有八个给日本兵打死，日本人认为他们都是中央军。日本人还把中央军关在房子里烧，有单独烧的，也有用稻草烧的。日本人后来准备到我们村来，有一个汉奸告诉日本军官说前面的桥断了（其实那桥并没有断），军官听了，就去了太平门。第二天，日军在晓庄住了下来。第三天日军到了燕子矶，日本军官嫌东洋刀太重，让我扛着。到了下午，日本人又抓了很多中国人，晚上五点左右，我给日本人写了个报告，说小孩子要走了，家里父亲死了，还有母亲、弟弟和妹妹，那个日本军官后来给我一张条子，我就跑回来了。后来我们全家就跑到江北去了。日军放我回来的那天晚上，我看到日军打死了两个中央军。我因为是被日军抓去的，所以我知道他们的前进路线，从尧化门—兴卫—小营—太平门。在太平门，日军抓了很多人，到晚上都被日军用枪打死了。

⊛ 叶长洲口述

叶长洲，男，90 岁
调查地点：东方城朝阳园 7 栋
调查时间：2004 年 7 月 10 日
调查人：孔令琦、周丽花

日本兵来的时候，我 23 岁，住在迈皋桥奋斗四队。听说日本兵要入侵南京，村里人都急着跑反。1937 年阴历十一月份，我们全家在笆斗山坐船跑反到六合的沙家桥。因为逃得及时，我的家人没有受到日本兵的残害，但村里的房子除了几间烧不着的瓦房外全部被日本兵烧光了。1938 年一月份回来后，我看到几具被日本兵杀死的尸体，其中包括住我家斜对门严家的严正义（老二）和严老七，还有他们的堂兄弟严启洲，以及严老三的老婆和严家的女婿张友林，还有一个叫涂正齐的老人。他们大多数是四五十岁的老人，一是因为老了跑不动；二是想留下来看家，所以他们没有跑反到江北。而日本兵进村以后，不但把房子全烧掉了，还把这些留下来看房子的老人都杀死了。回来以后，我们家帮着他们的后人给他们收了尸。我的二姨王涂氏住在奋斗三队，她的大儿子王顺民在跑反的时候被日本兵发现了，然后被他们杀死了（见王发志证词）。四儿子王老四是在安民以后被日本兵打死的（见王发志证词），当时他才三十几岁，而我二姨在跑反的路上因为年龄较大，经不住东躲西藏的日子而生病去世了。在张国柄以前的家门口（即现在的合作村），以前叫做"马营"，有300多个中央军被日本兵用绳子一个一个捆起来，并绕着场子走成了一个大圆圈，然后被日本兵用机枪集体扫射而死，300多人无一幸存。在"小兴卫"（现在的迈皋桥兴卫村）也有集体屠杀，日本兵把十几个老百姓关在一间茅草房里，然后日本兵放了一把火。房子在着火，里面的老百姓也在惨叫中被活活烧死。我过去看的时候，那间房子里全是烧焦的尸体。小兴卫的其他十几户人家的房子也全都被烧掉了。

☢ 苏有桢口述

苏有桢，男，81岁

调查地点：迈皋桥街道万寿村丁家庄

调查时间：2004年7月6日

调查人：周莉、王海燕

1937年冬天，日本人从旱道过来，我们跑到江北沙洲桥，老百姓都跑光了，老人和小孩不跑，江北的老百姓收留我们，不要钱，地上都睡满了人。我们自己带了几十斤米过去，我靠卖香烟生活。第二年春天安民，我们回家了，那时一部分日本人住在航空烈士墓铁路线两边（今王家湾地区）。我在那给日本人做工，抬子弹，父亲给日本人送豆腐，看到很多大棺材，一摞一摞摆在航空烈士墓那里，里面装的是中国飞行员的尸体。日本人早上八九点钟到村里来，下午三四点回去，他们进村找花姑娘，找鸡吃。看到十五六岁以上的年轻人就认为是中央军，有的被他们打死了。如果找不到花姑娘，他们就烧房子。有一次，我父亲亲眼看到日本人烧了房子，老年人就去救火，结果被日本人打死了，九天就打死了七个六七十岁的老头（严有林、严老七等）。一次，日本人找花姑娘没找到，逮住王老四让他带路，他知道十几个妇女躲在阁楼上，不敢说，告诉日本人说"没有"，就被日本人打死了。他姐姐也躲在阁楼上，亲眼看到弟弟被打死，子弹从后脑勺穿出了嘴。我跑反回来的时候看到十几个中央军给日本人打死了，扔在十里长沟那边（通往云宫山），没人敢收尸，被狗啃，有些是被日本人用刺刀刺死的，刺刀从颈后插入嘴穿出。有一次，我在山口看到比我大四五岁的青年涂正伟、涂正洲、涂宝云，他们看到日本人想跑，被日本人看到了，喊话叫他们站住，他们告诉日本人他们是收柴火的，日本人不信，就拿镰刀砍了涂正洲的后脑勺，好多血啊！他用鞋带绑住伤口，涂正伟被日本人用枪打，涂宝云的牙都被打掉了。这三个人被日本人带来我们村，看到十几个没来得及躲的妇女，当时妇女脸上都抹着锅灰，五个日本人挑了四个女人涂吴氏、涂严氏、杨大姑娘、杨老姑娘，在我家院子强奸了她们。那三个青年趁机逃跑了，不然肯定被日本人杀死。日本人走后，女人们只有哭。一次，我看到日本人抓住马德清，他戴帽子，前额有一道印子，日本人说他是中央军，叫他跪下，上好子弹准备打了。叶弃山（常磨豆腐给日本人吃，日本人认得他）看到了一把抓住枪杆子，说"他是我的朋友，顶好的朋友"。马德清被救了下来。我亲舅舅告诉我，他在长江乌龙山炮台看到日本人用飞机丢炸弹轰炸，炸死好多人，有的肠子都流出来了。

⚫ 杨志国口述

杨志国，男，79岁

调查地点：迈皋桥街道万寿村

调查时间：2004年7月9日

调查人：周莉、严海建

日本人来时我才12岁，老家是江北六合沙洲桥通江集的，当时害怕啊！第一天我和父亲到江边，已经封江了。中央军用木板门板在江里漂，像一群鸭子一样，日本人的军舰停在乌龙山炮台下面，机枪日夜不停地扫射。中央军死得死、伤得伤，伤的有些爬上了岸，不能爬上来的就死了，死的人有很多，日本人看起来很残忍。爬上岸的，好心人就把他抬回家，不敢让他在家里住，在家旁边搭一个小棚子，一天三顿给送饭吃，一两个月伤养好了就回家了，有的伤重的也就死了。我只到江边去过一次，第二次父亲叫我去，我就不敢去了。

过了一段时间，日本人在南京安下根，江里有日本人的巡逻艇，他们经常下来进村，我们就把进村的道路挖断，用水把路淹了，平时用船到埂边接送人，日本人就进不了村了。于是，他们看到人就喊人用船去摆他们，如果不去就把人打死。村里的年轻人、小姑娘都不敢出来，当时家家有夹墙，日本人来了就躲到夹墙里，男的、老头、小孩出去应付日本人。日本人一般是三个人，六个人就分两队。日本人见人要鸡，特别是看到狗就打死，我们如果看到日本人一跑，就要被打死。有一次，日本人看见了我家的猪，就要我们给他一头，爸爸叫人捆起来，抬着送上他们的船。日本人看到年轻一点的妇女就要糟蹋，我亲眼看到一个年轻的还没有结婚的姑娘余愣子，大概14岁，和一个妇女郭戴氏给日本人强奸了，听人讲的就多了。我舅舅叫姚家福，当年就住万寿，被中央军抓到紫金山挖地洞，日本人来了，我舅舅偷跑出来，他是和三个人一起跑出来的，我舅舅和陈老二顺着路跑，在胡家山头（今合作四队）被日本人看到了，结果都被刺刀戳死了，另外几个人走山路，没死。日本人杀人就像杀小鸡一样。万寿三队的樊国柄一家跑到江北。一天晚上躲在竹园旁边的围墙边，日本人来了，用手电一照，看见他们了，他的父亲被日本人打死了，他自己的两只手都被打折了（手腕处），子弹可能有毒，他后来老死时，手都烂了。他媳妇涂正芳抱着一个小男孩跑了，男孩苦（哭—编者），大人怕日本人听到过来，就把小孩扔到小河里淹死了。日本人一开始来时，看到人就打死，因为害怕是从中央军里跑出来的，他们看手、肩膀有没有背枪的印子，是不是剃光头、平顶头，额头上有没有帽印，这些，日本人最注意。

当时有好多人都打摆子，一般人都得过这个病，我也得过。一开始怕冷，盖几床被子都嫌不够，害脓疮。打摆子到处都有，还传染，一开始没得治。后来能治了。

☢ 吴启海口述

吴启海，男，80岁

调查地点：迈皋桥街道沁园山庄9栋

调查时间：2004年7月10日

调查人：王海燕、陈瑜

1937年，日本人来南京后，阴历十月我们家十几口都到了江北，去了大概三个月。回来南京后，看见日本人对中国人施暴，他们大约早晨9点出来烧杀抢掠，下午三四点回去。当他们要杀人时，第一天开车到某地，强迫中国人挖坑，我看到的那次挖的坑有半人深；第二天，就将要杀的人用车拖过来，让他们坐在坑里，活埋了他们，往坑里推土。那些被埋的人大叫，直到被土埋没了。然后日本人开车在土上轧一轧。日本兵经常活埋人。

——录自张宪文主编《南京大屠杀史料集》第26册
《幸存者调查口述（中）》，
江苏人民出版社，凤凰传媒出版集团，第653—687页

马群地区

☢ 吴桂英口述

吴桂英女1924年9月9日生

调查地点：大庄社区大一组

调查时间：2006年7月26日

调查人：杨书贵

1937年12月的一天上午，天气特别寒冷，当时部队有100多个鬼子进入马群大庄村。鬼子还未到村头时，村上大多数的村民有的已提前转移到紫金山，有的向栖霞方向跑。这时，我家里就我和我的婆婆谭张氏俩人还在家里收拾棉衣、棉被和粮食，这时村上的狗叫着不停，还听到两声枪响，我的婆

婆谭张氏说日本鬼子进村了，叫我赶快先跑，我讲一起走，她说来不及了，我跑得没你快，说着给我一小包捆好的衣服，把我推出门。我跑了不到半里路，实在没有力气就靠在水沟草边，村子浓烟滚滚，火光冲天，知道村子的房子被烧。而我的婆婆没有来得及逃走，被鬼子用绳子捆着，押到栖霞已到中午时分，被日本鬼子用枪打死了。事后到栖霞去料理我婆婆的后事，现场惨不忍睹，几十个人倒在了一起，有年轻的妇女一丝不挂地倒在血泊中，有吃奶的孩子与母亲死在一起，还有好多家都无人来收尸。回忆起当年没有和婆婆一道逃走，我活着，她却死在日本人的枪下。我今年82岁，一想起婆婆的死，是我一生中都无法抹去对小日本侵华的仇恨。

☢ 吴金林口述

吴金林，男，1930年12月15日生

调查地点：狮子坝社区

调查时间：2007年6月11日

调查人：吴云飞、胡金城、徐宁斌

1937年12月份，当时是个雨雪天气，那是（时—编者）我才8岁，我看到日本人在江宁麒麟镇泉水村屠杀村民悲惨的一幕。我的家就是现在居住的地方——马群街道狮子坝村，1937年12月初，听说小日本就快到马群了，狮子坝村所有人都在跑反，我家和邻居吴晓双两家带着衣服、粮食跑到江宁麒麟镇泉水村一房东家一间小房里居住，村上有的跑到江宁的青龙山脚下，有的跑到栖霞寺难民区。我们在江宁麒麟镇泉水村仅居住了三天，因消息不灵，日本兵就悄悄进攻到泉水，并与中央军在一个山头打仗，中央军撤走后，日本鬼子就杀进了泉水村。村里的人来不及跑了，家家只有关门，我父亲吴广鑫用木棍撑着门，人都躲在家里。日本人到村里见不到村民，挨家砸门，挨家搜查，搜到年轻人就拖出去枪毙。当时日本人搜到我家，就把我父亲吴广鑫、叔叔吴广发、吴广宏和邻居吴小双捆着拖到田埂上，一共有7个年轻人站成一排，被一个小日本用枪射击，穿了"糖葫芦"。我大叔吴广发、邻居吴小双当场死亡。二叔吴广宏听到枪响受惊吓昏倒在地，不省人事，随后，小日本在他的大腿上砍了两刀，当时未死。我父亲被子弹打中了小肚子，未

被小日本发现他还活着。日本人见 7 人全部倒下，掉过头就离开了现场。我家人把我父亲和二叔吴广宏抬至青龙山的一个和尚庙里养伤，家里人不知要对伤者禁食，我父亲在第三天就死在庙里。二叔吴广宏因腿上的刀伤极度腐烂、发烧，在无药医治的情况下一周后死亡。在料理完后事，我们回到泉水村，整个村庄房屋已被日本人全部烧毁，村庄无一人居住，又没有吃的，就到栖霞寺难民区住了下来，难民区有两三万人，一天有两顿稀饭供应。因难民人数太多，最后两顿稀饭也供应不了，吃不饱。而且难民人人都得了皮肤病，还传染，经常死人，我们也得了皮肤病。直到 1939 年的春天回到马群的狮子坝村，这里的房子也是一堆废墟，无家可归，就在狮子坝丁家山砍松树搭棚子住了下来。

☯ 黄明金口述

黄明金，男，1923 年 2 月生
调查地点：芝嘉花园 11 幢 1 单元 302 室
调查时间：2006 年 7 月 20 日
调查人：葛华勇、胡金城、徐宁斌

我家在 1937 年的冬季跑反，那年我已 15 岁，我家的父母、弟弟和妹妹，一家四人，从家到栖霞滑子口又转到江北六合住的。没有其他吃的，以光麦面为主食。在六合时，我弟弟和妹妹出水痘，发高烧，小妹妹差一点死掉，有一个邻居用草药治好她的水痘。为感恩就将小妹妹给他家做童养媳。那家收养了 4 个月不到，说这孩子有病不收养了，我父亲又把小妹领回了。有一次小妹睡觉从床上掉下来，不知从哪儿来的硫酸在床肚下，被弄倒了泼在自己头上，被硫酸活活地烧死了。在 12 月份，父亲带我和弟弟离开这伤心地方。跑到栖霞寺难民区住下来，打听我奶奶、叔叔、婶婶在什么地方。栖霞寺难民区有我们黄庄人，村上的人告诉我说："在阴历初八早上，日本人杀到黄庄，你的奶奶、两个叔叔、婶婶来不及走，4 个人全被杀害。大约杀害的第十天，有人路过黄庄来报信，大家又找不到你们，村上回去两个人收的尸体，收尸时，尸体已开始腐烂不成样子，就在村边埋了。现在回去没有用了，村里所有的房子全部烧光。"第二天一大早，我和父亲俩人回到黄庄埋葬我奶奶、二个

166

叔叔、婶婶的地点，4座新坟城〔呈——编者〕一字排列，哪个坟属于哪个人的都不知道。后来在栖霞寺难民区又住了整5个月的时间，待马群这边稳定了才回到黄庄。

当时日本鬼子来到黄庄村烧杀抢掠，村民都逃走了，没来及逃走的村民张黄氏、黄文宝、黄文书被枪击致死，黄明和他的妻子被火烧致死，村民周马氏被殴打致死。

⚛ 张石林口述

张石林，男，1923年5月22日
调查地点：张石林家中
调查时间：2007年6月10日
调查人：葛华勇、胡金城、徐宁斌

1937年12月份的阴历初八晚上，是个雨雪天气，我家当时正在吃晚饭，听到枪声不断，全家人都出来了，全村的人都集中到村中央，看到玄武门方向火光冲天，接着玄武门街上的人跑到我村说："不好了，日本人和中央军打起来了，可能马上要打到这里，赶快跑！"各人都回家准备要带的东西，我喊爷爷奶奶赶快走，怎么劝说死活也不肯，还说："我们这么一大把年纪的人，土生土长的不能死在外头"。实在没办法，只好把邻居年龄大的老人喊来劝说，到后来老人都不肯走，最后商量把不肯走的老人集中在一起相互照应。我们连夜走到栖霞的东阳，在东阳的第二天有人报信，大庄的老人死了不少，赶快收尸。我和村上死者家属7个人回到村上，看到所有的草房几乎烧光，仅有二间瓦房存在，走到村中央一棵老桦树跟前惊呆了，没有走的老人全部被枪杀在一起。收尸时，有我的爷爷张前松、奶奶张孙氏、大爷爷的妻子张张氏、邻居马黄氏、张前兴，还有张石荣的爷爷（名字记不清）一共6个老人。死去的老人中，最大的72岁，最小的54岁。料理完后事，后来我们在东阳住了不到一个月的时间，因无吃的，就到了栖霞寺难民区又住了整两个月，待马群这边稳定后才回到大庄的。

● **李广金口述**

李广金，男，1922年2月25日生

调查地点：李广金家中

调查时间：2007年6月11日

调查人：李十香、胡金城、徐宁斌

　　记得在1937年12月份，天气很冷，当时，百水村只有8户人家，听说日本人快要到我们村了，村里所有人都在忙着跑反，8户人家带着衣服、粮食跑到了江宁县的窦村和庄村两个村庄居住，我家和邻居杨九生两家住在窦村，在此仅住4天，国民党的部队也到了这里。每天日本的飞机在江宁一带上空找到目标就轰炸，有时一天，日本派出两三批七八架飞机对地面进行轰炸，无法安生。为了生存，在窦村住下去，村民们开挖地洞，听到飞机的声音，我们就踩（躲——编者）到地洞里去。邻居杨九生有一天见到飞机没有来得及躲进地洞，被日本飞机丢下的炸弹炸死在窦村的村头。而姚王氏、黄袁氏两家住在村庄，有一天她俩（都是怀孕的妇女）回到百水桥村自己的家取点米和衣服，刚刚走到百水村村口就被日本人发现了，被鬼子枪杀，两人当场死亡。日

　　根据《栖霞区志》记载，民国三十二年（1943），侵华日军在马群南湾营村建飞机场，跑道全长约3000米、宽约120米，拆用民房的残砖、破瓦，碎石等铺成。机场主要用于起降战斗机。日军在跑道周围的南头山、石坝山、马房山等处开挖若干大小不一山洞，大者用于隐藏飞机，小者用于储存汽油、机械。日军战败后，机场废弃，近年在该遗址上兴建了南京市南湾营经济适用房。图为今日南湾营

军用汽油倒在了姚王氏、黄袁氏的尸体上进行焚烧，她两家的人回来收尸时，很难认出自家人的尸体。在窦村居住，由于国民党部队对日本飞机进行炮轰，日本飞机来的次数更多，轰炸的面积更大。无法在窦村呆下去了，我家从窦村搬到江宁的青龙山，山上没有房子，搭一个小棚，挡不住风寒，晚上经常还有狼叫，没办法又搬到江宁麒麟镇泉水居住，日本兵又进攻到了泉水村。我无处可走，随后想回百水桥，但日本部队就住在百水桥。我不敢回家，实际上也无家可归，村里的房子全被日本人烧光了，只好借住在马群牛王庙亲戚家，在1939年的春天才回到现住地。

——录自张宪文主编《南京大屠杀史料集》第 39 册

《幸存者调查口述续编（下）》，

江苏人民出版社，凤凰传媒出版集团，第 1594—1598 页

尧化地区

● 高秀英口述

高秀英，女，78 岁

调查地点：栖霞区吴边村红石村队

调查时间：2004 年 7 月 12 日

调查人：钱春霞、夏侃、张晓磊

我那时是不住在吴边村的，而是住在靠近炼油厂附近，因为搬迁，才搬来住在这里的。日本人来的时候，我才12岁，和母亲去了江北，好像是冬月去的，不过没有到过年就回来了。一回来就住到了栖霞寺里，后来又住到了江南水泥厂附近，不久就回到村子里去住了。村子里的房子还在，也没有听说有人被打死。倒是在跑反的过程中，在炼油厂附近看见几个中央军被日本人杀了。在江北时，有一个60多岁的老太太，被一发炮弹击中，房子一下子就没有了，老太太的头也不见了。

当时很多中央军在江边用竹子、木板、门板当作船摆渡到江北去，被在江边或者江上巡逻的日军射杀。

侵华日军在栖霞地区罪行新证

169

安民以后，日本人住在花山一带，据说在那里，日本人杀了不少人，还整天来村子里找花姑娘，不过村上的妇女都躲起来了，日本人找不到。

❀ 贺宗荣口述

贺宗荣，男，80 岁

调查地点：尧辰社区翠林苑 13 幢 402 室

调查时间：2004 年 7 月 12 日

调查人：全瑛、姜莎莎、黄文浩

冬月二十七，我们听见机枪、大炮响，父亲带着我们全家，过石埠桥（音）过江，跑反到江北。江北有水田，日本人不好去。后来日军舰船上派出三架飞机为一组侦察江北的情况。飞机的翅膀往哪歪，炮就往哪打。这是我亲眼看见的。我们都不敢回，我们一回，鬼子就用机枪扫射，我们都沿着陇往山上跑。村子里老百姓住得满满的，把田里的水放出来，鬼子没得盆，不得去。我们在江北住了两个多月，我父亲先回来探探消息，看到房子都烧没了，没得住了，就去了栖霞区。我们跑到栖霞区，寺里的和尚发善心，用大锅煮粥给我们吃，人太多，粥不够，米也不淘。鬼子经常去，看到漂亮姑娘就拖到山上强奸。我亲眼看到的有两个，一个是平家岗，有一个 30 多岁的妇女，早晨用锅底的灰抹在脸上，抹得丑死了，鬼子看到她，还是把她拖走了；还有一个是魏家湾姓王的妇女，也被鬼子强奸了。上岗庙有个万人坑，埋了上万人，我听人说的。

我还见过鬼子杀人呢。王家岗有两个姓王的，年龄在四十一二岁，被鬼子用东洋刀砍死了，还有一个姓王的看见鬼子就跑，被鬼子开枪打死了。我在栖霞寺住的时候，鬼子在楼下朝楼上开枪，那时地板上是木头的，子弹穿过木头从一个 20 多岁的姑娘屁股上穿过去从肩膀出来，她被打死了。鬼子还把百姓的牛打死，割牛后腿上的肉，用铁丝串起来，把桌椅拿来烧了，烤牛肉吃。他们弄点糖、酱油，蘸着吃，鬼子喜欢吃甜的。

我们在栖霞住了四五个月，听说安民了就回去了，我们村和胡家边的房子烧得干干净净，我们村就剩下了一个柴堆和一个草堆。胡家边剩下了一个土地庙。我们没地方住就用稽草扎起来做房子。我们家稻米也烧了，做出饭来吃一股烟火味。日本人当时住在仙鹤门，礼拜天常会骑马来。我奶奶给他们磕过头，求他们不要杀我们，鬼子骑在马上笑。青年人、妇女都不敢回来，住在栖霞寺。鬼子给我们糖果吃，我们也不敢吃，他们让我们"咪西咪西"，我们也不懂。

中央军和鬼子在仙鹤门打了一仗，中央军死了很多人，老百姓也有不少被杀死的。鬼子还死了一个小头头，不知是排长还是班长，死了有两三百号人，塘里面漂着尸体，路上也全是，没人收尸，尸体全都臭了，又黑又臭。我们去中央军的营房拆毛竹盖房子，那里臭得没法走了。后来，老百姓用土埋了那些腐烂没法搬的死尸，但臭味还是盖不住。

日本人快投降时，让我们村人给他当劳工，盖房子，挖山洞，看着不顺眼就用军刀刀背在背上、头上敲，我们村有一个叫陈怀成（音）的被日本人敲得头上血直淌。那天天下雨，他穿着斗篷戴着草帽，他有点斜眼，鬼子看他不顺眼就敲他的头，他那时40多岁。

村里有一个汉奸叫朱通使，他是中国人，但懂日本话，我们叫他"通使"，现在叫翻译，他叫打哪个就打哪个。

现在南京财经大学（仙林校区）那边有个阳山洞，洞有几丈深，鬼子来是没得跑了，就先去洞里面躲一躲。鬼子机枪扫也扫不到，点了柴火往里摔，但他们没多少柴火。

从仙鹤门到岔路口到蒋王庙到太平门，各有五里路，鬼子在这条路上杀了不少人，大约有四五千人。

日本人来之前，我们家有八九亩地，靠种田维持生计，吃的是糙米，但是能吃饱，收成在18～20斗一年，没有其他收入，生活一般化，没有田的人吃不饱，有的都没的吃。当时我们耕地用牛耕，三四家人家合养一头牛，羊猪都有，可以卖，也可以杀着吃。

日本人来之后，没得吃，他们把家畜都抢走了，我们还是种田，但汪伪政权要收我们种的粮食。有的人就把稻谷磨碎了吃，塞饱肚子就行。我们还得给日本人干活，日本人有时给点钱给我们。

我们痛恨日本人，见他们来我家就害怕，后来是汪伪政权管，日本人在城里不怎么到乡下来了。我也痛恨汪精卫这个大汉奸。

侵华日军在栖霞地区罪行新证

☻ 洪德本口述

洪德本，男，81岁

调查地点：栖霞区吴边村红石村队

调查时间：2004年7月12日

调查人：钱春霞、夏侃、张晓磊

我原来住在炼油厂附近，这几年因为拆迁才搬到这里住的。

日本人当时来的时候是十月份（农历），我那时才13岁，我父亲说要留下来看房子，我就一个人和同村的人坐摆渡到了江北，住在西坝头我的奶奶家里。过了年不久就回来了，村子里的房子都在，也没有见到有村民被杀的，只是在江边看见许多中国兵被枪杀的尸体，尸体太多了！

那时我们邻村北家边住了一个班的日军，天天跑过来找花姑娘，有时还抢鸡、猪什么的回去吃。北家边当时有一个大水塘，里面全都是死人，我是亲眼看见的。还有一次我看见大约有十几个中央军被日本人用绑腿绑在一起的，站成一排，然后用刺刀刺死了。

日本人嘛，他要是叫你过去，你就不能跑走的啊，要不然一枪就打死你了唉。

☻ 胡秀珍口述

胡秀珍，女，79岁

调查地点：尧胜村下曹西12号

调查时间：2004年7月5日

调查人：夏侃、金瑛、张晓磊、钱春霞

1937年冬天跑反的时候，村里人帮忙用船摆渡过江，后来跑的人只能用木板。到了江北后，日军跟随而来，去抓妇女，并且还在江面上向江北开枪。王子楼有一个妇女被抓去强奸了。

日军进村子时候，正准备收麦子。房子都被烧。安民后日本人也经常来村子里骚扰农民，邻村有六七个为了不被抓，就躲在地洞里，日本人用火熏。后来有人给了钱，才逃过一劫。

日本人来之前，我们家的生活主要靠母亲种地，我一个妹妹死了，父亲也死了，跑反没得吃，生活蛮苦的。在难民营没住多长时间，日本人来之后，生活条件基本没什么变化，吃大锅饭，还给人家做工，只是整天提心吊胆，觉得鸡犬不宁的。

现在生活可好多了，顿顿有饭吃，不愁吃，不愁穿。

◉ 黄国宝口述

黄国宝，男，78 岁

调查地点：金尧花园 33 幢 2 单元 201 室

调查时间：2004 年 7 月 9 日

调查人：金瑛、钱春霞

原住乌龙山开塘村（音），隔壁南家里（音）。在太平山那块有很多人被日本人用机枪扫射死，人数说不清。

我们一家五口人，冬月十一过江的，日本人丢炸弹时，我大哥脸上被刮掉了一块肉。

江北东家有一个女孩大概十八九岁，腿被日本人炸断了。我们在江北待了一年多。跑反过程中有时也偷偷回南京看看。田野里都有很多死人，有兵，有老百姓，兵居多。回来后听说南家边有人被日本人杀死。

南家边有一个小学，来了两个日本人，把二三十个中国兵赶过去（已投降），让他们用绑腿把自己绑起来，然后用机枪全部杀死，日本兵杀了之后，老百姓挖坑草草掩埋了他们。

跑反回来看到江上都是尸体，村里的房子都被烧掉了，那时候过得惨啊，日本人狠啊！

日本军也经常到村子里来找花姑娘，南家边有人被日军强奸了。

日本人来之前，我们家生活很困难，有三间草房，后来被烧了，没有牛，就租地主的牛来耕地。日本人来了之后，还是种地，我家兄弟多，生活就更困难了，房子被烧了，油盐都缺少，没得吃，日本人凶狠，我对他们恨之入骨，但也无可奈何。

⚫ 李永新口述

李永新,男,87 岁

调查地点:金尧花园 34 幢 4 单元

调查时间:2004 年 7 月 8 日

调查人:张晓磊、钱春霞、夏侃、金瑛

我原来住在离燕子矶有三四里地的李家村。日本人来时,我跑反到江北小白渡。大约是第二年快收小麦的时候回来的。

我在江北的时候,听人说我的公公、婆婆、舅舅被日本人杀了。我就连夜从江北赶回来,发现他们确实是被日本人杀死在屋子里,就把他们埋了。我公公的名字叫吴老二,当时差不多有 60 多岁,而我的舅舅当年却只有四十几岁。他们当时都住在尧辰村。

当年跑反回来时,在吴边那边的路上有很多的死尸。回到村子里时,在田埂、田里都有很多尸体。这些尸体中既有中国兵,又有老百姓。我们就将这些尸体抬到别的地方(村子附近)草草掩埋了。然后,我们就继续种田。

我还记得,当时我们村上有 20 多个人被日本人杀了。他们被杀死的理由是日本人把他们当成中国兵了。当时是被日本人绑起来,有的被刺刀捅死,有的则是被日本人用枪射杀的。当时,捆绑用的是绳子,有的是日本人带的布绳子,有的则是从农家抢来的绳子。

我们跑反回来后时,青年人是不敢回来的。只有一部分老年人跑回来搞生产。安民之后,日本人就不乱杀人了,但是也经常来我们村子找里保长头头们,要些他们想要的东西。有时,他们也抓一部分村里人去给他们做劳工,动不动就打人。

日本人来之前,我家有三间草房、三亩地,自己有牛。后来日本人来了之后,房子被烧掉了,牛被卖掉了,种地只好自己拉犁。我们养不起鸡,日本人又要鸡,我们没有就被打骂。我们虽然害怕日本人,但我们逆来顺受,不敢反抗。

☢ 刘以发口述

刘以发,男,80 岁

调查地点:栖霞区吴边村神库队

174

调查时间：2004 年 7 月 12 日

调查人：钱春霞、夏侃

我本来住在栖霞区石山乡上前大队，靠近钟山煤矿。近十年才搬来神库队。当年日本人来时，我家没有跑反，只要日本人来了，我们就躲到山上。日本人一般不来找我们。后来情况好一点了，我们就回到了村里，看见村山有 40 多具尸体，有兵，有民，估计是被押着用机枪扫射死的。后来村上人把他们都埋到一个小水塘里去了。日本人有时来村子里，人不多，一般就来了 3 ~ 5 个人，一般不过夜，顶多住一天，抢东西不多，主要是找花姑娘。

村里有六个人挑柴从仙鹤门经过，在仙鹤门休息时，被日本人发现，直接用枪射杀。我依稀记得几个人的名字，唐大起、唐大仁、唐镇龙，当时都四五十岁了。

我三叔叫刘成儒，当时四五十岁，被日本人发现了就被带走了。被拖到了下关，我们后来去找，连尸体都没有见到。（此时，老人已是热泪盈眶了。）

村上有一个叫查生海的，当时四五十岁，一天从山上下来，遇见一个日本人，不由分说，就被日本人用枪打死了。

⊛ 王吉英口述

王吉英，女，79 岁

调查地点：栖霞区吴边村神库队

调查时间：2004 年 7 月 1 日

调查人：钱春霞、夏侃、张晓磊

日本人来时，我才十二三岁，跟家人摆渡到江北，和村里的几个人住在双合，在那时过完年就回来了。

在村里，我们看见几个中央兵和一个老百姓被一个日本人活活烧死。一次抓了一个六七十岁的老太太，几个人轮奸，走时一枪打死了。

村上一个年轻人和他媳妇躲到江边，被发现后，年轻人被一枪打穿了腿，女的被打死了。一些妇女为了躲日本人，把牛屎和稻草和在一起，自己躲在

下面，还是被日本人发现拉出来糟蹋了。我姑妈的老婆婆姓朱，那时有 70 多岁了，住后庄那边，被八个日本人轮奸又被打死了。

我当时和一个小女孩，她比我小一岁，当时我们两个就躲在江边一个山洞里，旁边有石头挡住，人家找不到的。一次那个小姑娘探头出去，正好被人发现，就被日本人拖走强奸了。这女孩后来嫁人了还生了一个小孩，不过现在都不在了。同村一个姓朱的年轻人，20 多岁，从江边回村被日本人遇到，射杀了。

日本人来之前，我们家共七口人，兄弟姐妹五个，当时我们从山东移民过来，没有地，只有帮人家种田，生活过得异常艰辛。日本人来之后，我们还是帮人家种田，生活基本没有什么变化。当时我 12 岁，见三个日本人撒腿就跑，他们太可怕了，见人就打，当时就是太紧张害怕了。

现在我有三个儿子，两个女儿，一人给 20 斤米，生活足够了，比以前那种苦日子好多了，我感到非常知足。

❂ 夏正金口述

夏正金，男，89 岁
调查地点：栖霞区吴边村神库队
调查时间：2004 年 7 月 12 日
调查人：钱春霞、夏侃、张晓磊

日本人打来的时候，我和家里人就逃到江北去了，住在一个叫杨庄的地方，当时还没有过年，我们在杨庄的一个亲戚家里住了三四个月，见到过日本人。后来，我和父亲就先回来了，不过没有先回村子（一直住吴边村），而是直接住到了栖霞寺的那个难民营里。住了不久（约半年）就回村了。刚回到家时发现家里的东西基本上都没有了，粮食没有了，所幸房子还在，没有被烧。主要是抓鸡、牛什么的，还有就是找年轻的姑娘。但他们不住在村上，他们住在北家边。我一次去北家边，看见好几个日本人拿枪命令一群老百姓站在一个大坑面前，要用机枪扫射，说这些人都是中央军。有个小孩说，这些人都是良民，是老百姓，才幸免。

我还见过一次六个中央军和一个老百姓被一个日本兵吓得躲在房子里，

176

不敢还击。被日本兵锁上门活活烧死。这发生在安民以后。

中国那时候死的人多啊！小妇女倒了大霉。

日本人来之前，家里面九口人，靠种地为主，多出来的粮食就卖掉了。日本人来之后，生活还是靠种地。我还担柴进城，冬天只穿草鞋，有时也用驴运，感觉就是非常苦，当时一担柴三吊钱能换一斗米，后来一担柴只能换一斗米，物价稍有上涨。1938年的春节，我们在南京过的，感觉没什么差别，有粮的日子不算苦，没粮的日子苦啊。

日本人来时，我们害怕啊！连狗都害怕，我想反抗啊，可没枪没力量。

● 吕秀琴口述

吕秀琴，女，81岁

调查地点：栖霞区吴边村红石村队

调查时间：2004年7月12日

调查人：钱春霞、夏侃、张晓磊

在日本人来之前，我们家里有兄弟姐妹六个，全家八口人就靠种地来维持生活，也就是种多少收多少，饥一顿饱一顿的，但是生活还是比较平静的。日本人来的时候，我爷爷没准我们跑到江北，就在家里挖了几个洞，还用床板扣在上面，日本人来了，我们就赶紧躲到洞里。村里有一个女孩，姓张，当时18岁，被日本人强奸了，后来还被烧死了，说是怕有毒什么的。

有一次，我在邻居家玩，看见日本人来了，我赶紧从后门跑了，我的邻居被一刀砍在头上，鲜血直流。我的父亲（吕大元）和叔叔（吕大本）当时就跑到乌龙山，遇见了日本人，我父亲没有敢跑，我叔叔跑的，结果被日本人一抢（枪——编者）打中头，脑浆都飞出来了。我曾经在乌龙山附近的一条壕沟里看见十几个四川兵躲在里面，被三个日本人抓住了，用绑腿将十几个人绑住，拉到了村子后面，用机枪扫射，全部都死了。后来有些尸体被老百姓埋了，还有一些就烂了。日本人进村就是要找花姑娘，找不到的时候还拔老头的胡子，鲜血直流啊。吴家边有一个40多岁的妇女被杀死以后，被扔到了厕所里。

日本人来了以后，日子变得就很不安宁了，家里还是以种田为主，但经

常不得不挑一些砖头什么的到城里去卖，日子很苦，只能喝稀饭，连稠饭都没吃过。家里人1938年的春节就没有能过成。村里的那个水塘这些年一直都在，每次我经过的时候都是很害怕的。

备注：在村上，在老人的指点下，我们找到了一个水塘，据老人介绍，当时这个水塘里都是死尸，基本上都是军人，我们拍了照片。

☢ 马绍贤口述

马绍贤，女，79岁

调查地点：尧化村士（士—编者）城头

调查时间：2004年7月2日

调查人：张晓磊、夏侃

日本人到南京，我跑到江北。大约到第二年四月份到尧化门。逃走的时候，有我、母亲，还有另外两个弟妹。其中一个妹妹大约七八岁。至今尚在。我曾经亲眼目睹日军用糖果哄骗小孩，并且抚摸其生殖器官，以判断男女。如果是女孩，则施兽行。为躲避日军，我将头发剃成男孩，以免受到侮辱。我的二叔当年曾与另外六个人一起被日军盘查。当日他们正挑着稻子。日军污蔑他们是国民党士兵，欲予以杀害。后因为枪无法扳动而放弃。

我的丈夫原来住在太平门一带，曾目睹日军和国民党军队激烈交战的场面，并亲手将300多名国民党士兵埋在沟家边（音）一带，还有二十几个日军的尸体。

日本人来之前，我们就靠父亲的24块钱生活，足够了。日本人来之后，生活很苦，妹妹患大脑炎没钱治就死了，母亲都快哭死了。那时没有生活来源，房子被烧光了，住在教堂，种地收不到，两斗换一斗，收什么就吃什么，种人家都不吃的绿豆，不敢换米。日本人走后，挺穷的，种地帮人打工，贩米到常州，赚些钱买大麦吃。大麦不好吃，怪怪的味道，但没办法只好吃，当时我们没人帮助，感觉特无助。

日本人来了我们就跑，害怕啊，我恨透日本人了！现在听到打仗两个字心里就发毛，还是共产党好，分地、给钱。

☢ 倪正生口述

倪正生，男，81 岁
调查地点：尧辰社区翠林苑 7 幢 2 单元 103 室
调查时间：2004 年 7 月 13 日
调查人：黄文浩、姜莎莎

冬月十四日，鬼子到我们村上。这以前我家就跑到栖霞寺去了，蹲了有一个多月，由于我们村子离栖霞寺不远，只有十几里路，晚上经常回来，所以就没有带粮食。寺里的和尚给我们粥喝，他先问了我们几个人，再用勺子给我们几勺。人太多了，吃了一个星期就没东西吃了。在难民营里，鬼子不杀人，但强奸妇女。一个 13 岁的小姑娘，还有一个西横山的妇女被拖走了。

开春还没到插秧，我们就回来了。在东横山塘边上一下子死了七个逃难的，在旁边还死了两个，有一个姓刘的是我们村的，在煤矿当会计，还有一个外村的，姓吴。他们被当成国民党用枪、用刀杀死了，其中还有老太太，他们还拿着小旗子欢迎他们，日本人还是把他们杀了。日本人枪法好，半里路也能打死人的，在陈家窑一个小塘边打死了三十几个人。

我们回来后，村里的房子烧了十几间，我们家的房子是瓦房，没烧，但柴和稻子都烧了，村里的树也烧死了。我们家三头驴子、猪、牛都被鬼子拉走了，鸡一个没有了。村上别的人家也差不多。我们挑柴到南京卖，吃黄花草。日本人在仙鹤门有营房，不到村里来住。在仙鹤门那条街上，打死中央军士兵万把人，老百姓靠那个大山挖了大坑把尸体给埋了。我们村有七个汉奸，他们给日本人探路，日本人就按他们的路走。他们晚上不敢出来，我们看不见他们。日本鬼子不讲理，看到小伙子头上有帽箍印，就把他们当成中央军带走杀死了。我父亲晚上出来。日本人还让家家割马草给他们喂东洋马，还让村里人给他们做劳工。每个村都有一个保长，派几个人去，给鬼子修火车路，晚上帮他们看铁路。做不好，日本人就用皮鞋踢，人哪里受得了，我父亲有病不做，我去做了。挖沟修铁路，一天没得数的干活，干完才行。几百号人一起做，不给钱，也不给饭吃，我们要自己带饭吃。

我家岳父（唐秀英的父亲）因为日本人拖走了他家的驴，他去要，就被鬼子杀了。

我们进南京要过太平门，都要摘下帽子行个礼说："先生，你好！"你不行礼，弄不好就要揍你。日本鬼子拿中国人不当人。我亲眼看见过日本人揍过好多人。

在栖霞寺时，鬼子用枪把老百姓耕地的黄牛打死了。让老百姓在马路上把牛皮扒了，然后拖入营房吃。猪啊，狗啊，全都没了。

日本人来之前，生活困难，有三间瓦房，有七八亩地，但贫瘠，收不到粮食，缺少肥料，收成不好。耕牛是三四家共有一头。刚收粮食时能吃饱，后来就吃不饱了。只得割点草，种点蔬菜，遇到要出人情的时候，大家都出米来资助。

日本人刚来时，乱抢东西，牲畜都被抢，老百姓遭殃，粮食他们抢不到，因为我们没有库存，日本人还要我们给他们做工，而且我们还是自己带饭，日本人有时给工资给我们，但我们拿不到，他们都给保长，我们还是种地。日本人乡下一般不来，由保长管。

对于日本人的所作所为，我们很气愤，但也无可奈何，只能眼睁睁看看他们干坏事。主要是老百姓心不齐，所以大家只能忍耐。

☢ 戚秀珍口述

戚秀珍，女，75 岁

调查地点：尧化社区青山苑 14 号 3 幢 206 室

调查时间：2004 年 7 月 12 日

调查人：姜莎莎、金瑛、黄文浩

我住在仙林农场阳山脚底下的一个村。1937 年冬月初六我们跑到龙潭圩里，住在亲戚家，躲在圩里的人很多。腊月十八我们回到了村里，家里房子被烧掉了，立马又跑到栖霞寺去了。我们去龙潭的时候，只剩下我父亲留在家里看房子，日本人到村里，我父亲他们留在村里的人就往山上跑。我父亲叫戚传贵，那次往山上跑的时候，日本人的子弹从他耳边擦过，好险！父亲告诉我日本人杀人很狠，一刀从颈部，只剩下喉部一层皮连着。

我丈夫家离我家有一里路，日本人来的时候，我丈夫的爷爷叫王大森在家看家，日本人看到了，举枪就打。我丈夫的爷爷中枪了，九天后就死了。

我丈夫村中的王冯氏，当时二十七八岁左右被日本人强奸了。

我们在栖霞寺难民区的时候，日本人经常来找花姑娘，有时五六个，有时七八个。我1938年3月回村下秧，日本人来了，我们就往山上跑，我在山上看到日本人在村里放火烧房子，房子全被烧了。

日本人来之前，生活虽然苦但也还过得去。日本人来以后，我们的粮食被烧了，没有吃的，只能到地里去挖野菜吃。

安民后，日本人住在营房里，不来村里了，我们自己建房子住。我听说仙鹤门那死了很多人。

我家本来有地三亩，草房三间，有耕地牛。日本人来了之后，牛、驴都被杀死吃了。后来还是耕地，大伙三户五户合伙买牛共用。鸡、猪、羊本来都有，都被日本人抢走了。

粮食少根本吃不饱饭，就少下米，多放水，喝稀饭充饥，油盐缺少就不必说了。吃都吃不饱啊！日本人狠，很吓人。痛恨他们入骨，但只能任之胡作非为。安民之后，合伙买了牛，生活渐渐安定下来了，也就这样，吃这一顿，不顾下一顿，没有钱买不起东西，比如说油、盐、肉。一年吃不着多少。

⚛ 谭秀英口述

谭秀英，女，79 岁

调查地点：尧辰社区翠林苑 7 幢 2 单元 103 室

调查时间：2004 年 7 月 13 日

调查人：黄文浩、姜莎莎

冬月，鬼子来时，我们全家躲在家里的地洞里。我们家门外拴的驴被日本人抢走了，有个老太就喊我们，告诉我们驴被拉走了。我父亲出来要驴，走到小岗子被日本人看见用枪打死了。我妈和我婶子把尸首收起来埋了。

冬月十四，鬼子来了。我妈妈、弟弟和我跑反，我哥哥、妹妹跟我婶婶跑反，我们跑到栖霞寺住，住了不少日子。住在里面没有吃，老和尚发粥给我们吃。

后来我们回来了。我家房子没被烧，但稻子全没了。我妈妈就弄点野菜吃。回来以后，日本人再也没有来。15 岁时，我就挑着柴去玄武门、仙鹤门等地方卖来维持生活。

侵华日军在栖霞地区罪行新证

181

☢ 王兰口述

王桂兰，女，81 岁

调查地点：栖霞区王子楼村

调查时间：2004 年 7 月 14 日

调查人：严海建

1937 年冬天，日本人来之前，我父亲和村里一个姓王的就被国民党抓去当差了。日本人打到南京的时候，我和母亲跑反到了江北。

父亲和那个姓王的后来也被放了，他们俩跑到栖霞的难民区，但是想到老婆孩子还生死未卜，就又跑回来了。住在乌龙大队的外婆家。外婆家有十间瓦房，但是不敢住，都是挖地洞住。那时候，太平山有中国兵的营盘，大概有三个营，后来日本人打过来，中央军打了败仗就跑了，日本人追到乌龙大队附近就不追了，在树林里抓中央军士兵。抓到外婆家里把父亲王玉山和姓王的拉出来枪毙了，外婆和那个王姓的老婆婆都哭着求日本人放了他们，也没有用。

☢ 王国才口述

王国才，男，78 岁

调查地点：尧化社区翠林苑 5 幢 5 单元 110 室

调查时间：2004 年 7 月 13 日

调查人：黄文浩、姜莎莎

腊月我和母亲、哥哥、妹妹跑反到水泥厂底下的一个叫张王庙的庙那边，住在人家村里。后来鬼子又去烧房子，我们就跑到水泥厂去了。我父亲和奶奶就留在家里看门。我们在水泥厂里远远看见过黄头发的外国人。我们在水泥厂自己搭了棚子住，自己带粮食吃，生活很不方便，吃水就到塘里去弄一点。我在水泥厂时，看见鬼子去过一次，日本人去不杀人，听说找花姑娘，里面住了很多难民。住到开春，听说安民，我们就回去，回家插秧。

村子里烧得不像样子，好几户都被烧了，我们家没被烧。我们村塘里杀了九个人，有青年也有老人，有我们村的也有别村的。村里的小妇人都跑了。我们家的稻子没有烧，生活勉强维持得过去。

安民以后，鬼子再也没去过。

日本人来之前有两间干草房，后来未被烧。我们家有鸡、猪等家畜，日本人来之后，没有被抢掉，被我藏起来了。我们家有 30 亩地，能吃饱，生活一般化，有一头耕牛，没有被抢，也被我藏起来了，日本人来之后，我们就去卖柴火，还是种这些地，生活也是一般化。

见到日本人我们很害怕，但没想过要和日本人斗，只要能吃饭就行。

☢ 王义福口述

王义福，男，88 岁
调查地点：栖霞区王子楼村王家边东 28 号
调查时间：2004 年 7 月 14 日
调查人：钱春霞、夏侃、姜莎莎

日本人来时，我 21 岁。和家人在年前跑到江北住在杨庄上，日本人后来也过来江北，我们就只好躲到了山里去。因为没东西吃，大人常常在晚上划小船回来，带点粮食过去吃。到第二年春天，为了收麦子，我们很多人回来了。发现房子被烧了，只能重新盖草房子。粮食因藏得好，没被烧掉。不过从江北回村的路上，看见了很多中央军尸体，铁路旁尤多。

我们村上有一个姓杨的男人，大约四五十岁，带着牛，想躲到山上，被日本人发现打死了。邻村的老表姓郭，当时三十多岁，没跑反，结果被日本人刺死了。

安民后，日本人不太杀人，但也常来村里。除了找鸡猪去杀了吃，主要就是找村里的年轻妇女。他们日本人一来，见到花姑娘就没命了。

我见过几个日本人抓了很多老百姓都离这不远的地方，地方不记得了，然后就枪毙了。

日本人叫你干什么，你就得干什么，你不干就用脚踢。那时进出城门要行礼的。我有一次被日本人喊住，顶一个钟在头上，不能掉下来，叫我走才可以走。

那种日子不是人过的。

☢ 王正义口述

王正义，男，89岁

调查地点：尧辰社区翠林苑13幢106室

调查时间：2004年7月13日

调查人：金瑛、钱春霞

我原住在仙林农牧场小岗子村5号，日本人打到南京时，我们在阳山洞待了好多天。阳山洞有三个13级阶梯的梯子下去，有无数人躲在里面，里面自古以来就有石床、石凳子、饭缸等等。以前我们都不敢下去，日本人来时就一个扶一个地下去，用稻草铺在石床上。我们在阳山洞待了有一个多月，吃饭是晚上回村子里吃。晚上日本人不敢出来，我们就晚上出来，村子里面的房子烧得只剩了两间。到白天，一部分人去栖霞寺难民营，一部分就在阳山洞。有一天日军看见我们从阳山洞爬出来，便问我还有几个人，我说还有三个人，于是四个日军走在我们四个前面，一对一，拿刀在我们头上敲，后来用手摸摸，全部都湿湿的，原来都是血，我们当时都没有感觉。还有一天，有两个日本人把两个中国人用脚踹到洞里，这两个人都没死，一个是马忠兴，一个叫马明洪，是我两个叔侄，后来晚上我们用绳子把他们救了出来。

日本人杀的中国人太多了。在江宁红山洼，大概在1939年四五月份，七八个日军从别的地方抓来的大概有100多人的老百姓让他们排成队，然后用机枪扫射，其中一个人在扫射之前倒下，借着其他尸体的掩护逃脱了。另外，仙鹤门那儿有个杀人的坑还在，有很多死人。日本人经常进难民营找花姑娘，我们庄上有不少妇女被糟蹋，就是抹了锅灰也逃脱不了。日本人什么坏事都做得出来。

日本人来之前，家里就很穷，兄弟姐妹五人，做学徒，只给一些吃的，不给钱。牛肉一块钱12斤都买不起，过年连米都吃不着，更别说油盐之类。村里有穷有富，穷的只能住草房，富一点的有瓦房。后来日本人来了，草房子都烧光了，什么都没了，一切从头开始。地还是要种，粮食大部分上缴，剩下的很少，日本人根本不管你吃饱吃不饱。当时家里很穷，没粮食，不养牛、养羊什么的。

日本人很凶狠，我们都怕得很，挨打很经常，根本不敢反抗，他们有枪有刀啊。汪伪政权时，通货膨胀，生活困苦。后来，日本人投降了，中国人心软也没将他们怎么样。

☢ 吴板英口述

吴板英，女，82 岁

调查地点：金尧花园 22 幢 2 单元 602 室

调查时间：2004 年 7 月 8 日

调查人：夏侃、金瑛

日本人来时，我们到栖霞中学难民营去避难的。有次日本人来找花姑娘，刚好是我哥哥吴板扣值班，日本人让我哥哥找花姑娘，我哥哥不肯，就把我哥哥杀了，当时他才 20 岁，我哥哥身上的刀伤不计其数，光手上就有十刀，我哥哥的肠子流出来有五六寸长，可怜呀。（老人潸然泪下。）

在难民营的时候，有次日本人来时，有人防守，有人反抗，所以后来就不怎么来了，不过还会从山上往下看去找花姑娘。

后来我们跑反到江北，江边死人太多了，死尸漂浮在江面上，不少人是中央军退到江北去被日本人扫射死的，江水都红了，靠岸处全是被水冲过来的死尸，不计其数，死尸被江水泡得面目全非。

家里原有的两间草房被烧，靠几亩地生活，四五户共用的一头牛被抢走了，只能再去买，几家人攒钱再买，有时也用人力代替。自然是穷的更穷了，吃不饱穿不暖，吃野菜充饥。

哥哥被日本军残忍杀害，一家人痛不欲生。至今对日军恨之入骨。我们当时被日军吓坏了，任他们牛马般欺辱。

☢ 吴寿贵口述

吴寿贵，男，78 岁

调查地点：尧辰社区翠林苑 15 幢 306 室

调查时间：2004 年 7 月 12 日

侵华日军在栖霞地区罪行新证

调查人：金瑛、姜莎莎、黄文浩

我住在仙林农牧场三村即解放前的吴家岗。村子很大，有二三十户，近百号人。临近过年，冬月初的时候，我们跑反到江北的六合划子口（音）镇，我们带了粮食过去，住在老百姓家里，当时是从栖霞那的石埠过去的。

1939年4月，日本人坐船去江北，他们用枪打鸡，我亲眼看到他们强奸妇女，但因为不是同一地方的，所以我也叫不出她们的名字。强奸的事情很多。我们住在离江很近的地方，看到日本人杀人我们就搬到山里去，往芜湖那边去。

1940年，父亲先回到村里探听消息，回来说问题不大了，我们就回村了，是在过完春节后回的。回村后，我们那的老百姓用纸做成日本旗，看到日本人来了，就举起这种旗欢迎他们，日本人看到了很高兴，就不杀我们了。

我们村里有两个人被日本人打死了，一个叫吴长银的，30多岁，他看到日本人跑了100多米，日本人在后面打，吴中枪倒下了，但没死，他觉得非常口渴，就爬到附近水塘喝水，死了。另一个姓王，叫什么名字，我忘掉了，他是在家里被日本人用刀砍死的。

1938年的时候，日本人与国民党在灵山打仗。国民党死了好多人，塘里的死尸都堆起来了，有几百号人。后来水干了，塘底下全是枪。

我曾听说在灵山红山洼，日本人让几十个老百姓站好，日本人用枪扫射他们，其中有一个人，装成中弹倒下了，一动不动，并借着尸体的掩护逃过了一劫。

小岗子村有个阳山洞，老百姓都躲到那个洞里去了，那个洞很深，日本人把一个中国老百姓推到洞里去，但没死。

我印象最深的事是1939年我父亲吴元弟差点被日本人打死。当时有个日本人拿把大刀要砍我父亲，我父亲刚好牵着头毛骡。他急中生智，让那日本人骑毛骡，我父亲牵着毛骡把他送到部队去，这才逃过了一劫，我父亲吓了半死，我们也吓死了。

有的老百姓没有去江北，到栖霞寺去了，日本人信佛，就不怎么去的。

日本人刚来的时候，很凶，见一个杀一个，后来就好点了。

仙鹤门那边死的人最多了。

日本人来之前，我们种地主的土地，自己没田，收的粮食多数给地主，自己只有一小部分，吃不饱就用蔬菜充饥。当时我们家有两间草房，牛、羊等家禽就更没有了。日本人来之后，房子被烧了，还给地主种田，直到解放分得两亩地。

🌑 夏长春口述

夏长春，男，81 岁
调查地点：金尧花园 13 幢 2 单元 101 室
调查时间：2004 年 7 月 9 日
调查人：钱春霞、夏侃、张晓磊、金瑛

我以前住分流村，日本人来时，我才 14 岁。村里人大多都逃走了，只有一些老人和残疾的人留下来看房子，那时我们家里穷，要是也去江北，没钱买米吃，一定会饿死，所以就没有走。日本人大约 11 月进村的，一来就要米，但是我们又听不懂他们说什么，他们就搜，搜不到他就走了。要是搜到就全抢走，还打人。后来日本人就在村上住下了。我当时还小，日本人杀人倒没亲眼看到，但听见人死时候的惨叫，还看到日本人把死尸用火烧了。

那时候，日本人在村里抓一些人当侠子，就是让我们来搬东西。我就被抓去了。日本人带着我们十余个人从村里出去，经太平门、西家头，到了杨梅塘，后又到了八关山，发现那里有许多尸体，有中央军，也有老百姓，军人的武装都不齐全了。不少人都没武器了。日本人还检查，只要发现手上有茧子或是头上有圈帽印的都用枪打死了。还有时，日本人也不检查，看见年轻人就杀，嘴里还说些什么，只听懂"你是中国兵"。好多人都被抓去打死了。后来，我们又被带到燕子矶，经过门坡，到了五塘村。那村旁边有一座山，山上有山洞，里面躲着许多中央军，都穿新军装，可能是新兵，被日本人发现了，押到村子里，用东洋刀砍死了。我看见刀从肩膀斜着砍到胸口，我都吓死了，一地的血。

一次，我们跟着日本人经过村子，当时有一条马路，可以走汽车，路边上大概有五六亩地，我看见好多从燕子矶方向来的人，大部分是中年人，有当兵的，但大多数是老百姓，都被绳子捆了起来，四个人一排，那一片地全

侵华日军在栖霞地区罪行新证

是人，都坐满了。我们被押着，也不知道这些人后来怎么样了，是死是活也不知道。出了村子，那边有地雷，是国民党走的时候留下的。日本人抢的牛走在前面，我们这些人在后面，牛踩到地雷，被炸死了。日本人有没有死不知道，天太黑，看不见。我就跑了。

之前家有两间草房，几亩旱地，因为穷，没牛，没养牲畜。我给别人做学徒，混口饭吃。这已经算不错了。日军来了之后，就不当学徒了（才当了半年），于是给别人放牛，能赚些饭吃。都是几家共用一头牛，本来就少，被日军杀了，更少了，要从别处买。

我当时还小，想跑又不知道往哪跑，几次死里逃生。每个人都痛恨日本人，但又害怕日本人。

我们中国地域广阔，人口多，但被日本人欺负，关键是自己贫穷落后。中国如果不强盛起来，还是会被别人欺压的。

☣ 夏德以口述

夏德以，男，79 岁
调查地点：金尧花园
调查时间：2004 年 7 月 6 日
调查人：金瑛、钱春霞

我原来住在尧化分流村，日本人打来的时候，因为家里穷，我们没有跑反。我那时给有钱人放牛。日本人到村里来时，我们就用一个盆子撑到圩上，圩周围都是水，日本人就没有办法上来，村里有个老头子，大概五六十岁，日本人来到村上，他四处躲，日本人就认为他是中国兵，开枪把他打死。

当时村里有钱人跑反到江北，有一部分跑到旁边的江南水泥厂，那里有外国人设的难民营。

后来日本人到南京过年，安民后，就平安了，大家都回家了。日本人每隔两天就骑马来村上找花姑娘，找不到就悻悻而去。

日本人来了之后，年纪小，很多东西记不着了，只记得我和我姑姑住在一起，开荒种菜吃，生活很苦。后来读过五年书（大概是日军投降后）。

● 夏立兴口述

夏立兴，男，78 岁
调查地点：金尧花园 17 幢 1 单元 101 室
调查时间：2004 年 7 月 8 日
调查人：夏侃、金瑛

我住在北家边，日本人打来的时候，因为家里穷，我和父母、姐姐都没跑反。留在了村子里的人不少，但主要是老人和残疾人，我们躲到山洞里或者防空洞里，大约有几十个人。

日本人在北家边住了有四个多月，干尽了坏事。我们村里的赵学兵，日本人说他是中央军，就把他和他母亲赵谢氏打死了。夏冰也被日本人杀死，那时候他大概有 20 多岁。年轻人只要被日本人怀疑是中国兵，就要被杀掉。有一次从黄家圩来的一位 18 岁左右的青年，日本人说他长得白白净净的，是中央军，就把他的眼睛蒙起来，用刺刀把这个年轻人的头砍下来，血直冲出来。这些都是我亲眼看到的。当时日本人杀我们中国人，就逼着我们这些小孩去看，我还看到有一个姓赵的年轻人二三十岁，日本人用刺刀从喉咙口插进去，血直往外冒，唉！太惨了。

日本人还强奸妇女，虽然当时大多数的妇女都逃到江北去了，但我们这强奸的还是不少的，我记得朱庆强的母亲，当时 50 多岁了，被日本人强奸后，用刺刀划开肚子，死了。

我的父亲夏大勇，被日本人拉去劈柴烧水，日本人嫌我父亲劈的柴不好，烧的水不好，就把他拖到火上去烧，后来好多老人跪下来求情，就放了我父亲，当时我父亲 60 岁不到，我们都吓死了。

我们同村人赵本来，被日本人抓走，一直都没有回来。

日本人杀人放火无所不做，他们烧房子，还把房子拆了当柴烧。

我还看到很多人被日本人押到塘边，让他们跪下，双手反绑，一个日本人举起一米多长的军刀，一刀砍下去把头都砍下来了，再用脚迅速地一踢，把他们踢到水里，常常一个日本人杀十几个中国人。

我们村的上元塘，里面有许多尸体，有老百姓，有军人，那些军人都没有枪，后来，村里在山边挖了个坑，把尸体埋到了坑里，那个坑称为"万人坑"。

在乌龙山上有炮台，中央军撤退后留了点粮食，有人从江北回来后去那找粮食，被日本人抓住就捆在树上，拿枪射杀，这也是我亲眼看见的。

安民以后，村民们回来后，房子什么都烧掉了，牛羊也被日本人吃掉了，什么都没有了，村民们自己种田，日本人倒也不来抢了。

日本人来之前我家有三间瓦房，种地 11 亩，自己有牛，是三户合一头，吃的还可以。日本人来了之后就不行了，吃不饱，房子里的东西全被烧掉了，只剩下一个空壳，一无所有了。后来还种地，慢慢再买牛，吃饭困难啊。我家的小驴子被日本人抢走了，鸡也被抢走了，猪也被抢走了，他们还要大米。我们没钱买油、盐等生活用品，只好吃野菜来充饥。

日本人做坏呀，真是惨无人道。

☢ 许广济口述

许广济，男，80 岁
调查地点：金尧新村 7 幢 2 单元 201 室
调查时间：2004 年 7 月 10 日
调查人：金瑛、钱春霞

我原住乌龙山上安泉，后来到了三汊河那的孤儿院，1937 年冬月初九搬进五台山难民营。冬月初十，日军到了水西门，冬月十一没听到枪响。十二那天中午枪声大作，还有炮声，三天三夜，冬月十五日军队进了城，从中华门进来的，当时守卫南京的是唐生智。我一直待到第二年，过了年正月十九回到孤儿院开学的。

日本军队中最坏的是长大胡子的，烧杀劫掳，无所不干。日本士兵到了难民营，看到女青年就什么坏事都干，看到男的小青年端起枪就打。

我住难民营的时候，管理难民营的老师让我们出去卖卖肥皂、火柴等生活用品。出去的时候每次都看见路上很多死人，一次在磨头路上看见很多老百姓的尸体，路边上还有个坑，有个大概 20 多岁的男性被埋至胸下。我在卖东西时还看见，在内桥那的桥墩下，有七八个人已经看不出是什么身份，被火活活烧死的，乌黑焦烂的。

190

后来我回村子时得知上安泉死了三个人，是日军来要米，村里人说没有，日本人就用刺刀到处乱戳坛子，米流出来，日本鬼子恼羞成怒，就杀死了三个人。一个是和尚，一个是老头，姓吴，大概60多岁，从家里拖出来，用枪打死了，小安泉有一个姓许的，才19岁，平时他戴帽子，头上有道帽箍，所以日军抓到他就杀了他。

我们后来在安民之后在田间干活，日本人要我们帮他们到农家田里摘西瓜，一定要找带"十"字的瓜（留种的瓜），找不到，就用棍子胡乱打我们。

日本人最坏的了，把中国人当畜生，当牛当马。

父母早亡，祖上留下来两三间瓦房，姑姑住在里面，而我被送进了孤儿院。在孤儿院里，早上吃稀饭，中午吃干饭，下午又吃稀饭，稀饭里煮的是菜叶，很少有米粮，根本吃不饱。在孤儿院的时候，我们小孩子还要出去卖肥皂、毛巾之类的生活用品，再把钱交上去。日本人来时，还在孤儿院，读了点书。

后来，15岁从孤儿院出来，姑姑死了。于是，我住进了原来祖上留下的三间瓦房，在乌龙山那边。种八九亩地，有水田，也有旱地，地也是祖上留下来的。家里没有牛，有钱人家有牛，我要给有钱人家干三天活，才能借来牛用一天，年成好的时候，生活勉强过得去，年成差的时候，粮食收不上来，没有米，只能上山砍柴，赚点钱买点粮食吃。日本人不大到农村来。

见到日本人当然害怕，他们杀青年人，小孩子一般不理会。痛恨日本人，这是当然的。永远都不会忘记他们的罪恶。

● 余国和口述

余国和，男，79岁

调查地点：金尧花园7幢1单元202室

调查时间：2004年7月6日

调查人：钱春霞、金瑛

日本人打过来时，中国人的军队很腐败，当时有三个营驻扎在谢家头，日本人从上海打过来。到南京时，三个营都不敢驻扎谢家头了，都撤退到分流村去了，但是好多人连枪都不去拿，只是挂着一些空名字。

日本军队打到南京时，因为家里穷，我和我的父亲没跑反，和村里一些

年纪大的人一起留在村子里。第一天是来了三个日本人，用刺刀到处乱戳，过了不久，日军的大部队就开过来。其中有个中国翻译给日本人翻译比划各地的地名。日本军队当时自己烧了早饭吃，有很多大胡子。吃好早饭后，大部队就走了，留下几个日本士兵，他们就开始在村子里放火烧房子，我们全部都从家里跑到外面，草房都被烧掉了，就唯有那瓦房子没被烧掉。

日本军队那时驻扎在前新塘，靠近铁道，每天太阳出来很高时候就到我们村子来。有一天我们村子里跑反到江北的几个人由于在江北没东西吃了，就偷偷地跑回来拿吃的东西，他们是丁祥虎、夏荣洲、彭真林，被日本人发现后就抓到前新塘，强迫他们干活，挑水烧饭。后来到晚上，几个老太告诉他们怎么逃跑，因为那边没有日军，他们于是就连夜逃回江北了。

那时我才12岁，还没过年，由于房子被烧掉了，我们就住到那瓦房子里，瓦房子的外屋墙上挂了副铃铛。一次日本人来了，就摇墙上的铃铛玩。我父亲余广全，当时50多岁，就走出来看了一下，立马被日军抓住猛打，我冲上去拖住日本人，日军就把我推开，把我父亲拖到门外用枪打死了。

日本人驻扎下来后，由于新四军和游击队破坏铁路，我们就被日本人抓过去看守铁路。在红石村那边，国民党只有一个排，大概有十几个人，武装齐全，村里来了两个日本人，中国兵里其中一个人提议和日本鬼子拼了，有的人不敢。其中一个士兵上去一把抱住一个日本人，日本人抽刀一下把他的右胳膊给砍了。随后，日军就让中国兵十几个人把他们自己一个个反绑好，然后用枪把他们集体射杀了。我们村里被日本人打死的有夏荣和，他在城里给美国人开车，一次在下关，日本人拉住他说"中国兵"，他说自己不是中国兵，是开汽车的，日本人端起机枪就打死了他。还有一个老太，个子不太高，她男人姓夏，当时60多岁，没跑反，也被日本人打死了。

被日本人强奸的有孙老太，她女儿叫孙荣芳，那时孙老太30多岁，她儿子读高中跟着姑姑跑反到四川，后来开战斗机，日本人投降后他就回南京来了。另一个是彭真林妹妹，家里很穷，她当时20多岁，是个瞎子，被日本人强奸了，她后来和另一个村子的人结婚了。

安民之后，大概收麦子时，跑反的人都回来种田，村里有些人被日军抓过去当"安路西"（音），替他们干活，日本人也给钱。

尧化门铁路那边就一个日本人在，一些中国人贩米到镇江、徐州一带去

192

卖，被他看到，他就用刺刀戳破米袋，大米就直淌，后来日本人失败，这个日军跑到镇江去，被中国人从火车上推下去死了。

家里本来有两三亩旱地，耕牛是几家共用的，大家合伙干活。吃的是用菜烧的稀饭，油盐是向邻居借的一点。日军来之后，我给地主放牛，一年给四斗米，不够吃的，也给别人干活种地。

日军没有来时，11岁给人家干长工。日军来之后，房子被烧掉了，重新用泥盖。在难民营也住过。我还扒过粪卖，可以卖给种地的人。父亲被杀，我还小，地卖给了人家，我父亲被日军给杀了，给我以后的生活造成了非常大的负担，留下了永远也抹不去的伤痛！

☢ 张德本口述

张德本，男，75岁

调查地点：金尧花园10幢3单元202室

调查时间：2004年7月8日

调查人：夏侃、金瑛

1937年年底，我们从渡口或者周家山（是这两个地方中的一个，但是具体是哪个记不得了）摆渡到江北。日本人到江北去不敢走得太远，一般只敢走一公里左右，主要是去找妇女，南家边的小德仙的母亲就曾被日本人抓走过，不过后来逃回来了。在江北的时候，有两个日本人打我父亲，一个日本人还用枪戳我父亲，我父亲反抗并将两个日本人打倒在地，后来那两个日本人逃走了，不了了之了。

第二年我们回来了，房子都被日本人烧了，只剩下一两户，这一两户是留下来的老人跪下来求日本人不要烧的，也有妇女脱下衣服对日本人说：千万不要烧房子，其他都可以做。所以才没被烧掉的。回来的时候，看到零星的尸体，是中国兵的，因为他们都挂着水壶。

回来后，日本人还经常去村里，主要是找妇女。我们那有个地主叫夏仲棋，当时30多岁，他在房间里建了个两米多宽的夹墙，村中起码有三四十个妇女躲在那个夹墙里。有次日本人来找妇女，听到夹墙中有孩子在哭，日本人强行打开，他们捡了两个年轻的拖到烧饭的地方，脱光了女的衣服，并把女的

侵华日军在栖霞地区罪行新证

193

脸蒙上，12个日本人强奸她们。这两个女的分别为夏兴芬（或琴）和夏××（不记得了），她们是姑嫂。

1937年5月份左右，我14岁的时候到南京去干活挑粪。有次看到日本人的房里草长得很高，钻了进去，当时为日本人干活的中国人喊我不要进去，我不听。被两个带枪的日本人带到了营房，把我的手反扣起来。后来一个警卫班的人过来了每人给我两巴掌，太君也进来了，他用扁担打了我两下头，后来又一个小兵进来了用柳条打我。那些帮日本人做事的中国人跟日本人反复说我是良民，日本人才放了我。后来那些中国人就告诉我说这里打死了很多人，大多都是小偷，进去一个死一个，日本人最怕小偷了。

我听说日本人看到年轻的会看看他们头上有没有帽印，有帽印的话就认为是中国兵，就打死他们。我听说上元塘那漂满了死尸，大概有四五十人，一个排左右，那时塘水都是红的了。

中国人看见日本人来了，就躲到洞里，日本人看见了，只要认为不好的就杀，认为可以的也杀。后来日本人不怎么来了，他们利用保长、村长为他们服务，保长、村长为了保命，一般都按日本人说的做。日本人要来就是找花姑娘或者巡逻，晚上不来，但是交通他们还是管的，巡逻一般沿铁路走。

当时日本人让中国人干活，中国人没有办法，只好干，主要去修铁路、挖洞，日本人不管中国人死活。

日军来之前，家里没有房子，租了一间草房，后来被日军烧掉了。日军来后，我还是在给地主放牛，地主给点粮食吃。日军在时，我家人把国民党时期留下来的破旧营房修修，在上面盖点草，就住在里面。在山坡上，买了一两亩地，种麦子、豆子。帮地主干两天活才能借牛一天用。这点地只能收100多斤粮食，产量很低，没有什么肥料，根本吃不饱。我还帮地主打工，每天在地主那里干半天活，很苦。吃不饱，用菜充饥。后来买了一头小猪，割草喂，鸡也喂，没用粮食，让它们吃糠或草。可以用鸡蛋换油盐，一般没钱买的。天旱歉收，就更困难了。

日军一般不理会小孩子，打青年人很狠，特别是打年轻力壮的。懂事了，见日军杀人当然很怕，他们残害中国人的罪行怎能忘记！

☢ 张仁炳口述

张仁炳，男，82 岁

调查地点：金尧花园 15 幢 1 单元 101 室

调查时间：2004 年 7 月 8 日

调查人：夏侃、金瑛

我住在北家边，1937 年年底的时候跑反到江北，在那住了两三年才回来的。

北家边的上元塘里漂了很多尸体，都是士兵，也有少数百姓，百姓多为年轻的或中年的人。当时山上也有很多尸体，后来当地的老百姓在山边挖了个坑，把这些尸体都埋在这个坑里，至少有几千具尸体。

中央军在逃跑时，只要被日本人发现就射杀。中国百姓躲藏的时候，被日本人发现了，多数也被射杀。但如果有给日本人做工的中国人说被抓的中国百姓是良民的话，就会把他们放了。

我记得有个本家被日本人捆了起来，在地上拖了很远，当时他 30 岁左右，经许多为日本人做工的中国人求情才幸免被杀。

☢ 赵荣芝口述

赵荣芝，女，82 岁

调查地点：金尧花园 33 幢 2 单元 102 室

调查时间：2004 年 7 月 9 日

调查人：金瑛、钱春霞

我是从尧化门乌龙村搬到金尧花园的。日本人打到南京时跑反到江北瓦子口，后来日本人打到江北了，又跑到六合，我妈拖着我跑，那时我还小，两条腿跑得疼死了。我们先到朱镇集，再到马布集（音），然后到巴布桥（音），在那待了有一年，后来到已子庙（音），再回到栖霞，那时我已经 17 岁了。

回来时，村里的好房子被烧光了，坏房子没被烧掉，我后来的公公在跑反江北时被日本人杀掉了，他叫周学兵（音）。我们跑反江北时，庄子上有

人被杀了，名字叫姚红村（音）。

很多都不记得了，那时小。

☻ 周荣发口述

周荣发，男，80岁

调查地点：金尧新村3幢4单元101室

调查时间：2004年7月10日

调查人：夏侃

我老家在南京，因小时候我的右眼被资本家的小孩戳伤了，到鼓楼医院没治好，我父亲后来就带我们一家去了上海，日本人打到上海时，我父亲带我们坐轮渡回南京。苏州一条汽艇在前面拖了12条船，每条船上有七八十人，后来日本人在下午时丢炸弹，正好炸沉了第3、4条船，头尾断开后，后面的船上人逃到苏州，在那的临时难民营住了十天左右，我也在，但没见到日本人。后来我们回到了乌龙山曹家边，不久，日本人就打到了南京了，我们大队上的有钱的都去了江北，父亲本想带我们去的，但没钱去。江上那时全是国民党的尸体，有日本人的汽艇在江上巡逻，机枪扫射。

日本人来我们村上，主要是白天来，要鸡吃，还有就是要花姑娘。一次有五六个日本兵到我们村上，把村里人都押倒一起了，枪都架好了，大家都求日本人不要杀我们。后来我一个王子楼的舅舅，叫胡大勇（40岁）和日本人说我们都是村上的老良民，不是中国兵，才逃过一劫。要不然机关枪一摇，就都没有了。我们村102个人，大都跑到江北，只有少数人留下了。村里一个老太喜欢捡东西卖，捡了好几件国民党的军衣，放在家里稻草堆下，后来被发现了，日本人就把全村留下的人集合在一起，用枪托打。我父亲周之银就被打得吐血，过了半个月左右就死了。我父亲死后，我母亲带着我和弟弟妹妹只能要饭吃！（眼泪流下）

北家边有一个地主家里住了一个连的鬼子，住了差不多一年，白天还有人站岗。

村里有一间空房子，有三个中央军在里面稻草上睡觉，被两个日本人发现，用刺刀拨开草，国民党兵吓死了，后来都被刀刺死了。

196

在北家边有十几个中央兵，应该是新兵，很年轻，被两个日本人发现，都吓得不敢反抗，都缴枪投降了，被押到村上，被命令挖了个大坑，然后日本人叫他们站在坑边成一排，推下去活埋了。

我一个婶婶和十几岁的一个小姑娘躲到干家巷的水泥厂一个难民营，是外国人办的，日本人不敢去，但在里面也不敢出来，出来被日本人看见就打死！

我见到一个姓董的妇女，被在北家边山上守卫的日本人发现，一枪从左腿打穿，腿都烂了，后来就一直生病，最后死了。村上一个姓周的老人（50多岁）也是被北家边的日本守卫一枪打到腿，烂了，残了，病了，死了。

一次有三个日本人去邻村找妇女，我一个远房婶婶（另一位受访者夏立兴的亲姐姐）被抓了，日本人竟逼一个村上的青年人先强奸，然后三个日本人轮流糟蹋了她。我这个婶婶当时要跳塘寻死，被大家拦住。劝她："现在是战争年代，日本人不讲理，算了，不要寻死了。"

父亲兄弟三人，只有三间瓦房，爷爷盖的，家里有六亩地。父亲把房子和地都留给了两个弟弟，然后带着一家人到上海去打工，租房住，比较贫困。日本人打到上海后，就逃回了南京老家。后来，日军又打到南京了。几家共用的牛被杀了，粮食也没了，日军刚来的时候十分凶狠，乱抢乱杀。自己当时还小，很害怕，天天挨饿。我们一直恨日本人。

☢ 周秀英口述

周秀英，女，83 岁

调查地点：金尧山庄 3 幢 3 单元

调查时间：2004 年 7 月 8 日

调查人：张晓磊、夏侃、钱春霞、金瑛

当年日本人打来时，我 16 岁，因为害怕日本人就跑到江北去了。我原住在杨部（梅—编者）塘。2 月 25 日（第二年）听说日本人安民了，就回到家，当时日本人还在。

我大伯许广荣当年 26 岁，出去打木桩用来拦日本人不让他们过来。因为当时剃了头，头上有新痕迹。日本人就开枪打中了他的手，他昏倒在地上。后来大约两个日本人用脚踢他，他被踢醒了，又被日本人用刺刀刺了三刀刺死了。

我还记得当时庄上有四个人被杀死，年龄大约四五十岁。

当时回到庄子上，日本人还经常来找花姑娘，找不到就要鸡，但不杀人了。

家里本来有两块地，一块二亩七，一块二亩四，家里没耕牛，租地主的牛种地。房子后来只剩下一间空瓦房。家具都没有了，只有这间破旧不堪的瓦房。穷人多，日军来之后，生活更加困难，吃不着一顿饱饭，就像乞丐一样。每日生活在恐慌之中，生活没什么大的变化，直到日军投降。

☢ 朱秀芳口述

朱秀芳，女，79 岁

调查地点：金尧花园 32 幢 3 单元 201 室

调查时间 2004 年 7 月 9 日

调查人：夏侃、张晓磊

日本人来的时候，我才 12 岁。我们家那时住在乌龙山后庄，跑反时由绍家桥到江北，在那里住了几个月。在后庄有许多没有走的老人都被打死了。一个 70 多岁的老太，被刺刀挑开肚皮，肠子流了一地，后来被枪打死了。我们家住在江北的时候，一次日本人来了，叫我的父亲给他们带路去找花姑娘，我父亲没有去，被日本人用枪托打破头，血流不止，我们一家人都吓死了。后采不久，父亲就去世了。跑反回来后，村里的朱家东的老婆被日本人抓住，被日本人糟蹋了，最后日本人还打死了她。我们这些妇女、小孩都是用黑灰抹脸，破布蒙头，白天都不敢出门，晚上还要躲起来。最可恶的是他们（日本人）有时糟蹋妇女前，还要中国人先上，然后再几个人轮奸。日本人在村里拆房子，烧房子，抢东西，打人，糟蹋妇女无恶不作的啊！一般日本人要是看见中国人就直接一枪杀了，要是你磕头求情，可能不会被打死，但是会被打得血花四溅。村里有一个年轻人（18 岁）捡到一把枪，就背在身上，被日本人发现了，被反绑住双手拖到后庄，让他跪在地上，一个日本人拿一把一米多长的东洋刀一下就把他的头砍掉了，血飞出一米多高。

日本人来之前，我家有三间草房。日本人来了，都被烧了。当时种地三四亩，家里没有牲畜，耕牛向别人租的，根本吃不饱，只好吃野菜来充饥。日本人

198

来了之后，情况差不多。

日本人做了那么多坏事，我见了他们就害怕。

——录自张宪文主编《南京大屠杀史料集》第 26 册

《幸存者调查口述（中）》，

江苏人民出版社，凤凰传媒出版集团，第 546—582 页

山林地区

☢ 金永奎、金正淦口述

金永奎，男，1918 年 7 月 10 日生；金正淦，男，1927 年 6 月 21 日生

调查地点：仙林新村 28 幢 1 单元 202 室

仙林新村 27 幢 1 单元 301 室

调查时间：2006 年 8 月 15 日，2007 年 5 月 11 日

调查人：蔡绍锦、于长龙

1937 年 12 月，我（金永奎）当时 20 岁，日本鬼子到了我们东码头村。听说日本鬼子见人就杀，在日本兵进到村庄前，大部分人都跑了，我的亲伯父金长兴舍不得家里的东西，留在村子里面，没有跑，后来被日本兵发现，被日本兵用枪打死；叔伯父金长银，眼睛看不见，领着一个儿子一个女儿，一双儿女都只是几岁的小孩，竟然都被日本鬼子打死在家里，日本兵居然连瞎子和小孩都不放过，真是太残忍了。

当时东码头全村 50 户左右，人口 200 余人，日本鬼子来时，放火烧了全村的房屋，大概有 150 多间。那时也没有车子，跑反时只能肩挑一点或背一点粮食，没有能带走的粮食，也全部被日本鬼子烧掉了，连村子里面的耕牛和鸡鸭，都被日本兵杀了吃了，现在来说，具体的数字也说不清楚了，反正等我们再回到家时，什么东西都没有了，当时生活真是太困难了。

村民宣红虎的曾祖父叫宣永喜，当时已经 80 多岁了，行动也不便，留在家里看家，没有去逃难，结果被日本人杀死。金长华和金陆氏夫妇两个，留在家里没有走，后来也被日本人枪杀了，当时两个人都才 50 多岁。还有一个

侵华日军在栖霞地区罪行新证

199

人叫宣永权，当时 50 岁左右的样子，同样因为没有逃难被日本兵杀死。一个叫金永丰的人受到惊吓成了精神病。

吕长荣口述

吕长荣，男，1926 年 5 月生

调查地点：栖霞区仙林新村 7 幢 4 单元 110 室

调查时间：2006 年 8 月 15 日

调查人：蔡绍锦、宣胜林

1937 年 12 月，我家住在吕家山村，全村大约有七八十户，有 200 多间房屋，日本鬼子杀到吕家山村之前，村里大部分人跑到江北和栖霞寺避难，没有逃掉的村民吕长德，当时 50 岁左右，被日本兵放火活活烧死，日本兵又打死他家的一头耕田水牛。

村子里有一个妇女，只知道她叫吕周氏，40 多岁的样子，日本兵进入村庄后，简直丧尽天良，竟然逼迫她的儿子强奸她，日本兵在旁边看，之后，日本兵又对吕周氏实施集体奸淫。

日本鬼子进入吕家山村后，不光杀人、强奸、抢东西，还放火烧了全村的房屋，200 多间民房，最后烧得只剩 5 间民房，只有一座祠堂没有被烧毁，其余的房子全部被烧掉了，所有没有能够带走的粮食也被日本兵烧了，家禽家畜全部被杀光抢光。

杨有荣口述

杨有荣，男，1928 年 5 月生

调查地点：栖霞区仙林新村 2 幢 2 单元 204 室

调查时间：2006 年 8 月 15 日，2007 年 5 月 11 日

调查人：蔡绍锦、于长龙

日本兵 1937 年冬天杀进大塘村时，我只有 10 岁。我原是大塘村人，后来因为做上门女婿住在候井村。日本兵杀进来时，村民都逃难去了，吴金义的三伯父，记不得叫什么名字了，当时 20 多岁，逃难中失踪，后来一直没有

消息。大塘村有 20 多户人家，70 多间民房，被日本人烧的只剩下 3 间。候井村村子里有 30 多户左右人家，120 多口人。我的大伯杨长金，在家里看家没有去逃难，被日本兵枪杀后扔到水塘里，死的时候才 50 多岁。大柏杨长金的儿媳妇杨周氏，当时 30 多岁，被日本人强奸。日本人在候井村杀死了 7 个壮丁，有可能是被俘虏的国民党部队的兵。日本兵进村后，就放火烧了村庄，只有一户人家 3 间房屋没有被烧掉。没有来得及带走的粮食，也说不清楚具体的数字了，反正全部被日本兵烧光抢光，没有留下一点，家禽、家畜以及耕牛都被日本兵杀光抢光。

☢ 王家华口述

王家华，男，1925 年 10 月生
调查地点：栖霞区仙林新村王家华家中
调查时间：2007 年 5 月 11 日，2007 年 6 月 21 日
调查人：蔡绍锦、于长龙

1937 年冬天的时候，我 13 岁，家住在门坡村。当时村子不大，二十七八户人家的样子，也就 200 多口人。我们兄弟姐妹 8 人，家里连同祖母有 12 口人。当时听说日本人要来了，到处杀人放火，村子里的人都逃到江北去了。我们家从农历 11 月 15 日跑到江北，只带了点基本的衣被、生活用品和粮食、很多东西都丢在家里了，一直到第二年农历四月初八才回家。

那时候我们走后，留在村子里大约有 4 个人，有一个人叫吴义照，男的，30 多岁的样子，听说是被日本人用刺刀戳死，又用枪打，最后把尸体丢到了水塘里。另外一个男的也姓吴，具体名字我记不清楚了，也被日本人杀死了。还有两个老太，一个姓杜，一个姓石，因为行动不便留在家里看家，也都被日本人枪杀。

村子里有 30 多间房屋被日本人烧掉，15 头牛被抢，我们家当时存在家里的大约 1 万多斤的粮食，都被日本人烧掉了。我们逃难时没有带走的粮食，一部分被日本人抢走，剩下的都被烧掉了。家里的 6 间房子被烧掉了 5 间，剩下的一间倒塌掉了，才没有给烧掉。家里的一头耕牛也被日本人抢走了。当时买一头牛要用 5 担米。

侵华日军在栖霞地区罪行新证

还有，当时仙鹤门是国民党部队和日本兵打仗的地方，附近有很多国民党兵被日本鬼子杀死，死后铁丝还串在脖子上。据说，是日本兵把俘虏的国民党兵一个一个串起来，然后用机关枪扫射死，尸体横七竖八一地都是，也没有人掩埋。

🔘 宣芝林口述

宣芝林，男，1926 年 10 月生

调查地点：栖霞区仙林新村 23 幢 106 室

调查时间：2007 年 6 月 21 日

调查人：蔡绍锦、沈燕

1937 年冬天的时候，那年我 12 岁，日本鬼子来了，我们全家逃难到江北，我们当时住在东码头村，村子里有十几个人被日本人打死。我爷爷那时候在家看家不愿意走，被日本人打死。有一个老人叫金永福，当时已经 70 多岁了，眼睛看不见，和他的一个儿子、一个女儿被日本人杀死。尸体在水塘中浮起来的时候，老人还一手抓着儿子，一手抓着女儿。还有一个老人叫宣永喜，年龄也比较大了，当时，日本鬼子来的时候，他躲在自家后园的竹园子里。被日本兵发现后，包围起来，用石头把他活活砸死了。

我们村子当时大约有 150 户人家，四五百口人。总共有十七八个老年人没有逃难在家里看家，被日本人打死。150 户人家的房子最后就剩下 5 间，其余的都被日本兵烧掉了。我们家逃难的时候，只背走了一点粮食，剩下的粮食也都被烧掉了，村子里总共损失了好几万斤的粮食。日本鬼子连牲口也不放过，除了一头牛跑掉以外，其余的都被烧杀掉了，那些鸡啊猪啊什么的，就更不用提了，财产全部损失了。

我们回家后没有粮食吃，只能吃一些烧煳的稻谷，很难吃，但没有办法，为了活命只能吃。当时仙林这里就是战场，仙鹤门街上，国民党军队被日本兵集体枪杀，尸体都堆得一垛一垛的。

🔘 邓启罗口述

邓启罗，男，1923 年生，原住栖霞区红旗农牧场郭果园

调查地点：尧化门尧林仙居青山苑 18 幢
调查时间：2005 年 11 月 6 日
调查人：费仲兴

　　我今年 83 岁，属猪，跑反时 14 岁。我们一家跑散了，我们是踩着许多死尸跑到栖霞的，怕去晚了人家不收。寺里老和尚天天煮粥，一日三顿。有不少中央军躲在寺后小山凹里，是三当家收留的。鬼子发现后把他们一手（起：编者）赶到江边，在石埠桥那里打死了推到江里。开春后我去看的，有人还去翻死尸，看绑带里有没有钱和戒指。我的家门婶婶也想去摸，可死人的手指涨得那么粗，那戒指退不下来。

　　鬼子是从龙潭下来的，先到宝华山，再到灵山，打小岗子，再到王家岗、唐家岗，一路上放火为号，到一村烧一村。后来又从木芦到甘家巷。中央军后来发的子弹是木头子子，打不死人的。仙鹤门那里有个"大楼"，是家医院，许多中央军在那里被鬼子烧死了。那里有个万人坑，现在盖小区了。我们以前住在那里的。

　　日本人攻下南京后又往回杀。在灵山南面，鬼子从营盘（营房）上来，走"二亩地"，在那里架了机枪，横山头也有一挺。老百姓在獾子洞那里跪下来求，鬼子用机枪扫，一次就打死了 39 个人，有马家桥的、高井的，也有郭果园的。

　　我老表（大姨妈的儿子）徐老九躲在观音洞里，他咳嗽，被鬼子听到了。鬼子在洞口烧黄豆秸，他的脸都烧焦了。他就是"糊老九"。

　　郭果园的张金根，二十七八岁，才结婚。他老婆的是西流人，年纪差不多大，在獾子洞那里被鬼子开枪打死了。他去救，也挨了一枪，夫妻俩都打死了。去年拆迁时起他们的坟，他们看到那粒子弹还在她下巴骨头里，没有锈。日本人的子弹头是铜的，较细。后来，他们的坟迁到漳桥了。

　　郭果园还有两个人被鬼子打死了。一个是李仪堂，另一个是李老九。有一天来了一头毛驴，李仪堂正在剥驴子，鬼子来了，他爬起来就跑，被一枪打中，肠子都出来了。回到家里，他一喝水就死了。李老九见了鬼子，吓跑了，跑到田埂上，被鬼子抓住了。鬼子一刀戳在他后脖，通心过，他就死了。当时他围着一条围巾，是很好的围巾。

　　唐家庄的马老三躲在死人堆里，被鬼子一枪打死，地点就在亮月塘的塘

侵华日军在栖霞地区罪行新证

埂上。邓启云也躲在死人堆里，被鬼子一枪打在肚子上，打了一个洞，像牛鼻子一样。后来又被鬼子戳了一刀，他没动，就活下来了。李长涛身上没有中子弹，他把死尸盖在自己身上，鬼子戳了他一刀，他也没有动，也活下来了。

八月十五那天，日本飞机轰炸得最厉害。我数过的，鬼子的飞机一共有96架。有人打红球、绿球，给鬼子指目标。

西流、高井、马家桥一带，日本人的坦克最多，黑压压的。

【2005年11月14日补充】观音洞进门蛮高，进去很深，一直通到江嵊。洞壁有一块石头像观音菩萨，所以叫观音洞。这块石头老滴水，那水能治眼病，一擦就好的，但后来就不滴水了。老和尚盖了四间瓦房，住在里面，拥有十几亩地。庙在"文化大革命"中拆掉了，洞还在。

用两张梯子接起来才能下去的那个洞叫天洞，不是观音洞。日本人屠杀的地方还在，下次我带你去看。

🌀 陈茹美口述

陈茹美，女，1934年生，原住栖霞区红旗农牧场张库
调查地点：尧化门尧林仙居青山苑23幢4单元3楼
调查时间：2005年11月14日
调查人：费仲兴

我今年72岁，属狗，原住栖霞区红旗农牧场二大队张库村。

听大人讲，跑反时我们跑到了江北的瓜埠街，安民后回来的。

听大人讲，跑反时我爷爷陈金坤躲在家门口的地洞里，被鬼子看到后拖出来打死了。我大大陈富喜、叔叔陈富云在长江边被鬼子追上了开枪打死，尸体抛在江里没找到。一起打死的有四五个人，都抛到江里了。

后来，家里人跑到江边去招魂，回来给他们做了假坟。

🌀 吴如贵口述

吴如贵，男，1921年生，原住栖霞区红旗农牧场张库
调查地点：尧化门尧林仙居青山苑16幢1单元201号
调查时间：2006年4月23日

跑反时，我十七八岁。我和弟弟吴如旺跟了父母一起跑的。在栖霞石埠桥过江，跑到了瓜埠白庙，安民后才回来。

春节前，没吃的了，我们村的人就回家取粮。过江时，在江边被鬼子打死8个。女人小孩在江北等男人挑粮食过来，可怜（男人）被鬼子打死了。

鬼子是用刀刺的。刺的时候我没看到，后来去看时，被刺的人还在抽腿呢。

【吴如亮插话】

我父亲和他（吴如贵）父亲是亲兄弟，我们是本家兄弟。那时没米了，我们村从江北回去9个人拿粮食，其中有我父亲。回去后先碾米，他们几个厉害的排在前面碾。我父亲老实，排在后面。先碾好的那8个人半夜2点多就走了。我父亲碾完后睡了一觉，吃了早饭才走。

先走的8个人到了江边，鬼子检查他们装粮食的口袋。有一个人叫余有正，他捡了一把枪和一些子弹，放在装芝麻的口袋里，想拿到江北卖钱。鬼子拿枪一撸口袋，发现了。鬼子说："你们不是好人！"让他们跪在江边，把他们打死了。余有双、余有正是兄弟，都被打死了，那时大概40来岁。还有一个是陈如旺的父亲，那时50岁左右，也被打死了。要是我父亲跟他们一起走，肯定也被打死了。

我小时候被土匪绑票，左脚5个脚趾头全被砍掉了，右脚砍掉了一个。我看到一个小孩被土匪从头上劈下去，一劈两半，挂在门上，一边挂一半。

【吴如贵继续说】

张库村的房子全被日本人烧光了，跑反回来没地方住，就搭个小棚子住着。从江北回来，经仙鹤门过来时，我们是从国民党士兵的尸体上爬回来的。仙鹤门有的老百姓跑不及，被烧死在房子里头。

日本人过来时多凶啊，抢女人家。不但要姑娘，老太太也要，拖走就强奸。我们村上有老太太被日本人强奸了。

我们村上有个人叫余有和，那时60多岁，他没有跑反。鬼子刚来时从他家门口经过，他问："你们是什么兵？"日本人一句话都没说，"砰"的一枪就把他打死了。

张库打死的人最多，损失最多。郭果园、唐庄、灵山也打死不少人，是听说的，我们不清楚。从仙鹤门到西岗（指仙鹤门西面铁路边的西岗），一路上鬼子打死不少人，吓人呢。西岗的水塘里漂着好多死人（广东部队与鬼子打仗，死了几千人）。听我父亲讲，中央军用的是木头子弹。中央军一个头头拿了日本人的钱，就给士兵发木头子弹。那子弹打起来就飘，中央军就打不过了。

【吴如亮插话】

鬼子投降的情景，我亲眼看到的。鬼子向老百姓讨山芋吃，用衣服和军毯跟老百姓换。投降的时候他们像孙子一样。

☢ 吴如荣口述

吴如荣，男，1922 年生，原住栖霞区红旗农牧场张库
调查地点：尧化门尧林仙居青山苑 7 幢 1 单元 302 室
调查时间：2006 年 5 月 2 日
调查人：费仲兴、吴瑜、简显鹏

我今年 85 岁，属狗。我父亲叫吴学炳，19 岁就进城做生意，我是在南京出生的。后来日本人来了，南京待不住了，就回到张库。

跑反的时候我 16 岁，同父母从张库跑，在石埠桥坐小划子船过江。过江是要花钱的，花多少钱不记得。我们跑到刘家圩，住了 20 天就住不下了，因为有土匪。我们三人又跑到栖霞寺难民区，在庙旁边搭个小棚住。在难民区，我们都是自己烧饭，吃的是自带的米和菜。难民区据说是美国人搞的。我没看到鬼子打人，但看到过鬼子抓人。那时候石埠桥铁路边住着鬼子。有一次，鬼子叫我给他们把米抬到铁路边，父亲说我小，不让我去抬。但鬼子一定要叫我抬。我抬去了，鬼子还给我几颗糖吃。我们在那住的时间也不长，安民后回来，住在张库，我家的草房没烧。我后来一直住在张库种田。

很多人讲石埠桥渡口杀人了，被打死的人尸体一个都没捞回来，不晓得

怎么打死的。我叔叔当时40岁左右，也被打死了，尸体漂到江上了。他妻子、儿子就弄了个空坟给他招魂。后来，他的三个儿子都去世了，有孙子。

在仙鹤门南边的十字路口旁边有个坡，那里死人多。尸体堆在坑里，都堆满了。有当兵的，也有老百姓。当兵的多，他们穿灰衣。

● 施明洲口述

施明洲，男，1919年生，原住栖霞区红旗农牧场大巷
调查地点：尧化门尧林仙居青山苑16幢1单元106室
调查时间：2006年5月2日
调查人：费仲兴、吴瑜、简显鹏

我今年88岁，属羊，读过10年私塾。跑反前，我在南京当学徒。日本人来了，店就倒闭了。我跑反时19岁，跑到江南水泥厂山上，到开春快下小秧时回来种田。村里的房子都烧光了，一间都没留。家里什么都没有了，就搭个小棚子住。没有粮食，就向人家借点。

我们村上有9个人被鬼子打死了。鬼子刚来时，要花姑娘，没找到，就杀人。用刺刀把他们刺死了。还把尸体投到草里烧，烧得腿都没了。我们回来把他们埋了。一个是我叔叔施正亭，他当时40来岁。他回来挑米，在路上被鬼子看到了，鬼子就在陈家窑庙门口把他杀了。我没看到他的尸体。另一个是我哥哥施年红，他当时25岁，属牛的。被刺死的还有黄石林和他父亲黄清明、潘老太、黄老太、黄小二的老婆等人。他们的尸体都是我亲手埋的。

冬月里，鬼子在陈家窑杀死了百十来人，都没找到尸体。

中央军的尸体上有枪啊，钞票啊，那时候就有人到仙鹤门抬尸体，有人是发了财的。灵山煤矿的"胡儿"（土匪）看他们发财了，又去抢他们。我也去仙鹤门抬过尸体的。现在的供销社下面，以前是挖的大坑，把尸体扔进去。

杀人多的是朝鲜人，他们长着络腮胡子。听说以前薛仁贵征东时，打朝鲜结下了仇，他们要报仇。日本人就利用朝鲜人来打中国。

侵华日军在栖霞地区罪行新证

【2006 年 10 月 4 日补充】

解放前，长林属长林乡。大巷、张库等 24 个村属北城乡。都归江宁县管。陈家窑是个小村，以前没有几家人。村前有个丝姑庙（即尼姑庙），一进三间的平房。鬼子是在冬月里杀人的，地点就在这个庙门前，在路南的田里，庙在路北。跑反时，我父亲去世了，母亲留在家里看门，我和我的哥哥、妹妹，三个人一起跑的。鬼子打到龙潭了，我们听到风声就跑的。栖霞寺里住满了人，我们没进去，就到了水泥厂。跑的时候就带了些被单、小锅、米，别的什么也没有带。第一次带的米不多，吃完了，晚上就回来拿，第二天天一亮就走。那天，我哥哥和我叔叔一起从水泥厂回家拿米，要经过陈家窑的，后来再也没有见到他们，陈家窑那里又打死了许多人，我就到陈家窑去看。那地上躺满了人，是机枪扫死的，不敢看，更不敢去找（他们的尸体），吓死了，跑回来了。我哥哥和我叔叔的尸体都没有看到。那里被打死的人估计有一百来人。

那时，家里穷，我哥哥没有成家。他没有后代。我叔叔有一个儿子，比我大一岁，叫施明荣，现在住在尧化门太平山青田雅居。他当过裁缝，一个人过，我也是一个人过，我们常来往的。

江南水泥厂是丹麦人和德国人办的，他们在房顶上画了一面大旗子，日本飞机就不来炸了，人也不敢来了。

合南的吴广煜，跑反开始时跑到灵山，见日本人来了，就跳进了水塘。后来被日本人一枪打死。解放后，他家被评为大地主，他的兄弟吴广英是被共产党枪毙的。

● 平德高口述

平德高，男，1925 年生，原住栖霞区红旗农牧场徐磕头

调查地点：尧化门尧林仙居青山苑 6 幢 1 单元 102 室

调查时间：2006 年 5 月 2 日

调查人：费仲兴、吴瑜、简显鹏

我今年82岁，属牛，跑反时13岁。当时，我父亲已经不在了，我跟了母亲、

叔叔、哥哥（当时 19 岁）、嫂子，和弟弟、妹妹一起跑的。一路上经过大巷、陡山根、上泉、湛墅，在湛墅歇了一晚，再到江南水泥厂。

在水泥厂，我没见过丹麦人，但听说过。厂门口有人站岗。

我母亲会用土办法给人看病，不要钱，湛墅的人就给我们送粮食。我们吃的粮食都是湛墅人送的。湛墅人叫我母亲不要走，我们就在水泥厂住了一年半。我们住在厂里头北区的工房里，铺稻草，睡地铺。身上虱子多，还害疮，皮肤都烂了。

我们村大部分的人都过江了，过江的没有被打死。也有到栖霞寺的，只有两户到水泥厂。水泥厂比栖霞寺好，在栖霞寺鬼子来了还害怕。

跑反时我们村上有 40 来户人家，鬼子在我们村上打死了三个人。鬼子刚来，从灵山下来的。这三人去欢迎他们，喊"洋先生"，被鬼子打死了。有的是被鬼子用东洋刀从脖子那里砍下去砍死的，有的是被鬼子用枪打死的。那三个人，一个叫平起春，是我家门的叔伯爷爷，当时 50 来岁。另一个姓徐，当时 50 多岁。他妻子是瘫子，他们的儿子（徐永兴、徐永海，现在都去世了）把他抬到栖霞寺。他留在家里看竹园，就被鬼子打死了。还有一个人是住在徐盖头的，看到只有三家房子没烧，其他的全烧光了。那三家房子因为门板厚，没烧起来（日本人放火是用小片片贴在门板上，使其燃烧，继而烧毁整间房子）。我家和我叔叔的两间瓦房都烧了，草房也烧了，牛也打死了，农具也烧了，什么都没有了，回家后就用麦秸铺地睡觉。

西岗打了一仗。我们跑反回来时尸体还在，只剩下骨头，肉都没了。堆得像小山。有人把尸体弄到大坑里，弄点纸钱烧烧。尸体都是广东兵。

吕家山有一个毛竹搭的营房，鬼子把那里的兵都打死了，把房子全烧掉了。跑反回来后，我上山放牛，晚上 8 点多钟，还能听到里面传出来"一、二、一"的出操声音。抗战胜利后，国民党用车子拖了好多纸钱，在那里烧，化了冤魂，后来就听不到那声音了。

吕家山营房后面的山是空的，放了好多弹药。听说中央军打仗发的是木头子弹，打不死人的。

☢ 樊令美口述

樊令美，女，1914 年生，原住栖霞区红旗农牧场岗下自然村

调查地点：栖霞五福家园柳苑 19 栋

调查时间：2006 年 10 月 4 日

调查人：费仲兴

（樊令美是王志友的母亲，她身体健康，记忆力较好。）

我今年 93 岁，属虎，跑反时 23 岁，当时没有小孩。丈夫被鬼子拖去了，后来才回来。我跟我侄女跑到了栖霞寺，后来又过江，住在江边。叫什么地方，不知道。那里打死了一个鬼子兵，鬼子来报复，我们就搬走了。平安后又回到江边，过年，住在人家养鸭子的地方。后来回到家里，3 间草房烧掉了，就住到漳桥娘家。

鬼子把人抓到陈家窑东边，叫他们跪在田里。被打死的人堆在一堆，像劈柴一样。我没有到那里去看过，是人家告诉我的。没有人去收尸。近的有人收，远的没人收。我们岗下村有 5 个人在那里被打死的。

施仁喜，他有后代的，有一个孙子现在在南京。

施仁喜的侄子"小顺子"。

王立顺：

王××和王××，他们是家门兄弟，名字想不起来了。还有几个人被鬼子捞去了，一直没有回来：

徐老五

智忠

智胜

任××，他有一个侄子，现在就住在我们这个楼的 5 楼。

这 4 个人没有回来。有一个人叫王智坤，他被鬼子捞去了，后来在长江里捞了一根木头，逃回来了。我们村上大多数人都姓王。

我有一个儿子，一个孙子，三个孙女。以前吃了那么多苦，没想到现在能过上好日子。

现在给小孩讲（跑反的事），他们嫌烦，不爱听。

现在讲这些有什么用呢？没得用了。

鬼子在陈家窑杀人，那是在冬月里（语气很肯定）。

210

【旁边一男的插话】

在栖霞南街那里，有一个排的国民党兵，被2个喝醉了酒的日本兵缴了枪，打死了，许多老人都这样说。

【另一男的插话】

五福家园住的都是搬迁户，有大山口的，长林的，钱家渡的，衡阳的，还有一部分栖霞的。大山口后来并到长林了。

【有人提供线索说】

枫苑1栋的孟金洲是长林徐岗头的，今年80多岁了，他知道陈家边杀人的事。他现在住在尧化门尧林仙居碧水苑3栋603，一楼，他大儿子家。你可以去找他。

——录自张宪文主编《南京大屠杀史料集》第 39 册

《幸存者调查口述续编（下）》，

江苏人民出版社，凤凰传媒出版集团，第 1618—1632 页

☢ 戴永明口述

戴永刘，77 岁，属兔

调查地点：仙鹤门南街 126 号

调查时间：2003 年 7 月

调查人：唐秀茂、刘凯、汤宇、徐永康

1938 年三四月份，一对夫妇和两个小孩一家四口在船被日本人看到，日本人想捞那妇女，夫妇划船到水中间，日本人捞不着就用枪打，那个妇女抱着娃在吃奶，日本人一枪打死了她们两个，那个男的抱着另一个小孩跳河自杀。

1938 年，日本人从路那边走过来，有个姑娘被日本人看到了，姑娘看到了日本人就躲，日本人找不着，就放火烧房，姑娘从壁橱里逃到屋后的杨柳树上，火太大，忍不住火熏，跳到河里淹死了。

我 14 岁那年，在仙鹤门有一土匪盖的楼房被日本人占了，屋里有日本人

侵华日军在栖霞地区罪行新证

211

吃的、穿的、盖的东西，我从那走过，被日本（人——编者）看到，就打了我一个耳光。头打晕了两眼冒金光，日本人没管我，我就走了。

在栖霞寺里，看见日本人奸污妇女，那时我还小，不懂就去打稀饭，之后回来有大人讲，日本人叫那妇女明天还来，说糖白果大大的有。第二天那妇女躲过了。

◉ 衡厚保口述

衡厚保，男，70 岁，属狗

调查地点：仙鹤门南街 24 号

调查时间：2003 年 7 月

调查人：唐秀茂、汤宇、徐永康、刘凯

亲眼看到日本人把我们村所有的房子全部烧掉。

日本人拆老百姓的房子砌碉堡，他们要拆哪座房子就拆哪座房子，老百姓不敢反抗。

我们跑反时看到街上、房子里都是尸体。1939 年秋，我二叔（小名叫小狗子）被日本人抓去做劳工搬运秘密军工产品，在南京珠江路到莲花桥之间的某个地方被日本人用机枪杀死。

赵志强与我二叔一起被抓，亲眼看见我二叔被杀。我哥哥衡志明和我也知道（听说）此事。

我亲眼看到日本人抢花姑娘，五六个女同志被日本人扒光，检查身体。看到妇女脸上涂着锅灰。在淮安北门一个坟场，看到五六个日本人用刺刀捅死了几个老百姓，说他们是"毛猴子"（土八路被日本人称作毛猴子）。此事发生于 1938 年秋。

◉ 金永奎口述

金永奎，86 岁，属马

调查地点：仙林新村 28 栋 1 单元 2 楼

调查时间：2003 年 7 月

调查人：汤宇、刘凯、唐秀茂、徐永康

当时我 20 岁，跑日本人反，日本人来，我们村（东码头村）被打死了很多人。我二伯父金长兴被打死，年轻人一起跑日本反到江北去，留老头看家没走，都被打死。我隔壁金长银和夫人刘氏一家两口躲在防空洞被日本人发现，被日本人打死。二伯父看见两个日本人想躲被打死，我们爷爷金起牛告诉我们的。我们从江北回来看见他们的尸体。

金永福（双目失明）和一儿一女留在家看门，三个人被打死，死在池塘里，我们回来把他们捞起埋葬了。

每天都有日本人到栖霞寺找花姑娘。妇女、小姑娘都用锅灰抹脸。

● 孙基铧口述

孙基铧，86 岁，属马
调查地点：仙鹤门南街 141 号
调查时间：2003 年 7 月
调查人：汤宇、唐秀茂、刘凯、徐永康

当时 20 岁，1936 年到江北，1937 年回来，阴历正月十五，日本人叫我和姓周的下塘游泳，日本人用石头砸我们，姓周的不会游泳。我个子高，游得快，姓周的被日本人砸中了。日本人白天不出来，晚上才出来，怕八路军。日本人过来就奸、杀、烧，这些都是日本人，不是朝鲜人。碰到小孩，高兴的时候就玩玩，然后再杀掉。吃饱了，喝足了，他们就不管。看见妇女就了不得了，就奸。国民党抓壮丁，兄弟一个的不要，两个的去一个。日本人来时，（老百姓）老弱病残的不走，有力气的都到江北去了。（听说）吴光如是个地主，有粮食有房子，不肯走。日本人来时，他拿旗子欢迎他们，结果被日本人砍了两手，一枪打死了。日本人把俘虏两手捆住，推到房子里烧死。看到日本人，中国人腿都软了，走不动了，因为日本人太凶恶了。第二年（1937 年）回来看家里（情况），被日本人抓到了，日本人问我路："离去栖霞还有多远？"日本人不懂，我用手比画，有八公里。日本人指着我说："你是国民党的太君，是太君的秘书。"日本人三个人有一把枪，两个人有一把刀。日本人说我把路指远了，叫老百姓在平地上埋我，土没盖严。一个妇女横穿过去，被

213

日本人看见了，日本人叫同伴一起追过去，女的跑到山上去了，日本人不敢追了。日本人走后，老百姓又把我挖起来了。我躲在江北时，日本人不敢去，日本人晚上不敢出来，怕摸他们的黑（即晚上被偷袭）。日本人叫你，你不听，就用枪打你。我看见一个妇女住在栖霞寺里，长得很壮，被日本人抓去，被六个人轮奸，爬不起来，像喝醉酒了。听栖霞寺的人讲，妇女扎黑包头巾，脸上全涂黑。日本人一辈子不会对中国人好的，中国友好，日本不会友好，日本人表面友好，日本地方小，肯定会侵略中国。听说一个上海人来这儿，因为他老伯是这儿的人。在栖霞寺，一个儿子在玩耍时，被日本人打死了，是个七八岁的孩子。中国死了多少人！惨死了！抓住中国俘虏和中央军用铁丝捆起来，然后烧死了。在我们这个街死的人很多。朝鲜人凶，打仗全在前面，大胡子，个子大。后来好了，日本人不杀不掠了，矮个人要好些。

● 张连福口述

张连福，74 岁，属马

调查地点：仙林农牧场

调查时间：2003 年 7 月

调查人：汤宇、唐秀茂、刘凯、徐永康

农历冬月初七，那天下午打仗（国民党和日本人），打了两个多小时，在仙林那边，国民党过不去，退到仙鹤门，一个国民党军官躲在青马村亲戚家里，被日本人烧死，是我亲眼看见的，尸体烧焦了。（亲眼见）日本人烧柴火堆，鹅（我—编者）躲在柴火堆里，吴会言（中年男子）去救火，被日本人抓住，日本人经司令部同意，将他打死了。还有个老太被打死了，我不知道原因。郭果营死人多。日本人把房子烧掉了，许多人都逃到栖霞寺去了。仙鹤门当时死了很多人，沟里的水殷红殷红的，街上躺满了尸体，大部分人都死了。少部分人逃走了。日本人中有许多满脸胡子的朝鲜人，烧房子，抢花姑娘，不拿粮食，抓鸡、鸭、鹅等许多家禽。

● 周基华口述

周基华，1925 年 10 月 10 日生，属牛

214

1938 年 3 月份，我从江北回来找父母，他们住在栖霞寺中学大礼堂，栖霞寺住满了，只好住栖霞寺中学大礼堂。我母亲看见我就哭了。她以为再也见不到我了，我和母亲在那里住了两三天。有日本人来找花姑娘。第一天，有一个 30 来岁的妇女被拖走了。第二天一个日本人晚上打手电筒来找第一天的那个妇女，那个妇女被两个男人用被子盖起来，躲过去了。我们三口（父亲、母亲和我）看到了害怕，逃到江北去了。

☢ 郭世美口述

郭世美，女，90 周岁

调查地点：栖霞区林山村

调查时间：2002 年 7 月 14 日

调查人：戴袁支、白健、陈锡春

我娘家是十月村的。1965 年（1937 年——编者）年前，我 25 岁，我大儿子 2 岁，还没有断奶，跑日本反，跑到江北大涡流东沟——丈夫舅舅家，待了一个月。

栖霞寺有难民区（所），从江北回来，在栖霞寺住了两天。日本人天天来，一天去几遍，菩萨头都被他们打掉了。后就跑到江南（水泥）厂难民区。村上有 20 多家跑反到难民区（有的去了栖霞寺）。那时，各家只有老太在家看房子。

此地离江南厂七八里路。那里丈夫黄家全和我带着 6 岁的大女儿黄功美、2 岁的黄功华，自己盖的小棚子，弯着腰进去。搭棚子的草、竹子，从家里带去的。下雨下雪的冻死了，外面下雨里面漏。自己带粮食、菜，后来没的吃了就到山上采野菜。粮食没有了，要起早回村拿，迟了就会被日本人抓走了。从头年阴历冬月到第二年阴历三月，共待了四个月，要种田就回来了。

厂里全是难民，一个挨一个。四面八方的，有孝陵卫的、陈家庄的、石

215

埠桥的。江南厂是外国人开的，日本人来了，外国人讲讲话，日本人就走了。有日本人来糟蹋妇女，报告厂里外国人，他们就扛个旗子出来，说几句，日本人就走了。

家里的草房被日本人烧了，全村被烧了二十几家。家里的东西如大门、桌子，摔在外面的塘里，放在家里会被日本人烧了。

我亲哥哥郭世荣，大我2岁，当时27岁，还没有成家。腊月里，在十月村家中，我哥哥被日本人拖走。一起被拖走的有三个，另外两个一个小二喜，一个姓俞，都是十八九岁，拖去挑东西。日本人说，拖到南京，你们原来干什么还干什么。可他们却再也没有回来。三个人，连一个人的尸首都没找到（干涸的眼窝闪出泪花。）

被拖走没有回来的，还有本村的朱金海。

● 许寿荣口述

许寿荣，男，77虚岁，属虎
调查地点：栖霞区林山村西长林19号
调查时间：2002年7月14日
调查人：戴袁支、白健、陈锡春

日本人来的1937年，我虚12岁。那年冬月，我家父母、两个姐姐、我、三个弟弟、一个妹妹，九个人跑反跑到栖霞寺，住在庙房里，睡在月牙池北面。庙里施粥，早上一顿。

从石龙庙（大圩）到栖霞寺，一路上都可以看到尸体。好多中央军被打死路上。

日本人住在栖霞火车站，到栖霞寺抓小毛驴，抢豆腐。我家小毛驴被他们拉走了。

栖霞寺没保障，春节以后搬到江南水泥厂，因为那边有保障。在江南厂，日本人一来，外国人就出来。在江南厂自己搭棚子，棚子多得数不过来。母亲带着姐姐、妹妹、弟弟住在棚子里，父亲和我送粮，送柴草，江南厂有医生。安民以后，才从厂里回家。

村里被日本人烧了九家，烧得只剩下房框子。

朱金海，躲在栖霞寺，回家看看，无故被日本人逮走，到现在也没回来。他女儿嫁到江宁村。

我外婆家在杨石桥，现在叫仙林。她看日本人来了，躲在田埂里，腿上被日本人打了个洞，没有人医治，死在家里。舅舅逃到江北，我妈正生小弟弟，父亲和村上的人去钉棺材，把外婆埋掉了。我母亲着急得就不用讲了。

现在，冈下拆迁。日本人来时，冈下青年人出来欢迎他们，都被日本人带走，一个个看手上有没有老茧，有老茧就是扛过枪的，除一名教书先生，其他人统统被枪毙了，老人个个知道。

● 王立永口述

王立永，男，78 虚岁，属牛
调查地点：栖霞区林山村东长林 63 号
调查时间：2002 年 7 月 14 日
调查人：戴袁支、白健、陈锡春

鬼子来，冬月十三，我 13 岁。日本人从陡山、龟山上冲下来，中央军退到仙鹤门。在仙鹤门，死了不少中央军，塘里有七八十具尸首，还有马的尸首。在长林陈家窑，日本人打死 33 人，有抓来的四川兵，有 7 个老百姓。

后来，日本人驻在仙鹤门。在仙林横山嘴（现南师大仙林校区），已拆迁了，日本人杀了 18 个农民。日本人从仙鹤门到横山嘴，烧房子；到杨石桥，烧房子；到陡山，烧房子，后面有个竹园，也烧得啪啪的；到龟山，烧房子。到哪里烧哪里。向前，到韦山，日本人住了一夜，杀回马枪，到东长林，烧了几十家。日本人用柴草堵隔壁的一家，烧房子。抢鸡、鸭、鹅，打死猪、牛，抓夫 8 个人，让他们把这些家禽家畜抬到迈皋桥、燕子矶，回来 7 个人，留 1个当伙计，五六个月后才放回来。

当时，母亲、我背着三弟弟、二弟弟牵牛，跑到大山口。

第二次，日本人扫荡中央军，从冈下到秣芦，抓了一批老百姓，叫他们在田里跑，看谁受过训练，穿长衣服的放回来了，只回来 8 个人，其余都被日本人打死了。

我们跑反，第一次是冬月二十几，到小河边，再到栖霞师范大礼堂。礼

侵华日军在栖霞地区罪行新证

堂门口拴了驴子，日本人刺了两刀，把驴子戳死，从后门进来。有夫妻俩住在一起，日本人把妻子拉走，丈夫抱住老婆的腿，日本人一枪把他打死，然后把女的拖到山上。当时，我就住在大礼堂，大礼堂的人都吓死了。

栖霞师范住不安，就跑到栖霞寺藏经楼后面山上的房子里。

牛，在家就被日本人打死；驴子，也被他们拖走。老百姓的耕牛损失60%都不止，柴草堆都被烧光。

在那住了个把月，寺里人越来越多，就到江南（水泥）厂。江南厂有丹麦人保护。老虎头（火车站）有日本人，到厂里拖妇女，丹麦人用双筒猎枪撵日本人走，日本人就走了。难民营有妇女到山上割柴，日本人用望远镜看见了，抓住妇女强奸。

难民营里各家搭棚子。回家拿粮食都是夜里。日本人烧了房子，稻草和泥的土仓烧不了。到农历四五月份，安民了，大家才回家。

日本人在梅墓强奸妇女，把三斤半的大瓶子插到妇女的下身。

经常有驻仙鹤门的日本人骑驴子来长林找花姑娘。

东长林朱荣春，感染了梅毒（丈人传染给朱的老婆，老婆又传染给他的）。日本人叫他和他妈睡觉。

在上海搞印刷的王志胜，身上装着七块钱，舍不得钱，没过江，在燕子矶被日本人抓住。一个叫李加兴的，抱着木头过江，被日本人打死。过江一块钱，捡一条命。

日本做的坏事说不完。

——录自张宪文主编《南京大屠杀史料集》第26册

《幸存者调查口述（中）》，

江苏人民出版社，凤凰传媒出版集团，第881—887页及702—756页

栖霞地区

☢ 杨超口述

杨超，男，82虚岁，属鸡

调查地点：栖霞区东长林27号

调查时间：2002 年 7 月 14 日

调查人：戴袁支、白健、陈锡春

鬼子来的第一年，我十三四岁。日本人逮了几十人，在茶叶山（喜鹊尾）一个小山坡下，让他们跪着，用机枪打死。其中只有一个冈下的王志成，是教书先生，趴在地上写字，说他是教书的，鬼子把他放了。一个姓贾的老头，在塘边挖个大坑，晚上把人埋了。

在仙鹤门，日本人把他们抓住的中国军人全部杀害。

鬼子来的第二年，我叔叔被打死。

讲出来，心里舒服。

☢ 于永祥口述

于永述，男，83 虚岁，属猴

调查地点：栖霞区摄山镇朝阳村竹丝巷 29 号

调查时间：2002 年 7 月 15 日

调查人：戴袁支、岳春晓

那时此地叫西沟村。日本兵来的头一年，放火烧房子，十间草房被他们烧了。

日本兵经常出来糟蹋我们中国人，牛也牵走。日本兵叫西边杨庄杨文焕（儿子是拖板车的，得癌症死了），用牛替他们拖东西，最后尸首也没找到。

日本兵把（中国）人当玩意。在西沟新庄，有十几个中央军，已经改装，遇到日本吉普车，下来几个人，"叭叭叭"，就把十几个人打死了。

日本兵找鸡、找蛋、找花姑娘。家家挖地洞，听说鬼子来了，妇女就躲进洞。圩子里（三木营）两个姑娘在这块种田，走路上遇到日本兵的小包车，被捞到后，好几个日本兵把她们奸污了。

怕他们烧杀，我跑到林（甘）桥圩。

丹、德国人搞了难民区，保险。日本兵不敢去。妇女带着小娃躺在里面。（难民区）有几千人。安民后，大家才解散。

郭义钦口述

郭义钦，男，77 虚岁，属虎

调查地点：栖霞区摄山镇朝阳村竹丝巷竹东村民组

调查时间：2002 年 7 月 15 日

调查人：戴袁支、岳春蓝

我家原住马（乌）家圩郭家村，现已塌江。跑反时，父母和我逃到江南水泥厂，有丹、德人，保险。在江南水泥厂难民区里面搭草棚，也有芦席棚。山上也有棚子，都搭满了。难民有在难民棚子里生病死的。我住到第二年春天，维持会成立后才回家。

圩子有大水，日本兵难进村，但他们还是进了，捞钱，强奸妇女，放火烧房子。土匪也干坏事。

日本兵把别人家的妇女拖到我堂叔郭仁沛家强奸，第二次日本兵找不到妇女就放火烧房子。他扑火，日本不让扑，我堂叔就跪下求，房子没有全烧掉。解放后堂叔才死。二姑妈梅郭氏嫁到龙潭，在圩里划盆，日本兵招手，她继续划，日本兵就开枪把她打死。我姑夫叫梅广照，儿子叫梅明峰（音）。

日本人侵略中国，是中华民族的耻辱。

徐继安口述

徐继安，男，77 虚岁，属虎

调查地点：栖霞区摄山镇朝阳村郭村 123 号

调查时间：2002 年 7 月 15 日

调查人：戴袁支、岳春晓

当时我家住圩区茶林村。老百姓把圩埂挖断，让鬼子不好进村。鬼子看见划盆进出的，就一枪把人打死。后来，鬼子由一个姓商的翻译领着进村，进村后就糟蹋妇女。我母亲就被他们抓住，但身上害疮，日本兵才放过她。现在，被糟蹋的妇女都不在了。

那次，鬼子是从东阳过来的。年轻的妇女就躲到草房城用树棍子搭的阁子上。

第一批来的鬼子，驻中国水泥厂。他们抓鸡，什么都逮，看到中国人就打枪，看到房子就烧。龙潭街上的房子被烧了一部分。那些鬼子就像畜生一样。

第二批鬼子来时，在龙潭搞了妓女院。

伪政权时期，鬼子的伤病员住栖霞寺里。我父亲、我本人都抓到龙潭水泥厂给他们烧饭，再用摩托送到栖霞寺。

鬼子来之前的国民党时期的一个姓黄的保长，被日本兵抓住。在池塘里掏一个洞，让他往里钻，就冻死、淹死在塘里。

大约是鬼子来的第二年，鬼子抓到两个新四军的人，都姓丁，把他们抓到龙潭小学，绑在篮球架上，用刺刀捅死了。现在，烈士墓在龙潭中学那地方。解放后，我当民兵时，以前在龙潭以当叫花子作掩护的地下党员，后来当民兵指导员的姓宋的同志，也给我们讲过。

☣ 郭道凤口述

郭道凤，男，82虚岁，属鸡

调查地点：栖霞区摄山镇郭村

调查时间：2002年7月15日

调查人：戴袁支、岳春晓

我本地人。跑反跑到童家营、周家营，躲了个把月。

日本兵来，把郭村的房子烧了不少，被烧的有五六十户人家，大家就住在墙框里面。

西沟村，被日本兵用刀戳杀了两口人。

日本兵找妇女、找花姑娘，妇女不敢出来。

鸡、鹅、鸭、猪，都被日本兵用枪打死。他们在猪屁股上剐一块肉走，在火上烧烧，就吃了。

☣ 张学义口述

张学义，男，82虚岁，属鸡

调查地点：栖霞区西花村赵东14号

调查时间：2002年7月26日

221

调查人：戴袁支、岳春晓、韦立顷

那时，铁路从村北通过。民国26年（1937年）冬，上午八九点钟的样子，日本兵就常常从铁路的碉堡里出来找花姑娘。日本兵一来，年纪大的就敲锣，大家就躲进地洞或者山洞。日本兵看见东花、西花的妇女就死撵。

江南（水泥厂）有难民区，有丹、德（国）人，小妇女就躲到难民区。日本兵还恨二三十岁的青壮年，认为他们当过兵。青壮年也躲进难民区。老人和小孩在家。

日本人到难民区门口，门口就打电话进去，丹、德人就出来与日本兵交涉。那地方保险，日本兵不敢胡来。大家躲到大约阳历四五月，才从难民区回来。

栖霞寺和尚也搞了难民区。

日本兵过来第二年，一天，东花有个年轻人，很神气，会唱戏，姓杨，他趴在大埂上望，日本兵端起枪来，一枪把他头打开了。

我亲眼见到一个老公公把两个年轻妇女送到难民区，在西花牛王庙遇到小日本。日本兵把两个妇女拖到牛王庙，把老头关在庙门外。两个妇女受过奸污后，哭哭啼啼才被放走。

日本兵在栖霞寺月牙池打山洞，挨村抓夫做苦力。让大家自带饭吃，一天只发两盒火柴。我也被抓去过。干活的人没劲就挨打骂。日本兵骂人："八格呀路！"打人："毛栗子心交！"

☣ 戴义虎口述

戴义虎，男，81虚岁，属狗
调查地点：栖霞区西花村赵东19号
调查时间：2002年7月26日
调查人：戴袁支、岳春晓、韦立顷

伏在圩埂上，被鬼子一枪打了头死了的，是东花三队的杨义田。杨被鬼子打死后，妻子改嫁，招了一个上门的后夫，姓孔。杨义田的儿子叫杨春元。

日本兵拉夫，让被拉来的人在便民河上替他们背渡船。到了石埠桥边的姚坊口，日本兵叫被拉来的人自己挖坑，然后把他们推下坑，用机枪扫死。

这三人是：新房村放牛的苦人，姓吉；郭村三四十岁的郭义荣；施家村的施正发。

本村的四个妇女，躲到山上看瓜的房子里，被日本兵看到了，受到奸污。她们是王翁氏、刘殷氏、刘齐氏和郭杜氏，现在都死了。

村上的小姑娘跑到江南（水泥）厂外面的难民区（现在的生活区），保险。丹国人蛮好的，挂旗子，竖大旗子，日本人就不去。

☢ 刘文兴口述

刘文兴，男，86 虚岁，属蛇

调查地点：栖霞区西花村赵西 5 号

调查时间：2002 年 7 月 26 日

调查人：戴袁支、岳春晓、韦立顷

过去，我住老三阳乡陈家圩。因为塌江，1959 年搬到这儿。

离陈家圩 20 多里路的句容鲍亭小车堰山，路两边都是被日本兵打死的中央军（打仗打死的），没有收尸。

日本兵到圩里找花姑娘。陈家圩后面的王家圩，一个叫朱陈氏的妇女没有躲好，被日本兵奸污。

日本兵一枪打死猪，拖走剥了吃。

☢ 胡宗潮口述

胡宗潮，男，81 虚岁，属狗

调查地点：栖霞区西沟村桥西 28 号

调查时间：2002 年 7 月 26 日

调查人：戴袁支、岳春晓、韦立顷

民国 26 年（1937 年）冬月二十六，我 16 岁。乌龙山炮台一炮把长江中日本的军舰打得向后退。

村上的张朝兴（18 岁）、桥西的陈文发被日本兵认为是中央军，被带到东阳牛集，用刺刀戳死。张朝兴的两个女儿出嫁，没了后人。陈文发的孙子

陈广焕，现在桥西开五金店。

日本兵的汽车从西沟过，看见辛守富，一枪把他打死。

还有一个采石的安徽人，也被日本兵一枪打死。

跑反，我躲到四段圩。大姑娘、小媳妇跑到江南（水泥）厂。江南厂，人收满了。江南厂保险。

☢ 秦本浩口述

秦本浩，男，76 虚岁，属兔

调查地点：栖霞区西沟村桥西 28 号

调查时间：2002 年 7 月 26 日

调查人：戴袁支、岳春晓、韦立顷

西沟的房子大部分都被日本兵烧了，有 100 多间草房。村里起码有五六个妇女遭日本兵奸污，这些人现在都死了。

德、丹两国旗子挂在江南水泥厂门口，日本人不敢进去。

☢ 张庭珍口述

张庭珍，女，60 岁

调查地点：栖霞区西沟村桥

调查时间：2002 年 7 月 26 日

调查人：戴袁支、岳春晓、韦立顷

我大伯张朝兴被日本兵杀了。

☢ 陈宗学口述

陈宗学，男，76 虚岁，属兔

调查地点：栖霞区西沟村 91 号

调查时间：2002 年 7 月 26 日

调查人：戴袁支、岳春晓、韦立顷

鬼子刚来那一阵，冬天，穿棉衣。当时，我9虚岁，母亲坐月子，生妹妹。父亲在打扫卫生。人家对我父亲说："日本兵来了，你还不走？"

日本兵是从山上下来的。我父亲没跑。鬼子从村东到村西，撤走时抓了两个：一个是我父亲陈文发；一个18岁，姓张。

两人被日本兵杀害在罗山嘴。我父亲的手被刀捅了，看来是想用手抓住鬼子的刀，脖子上被刀捅了，胸口被戳一刀。第二天有人报信，母亲收了父亲的尸，用板子钉的棺材，抬到山上，原来埋在唐家窝，后来迁葬在双塘山，现在坟还在。

我父亲死时，留下我们弟兄姐妹五个：弟兄三个，姐妹两个。

☢ 陈宗尧口述

陈宗尧，男，70虚岁，属鸡，陈家学的弟弟

调查地点：栖霞区西沟辛庄184号

调查时间：2002年7月26日

调查人：戴袁支、岳春晓、韦立顷

陈文发是我父亲。大哥陈宗炎去世了，陈宗学是我二哥，我是老三

日本兵来，我4岁。冬天，母亲生我妹妹陈秀兰，正坐月子。

村上人都跑了，父亲在门口晒太阳。有人喊："陈大（我父亲排行老大），你赶快跑，日本兵来了。"

我父亲说："没得事，老百姓有什么事？"

隔壁张士伦的儿子18岁，受过训，穿灰色衣服。日本兵说张不是好人，刺罗刺罗的（死啦死啦的）！

日本兵从我家门口过，看到我父亲，也把他带走了。日本兵把他们带到东阳西北边，有个小黄泥巷，山头现在已经不在了。戳我父亲三刀，日本兵已经走出几步了，回头看我父亲手臂和腿还在动，又朝我父亲打了一枪。父亲死时40岁左右。18岁的张朝树（应张朝兴）也被日本兵杀了，当时他还没结婚。

第二天，东阳人、罗山嘴的人看到我父亲的尸体，说：这不是西沟的陈大吗？就来了报信。

侵华日军在栖霞地区罪行新证

父亲的棺材先埋在摄山轮窑厂附近，后迁葬双塘。现在坟还在。

过去，我家有十几亩田。为料理父亲的丧事，把田当给东阳姓辛的和姓陈的，田还是我们种，交他们租子。原来靠父亲种田，父亲被日本兵杀死，种田就靠大哥。后家里粮不够吃，辛家人来催租，我就得硬着头皮迎过桥去接到家中。

我父亲的事，从来没有人调查过。

我家原籍仪征，父亲这一辈过的江。我上私塾三年，相当于小学四上。1953 年入党。

🔘 曹成英口述

曹成英，女，77 岁

调查地点：栖霞区圩东村 38 号

调查时间：2002 年 7 月 30 日

调查人：韦立顷、殷红

我与鬼子有好几次遭遇的经历，每次我都认为我没得命了。现在我一想起来都后怕。我要和你们讲的东西都是我亲身经历亲眼看见的，我不亲眼看见的我不讲。

那时我们家只有三口人，我父亲、我，还有一个妹妹。我 11 岁，妹妹 7 岁。鬼子来的那天是冬月初六，从孟塘过来的，我们当时并不知道他们是日本兵，老百姓都叫他们"大兵"。

大兵刚来的时候可吓人了，大家都乱作一团瞎跑。桦墅村那个剃头的被杀死的时候我就在旁边。我是怎么知道的呢？当时是冬天，我外婆给我们家送几床被子，我们家就因为这事给耽搁了，跑得也就慢了一些。我父亲带我们姐儿俩跑到桦墅村上，就被鬼子逮住了，张剃头子当时正在锁门，也被抓到了。鬼了（子——编者）一看他手上没有老茧，就认定他不是种地的，怀疑是中央军，端起剃（刺——编者）刀，"扑哧"的一声，捅进了张剃头子的胸口，当时张剃头子胸口淌了很多血，倒地时人还没死，鬼子上去又是一刀，哎呀，我的乖，我吓得不敢看。鬼子没把我们怎么样，就放人了。我们刚走到桦墅茶馆，有五六个鬼子拿着刺刀逼着我，喊着："花姑娘！花姑娘！"

226

我示意他们我听不懂。后来我才明白他们叫我带他们去找花姑娘。他们看见我听不懂他们讲话，只好作罢。

我们觉得村里不安全，叔叔、大伯，还有我们一家约十多人就趁着夜色往外面一起逃命，跑到红岗头的时候，又叫鬼子抓到了，我们被关进了一间小房子。我叔叔说："要是鬼子来烧房子灭口，我就扒开窗，你们就尽量逃出去，哪怕只逃走一个也好，慢慢按原路摸回去，给家里人报信，叫他们来收尸。"

不一会儿，果然来了一个鬼子，腰上挂着东洋刀，一看我们都是农民打扮，还有小孩子，就走了。我们当时都吓得缩在角落里。鬼子走了门也没关，虚掩着半边，我们看他一走远，就赶紧跑掉了。因为不知道地方还有没有鬼子，我们怕再被抓到就又回到家里。

没几天村上又来了一队鬼子。有人喊："大兵来了！大兵来了！"吓得大家东跑西窜躲了起来，我们和叔叔一家还有另外几户村民躲在柴火堆里。我婶婶当时抱着一个八九个月大的小女孩，躲藏的时候吓得大哭起来，我婶婶怕被鬼子发现连累大家，就忍痛把女儿扔进了旁边的池塘里，淹死了。

第二天村上来了三个中央军，我想让他们带着我和妹妹逃到圩子里，他们说他们不去圩子里。我不信就带着妹妹跟在后面跑，跑到八队大场的时候，被在桦墅村上的大兵发现了（八队大场与桦墅村相距约400米——韦立顷注），"叭、叭、叭"三枪，跑在我前面的三个中央军接着一个倒下了。我和妹妹是小孩子，他们没打我们。

受伤的难民被送往江南水泥厂临时诊所

至今保存完好的"难民营临时诊所"建筑

江南水泥厂难民营临时诊所救治了一批受到日军伤害的难民

因为在村子里经常受鬼子骚扰，我们家决定再一次跑反，这次我们经东阳、龙潭，跑到了江边的圩子里，呆了十来天，还是有鬼子来骚扰，我们又过江到江北，在那里又待了二十几天。后来听说江南厂开了难民营，我们就又过江折回江南厂。

当时江南厂里有个丹国人，大个子、黄毛、蓝眼睛、白皮肤。他住在厂里的洋房里，他出来的时候还跟难民开些玩笑。有时就吓唬我们："鬼子来哕！"然后就笑。不过鬼子真来的时候他就会出面交涉。厂里的工人拿着棍子，鬼子来了他们就扬起棍子，鬼子就吓跑掉了。

鬼子在桦墅村上抓了很多猪、鸡，然后就杀了吃。村上当时到处是鸡毛、猪毛。周边的鬼子也经常来要猪。我父亲就曾经给驻在坟头的鬼子送过猪。送到以后鬼子就叫我父亲把猪头砍掉，然后才让回家。

☢ 许发广口述

许发广，男，72岁

调查地点：栖霞区东阳街98号

调查时间：2002年7月15日

调查人：韦立顷、白健

我那里还小啊，才5岁，很多事情记不得了。小日本不是人啊，是畜生。我记得在街上（东阳街）有一天来了两个日本人，当时街上年轻人、小孩都逃的逃，躲的躲。有一户人家留下了个胖老太太，被日本人抓到了，日本人就拿两根绳子，绑在老太太的两个乳房上，另一头再分别拴上两块石头，叫她在地上爬，两个日本人就边看边哈哈大笑，后来老太太爬不动了就被日本用刺刀捅死了。

我们家当年五口人，靠种田为生，我们跑反的时候跑到了龙潭的圩子里，在圩里待了个把月就回来了。当时在龙潭的中国水泥厂，驻有一个日本宪兵队，约有200人的样子。他们派几个日本兵到村里来，把所有的村民都集中起来，然后一个个像过堂一样检查，看看手上有没有老茧，如果没有，先放到一边，然后再叫乡保长来认领，如被认为是中央军，就把他的头套起来，放狗咬死。

当时的一些地痞流氓也趁机作乱，欺压百姓，他们替日本人办事，在村里边反而有地位。

☢ 施礼德、施礼道口述

施礼德，男，68岁；施礼道，男，69岁
调查地点：栖霞区新安村
调查时间：2002年7月14日
调查人：韦立顷

鬼子来的那会儿我们家是开茶馆儿的，主要在本地，另外还有别的地方开了几家分店。茶馆的事主要由我母亲张秀华料理，她今年已快90岁了，当年的事你们问她最清楚，可惜她已经无法说话了。

我们当年年纪都还小，不懂事，鬼子一来的时候就把我大大施一荣杀死了。那天我大大刚从地里往回走，挑着一担豆子走到江边的时候，一队日本兵骑着高高的大（马），扛着太阳旗，迎面开过来。我大大当年已是一个精壮的小伙子，日本人以为他是中央军，在马上端起刺刀，一下子就捅进了我大大的胸膛，然后把尸体挑进了江水里。除了我大大，我们还听说了另外一些人遇害的消息。再待在村里已十分危险，我们全家跑到江边的圩子里躲了十多天。

安定以后，母亲又继续开她的茶馆，由于生意已大不如前，期间关了几家分店。这时候日本人虽然不乱杀人，但对老百姓还是很凶，在路上碰见他们一定要敬礼。两个人走路不能随便说话，日本人会以为在骂他，举枪就打。

侵华日军在栖霞地区罪行新证

☀ 陈祖英口述

陈祖英，女，77 岁，属虎

调查地点：栖霞区东花村四队

调查时间：2002 年 7 月 26 日

调查人：汤振华、周新国

当时日本鬼子来的时候，我们跑反。我父亲用一个箩筐光挑我弟弟，我两个弟弟一边一个，我背着我还不满 1 周岁的妹妹，逃到圩区。那时候大人都不敢把小孩带着，都把孩子扔在路上。我父亲叫我把妹妹扔掉逃命，但我当时 12 岁，我特别喜欢这个妹妹，舍不得扔。逃到圩区后，大人们见我带着妹妹，都不准我们留在人多的地方，我们只好划着小船找了个人少的芦苇丛，然后躲在里面。

我原进赵（张）家岗人，鬼子在那边烧掉几间房子。有一个姓蒋的老头，名字记不清了，他走在路上，日本人骑马从后面过来抽出东洋刀从背后砍了一刀，血洒了一地，蒋老头就这样被砍死了，当时我们都是躲在圩区，当时水大，日本兵过不来，也没听说过江南水泥厂的事。

☀ 杨洪兴口述

杨洪兴，男，1930 年 3 月 6 日生

调查地点：栖霞区东花村四队

调查地点：2002 年 7 月 26 日

调查人：汤振华、周新国

日本兵过来时我还小，十几岁，日本兵烧杀抢奸，活埋人。村子东头那时有个叫马仁义的被日本兵抓去拉船，拉到林桥，当时有二十几个拉船的，日本兵让他们自己挖好坑然后跪进去，然后在后边用刺刀杀。当时马仁义撒开腿就跑，而且跑"之"字形路线，鬼子没有打中他，于是他死里逃生。现在林桥那边已塌到江里去了。

在我们这边有一段有老宁镇（南京一镇江）铁路，是日本人铺的。有一

天来了几个人穿着长大褂，一看就知道是新四军，他们问我父亲火车什么时候来，我父亲哪里知道，说不晓得。他们向我们家里借了几个盆，把他们长大褂里藏的炸药放在盆里埋在了铁路下。来了一列火车，"轰"的一声，十几节车厢全部炸翻在新房，里面装的全部是日本人的酒，幸好不是客车。第二天来了很多日本人，把我们村包围了，有个日本兵看到我父亲对我父亲就是一刺刀，然后有个日本人上来说，我父亲是好良民，所以我父亲捡回了一条命，我父亲叫杨德乾。当时村里的姑娘都用锅底灰在脸上抹，抹得漆黑，日本兵在村东头烧了好多房子才走。当时我有一条大狗叫来宝，日本人看见一枪就打死了，好可惜，我被日本人打死两条狗。后来安民了，我们还给日本人送过菠菜，他们还不给钱，我们也送过猪。对了，我们村上当时还有个叫周义多（刀）30多岁，被日本兵一枪打死在房子里。听过有江南厂，但不大清楚。

☢ 朱成英口述

朱成英，女，80 岁，属鼠

调查地点：栖霞区东花村五队

调查时间：2002 年 7 月 26 日

调查人：汤振华、周新国

我原是离此四五里远的茅塘村人，大概冬月初几的时候，记不清冬月初几，日本人在茅塘村烧死九个人，他们大多都是姓朱、姓夏。当时很多汤山的人都逃到我们这边来，有一个女人背上还背着个婴儿，两个人在茅塘前面一起被打死。当时日本人要花姑娘，我们村里的姑娘都用锅底灰抹在脸上，把好衣服剪破，搞得不像个人样。日本人来的时候，我们村的老人就跟他们讲花姑娘过江了，到江北去了，日本人鬼子就走了。我们茅塘村全被日本人烧过，我们全家都逃到圩区，在圩区有那种船可以乘十几个人，在那边喊，心好的会过来渡你，心不好的喊死了也不过来。我父亲和我哥有次半夜里从圩区回来看我们家房子怎么样了，结果遇到日本人，他们连同另外的人一共九个人躺在塘坎下，没有被日本人发现。后来安民我们就回到家中，房子被烧了，我们暂时只好住到别人家里，老父亲和哥哥在山上砍了些树盖在房基上，暂

侵华日军在栖霞地区罪行新证

时住在里面，到后来才把房子修起来。后来鬼子投降了就不凶了，当时我们老百姓去动他们，他们也不敢动我们，拿他们东西他们也不敢动。他们只好说："小偷多多的！"

我们家里还有个跟日本人换过来的饭盒。

☢ 马义财口述

马义财，男，68岁，属猪，马仁义之子

调查地点：栖霞区东花村六队

调查时间：2002年7月26日

调查人：汤振华、周新国

我父亲马仁义先已跑反逃走了，回家来看房子的时候给日本人抓去拉船，我们家房子给烧了，他们拉到江边的时候，日本人要杀死这二十几个人，让他们挖了坑跪了排在里面，要杀他们。我父亲撒开腿跑"之"字型，没有被打中，跑着跑着他手上绑着的绳子也松了，真是菩萨保佑啊。解放后我父亲被请到部队等地方去诉苦，他已过世十几年了。

我还有个叔叔叫马九井（音），原来在上海当学徒，后来跑回来，被日本兵打死了。我父亲还有个老表是宝华山下村子里的，也被日本兵打死了。

☢ 秦英口述

秦英，女，70岁，属兔

调查地点：栖霞区漳桥

调查时间：2002年7月21日

调查人：岳春晓、白健

日本鬼子见房子就烧，通通烧，只有几家没烧。舅舅姓刘待在家里被鬼子一推门，一刀捅死了。

☢ 罗正英口述

罗正英，女，69岁，属狗

调查地点：栖霞区漳桥 150 号

调查时间：2002 年 7 月 21 日

调查人：岳春晓、白健

日本鬼子要抢花姑娘，老婆婆吓得颤抖，屋子上面都装上了格子，鬼子一来便躲进去，看见鬼子在下面捉鸡吃。后来跑反到江南厂，只记得有个大鼻头的外国人。

在江南厂吃的米、青菜都是自己从家里带来的。用小锅煮饭，煤炉里烧的是劈柴、茅草。晚上回家的时候再去拿点东西。只有那时鬼子怕冷不敢出来。

☢ 张杏花口述

张杏花，女，79 岁，属鼠

调查地点：栖霞区漳桥

调查时间：2002 年 7 月 21 日

调查人：岳春晓、白健

跑日本反，房子也烧了，光光荡荡，路上死人多着哪，一边是鬼子，一边是老百姓，有的人跑反出去便再也没有回来。鬼子遇到老百姓就背起来摔，一下子就摔死了。

后来就住到了江南厂，平时就自己弄点米吃吃。就是在地上挖个洞，用个锅在地烧烧，家里带去一点青菜。

☢ 汪解氏口述

汪解氏，女，88 岁，属兔

调查地点：栖霞区大山口胥家前 11 号

调查时间：2002 年 7 月 14 日

调查人：汤振华、周新国

我原住在石埠寨，1972 年发大水时搬到现在住址。我们跑反跑得早，冬

栖霞寺里受
到庇护的难民

月十一到了江北，因要种田来年返回石埠寨。此时村中没有多少人了，好房子都被日本人浇汽油烧掉了。我丈夫没跑，结果被日本人抓去抬子弹，抬到南炼厂，那边以前是山，没有什么人。回来时在石埠寨的炮楼被日本人扒去长袍，按倒在地要枪毙，当时日本人住在当地农民家里，恰好有农民经过，认识我丈夫，替他们（一共五个苦力）说情，说他们是良民，我丈夫幸免于难，后一直留在家中。

日本人狠啊，烧杀奸掳，看到好房子就浇汽油烧，日本人杀了万万同胞，逮着就杀，我们因为家里穷房子差，所以房子没被烧掉。日本人待了八年，但后来不大惹人了。我父亲是被日本人吓死了的（不是直接致死，而是一段较长时间一直处于惊恐状态）。我没去江南厂和栖霞寺，听说江南厂外国人办的，好像有美国人在保护难民，在栖霞寺有剃西装头的，日本人硬说他们是中央兵，拉到江边枪毙了。当时在京沪路上不能直走，否则日本人用大皮鞋踢人，因为他们担心老百姓会借机破坏铁路。日本人对有钱人和穷人一视同仁，我看见一个妇女被日本人开枪打死。当时很多老百姓都去当了土匪，晚上出来抢有钱人，因为日本人晚上不出来。后来解放军来了，很多人也往江南厂跑，以为解放军也是坏人，我看见解放军衣着简陋，脖子挂两颗手榴弹，没有枪。后来大家就不怕了，我有五个儿子，一个女儿，以前无钱无地，非常穷，解放后靠政府救济，还做粮食生意，日子慢慢好了。要不是解放，我们肯定会饿死。

☢ 罗登祥、罗登喜口述

罗登祥，男，89 岁；罗登喜，男，77 岁

调查地点：栖霞区大山口 19 号

调查时间：2002 年 7 月 14 日

调查人：汤振华、周新国

罗登祥：

我跑反时 20 多岁，被日本人抓壮丁，半个月逃回来。有难民区，但我没有去，一直在村前山上躲，因为怕难民区和村子中途会碰到鬼子，没敢去。我亲眼看见在陈家窑有十几个岗下村人送东西，被日本人用机枪打死。我帮日本人做工修铁路，每天有两盒火柴作为报酬。跑反时村中没人，晚上才敢回来。

罗登喜：

跑反时跑往栖霞寺，待了一天，早去晚回，吃过和尚煮的稀饭。日本人也信佛，但难民不能出寺门。我听说过江南厂，有外国人在办。我亲眼看见张大个子女儿在淘米时被日本人用刺刀从下身切开向上挑，当时她仅十二三岁。日本人不弄坏庄稼，不抢粮食，主要杀人放火。手上有老茧，日本人会说练枪练成的，就要杀。中国人做汉奸，比日本人更可恶。日本人待了八年，投降后用汽油把枪和米都烧掉。

● 董福珍口述

董福珍，女，1908 年 8 月生

调查地点：栖霞区大山口

调查时间：2002 年 7 月 14 日

调查人：汤振华、周新国

我跑反先跑到江北，因为江北土匪多，只好又过江。我看见在江边密密麻麻都是尸体，简直没有下脚的地方。后来又逃往栖霞寺，住了好几个月。

我的姨爹在走路时被日本人打死。

☯ 杨本海、李桂英口述

杨本海（夫），男，74岁，属蛇；李桂英（妻），女，71岁，共产党员

调查地点：栖霞区红梅队

调查时间：2002年7月15日

调查人：汤振华、周新国

杨本海：

我10岁时跑反，当时我的亲哥哥和大伯被日本人抓去，我哥是铁匠，日本兵说他手上有老茧是中央军，于是把我哥和大伯绑起来准备烧死。大伯悄悄弄掉手上的绳索，逃掉了。但是他忘记了把我哥也放了。我哥就被活活烧死了。

李桂英：

我7岁跑反，逃到江南水泥厂，去了很多次，每次一般躲三四天。江南

此萧憺碑亭曾被侵华日军拆毁

厂有铁丝网，难民不能出铁丝网。见过万字旗，花花绿绿的旗。我们一天吃三顿，厂里提供的稀饭，我们睡在厂里稻草棚里。厂里还有医院，难民有病可以去医院医治。我大伯李书福是大刀会的，被日本人杀了17刀，也当时装死，后来送到江南厂医院医治，他于1954年去世。

我父亲本来在汉府街一家裁缝店里做大裁缝，专为宋庆龄和宋美龄做旗袍。在日本人快到南京的时候，我父亲连夜带着我和弟弟回到了李家岗，日本人来到了李家岗，让我父亲为他们做饭，我妈带着我姐，我和我的弟

236

　　该井位于栖霞寺明征君碑亭前，根据《栖霞山志》记载：1945年，抗战胜利后，一部分日军投降后集中在栖霞寺，为解决日俘生活饮用水，便在明征君碑亭前打水井一口。

弟躲在屋后地洞中，我父亲趁日本人吃饭时来告诉我们叫我们不要出来。不料一个日本人抓鸡一把掀开了地洞口的稻草，叽里咕噜地说："花姑娘的睡觉的有。"就走了。过一会儿我父亲又来，于是我们惊恐地逃到李家岗的一个大地洞里，躲到第二天中午，我弟弟肚子饿了，嚷着要吃饭。我们从小在南京城长大，经不起饿。我父亲心疼他就带着他从地洞里出来回村去找东西吃，结果碰到日本人抓夫，日本人就把我爸抓了过去，我弟弟骂日本人，日本人准备用刺刀杀死我弟弟，被我父亲拦住，我弟弟幸免于难。然后我父亲把他交给旁边的一个老太太。我父亲被抓去后，伺候一个叫和田的军官，跟和田的关系不错。当我父亲所在这一批壮丁到了汤山镇后，日本人准备杀死这一批人，和田过来一把把我父亲拉了出来，我父亲没死，但其他人都被日本人枪杀了。和田送给我父亲大衣、鞋和帽子，还给他开了路单（相当于通行证），然后我父亲回到李家岗。从我父亲抓走到他回到家，一共43天时间。我母亲以为他再也不会回来了，整日以泪洗面，此时真是悲喜交集。日本人常会抓夫，在役使了这一批壮丁一段时间后，就把这一批人杀掉，然后又去抓另外一批。后来我们一家在大屠杀渐渐平息后去大行宫开了家裁缝店，对面有家日本女人带着她的三个孩子开的饭店。我和三个孩子玩得比较好，尤其是其中的老二。但因父亲本来是做老板的，现在要自己亲自做，不大行，然后我父亲到江边一座工厂为日本人做工，淘金。后来在同一年，我父母双双去世。我到李家岗旁边的村子当了童养媳。解放后，我1958年当红梅大队妇联主任，后为大队副书记，1984年退休。1962年成为预备党员，由于某些原因，1972年转正。

　　日本兵曾在1938年冬在李家岗搞了场大屠杀，17死4伤，大部分是大刀

237

会人。大刀会是为了保护村子不被土匪抢劫，其成员都是年轻人，但当地的汉奸和保长等伪政府人说大刀会是共产党，带着日本人来屠杀大刀会人。当时大刀会人集中住在一起，日本人来包围了，当时是凌晨两三点钟，日本人大肆屠杀，我大伯李书福就是在这场屠杀中受伤的，他装死后在田里爬，被我第一个发现，我告诉了妈妈，救了大伯。当时屠杀中有陈新才、陈新贵兄弟的父亲，他的肠子都被拉了出来。三天后，日本人知道了大刀会不是共产党后，就又来到李家岗，集合受害者家属，大家都以为日本人要满门抄斩了，但日本人向大家宣布了他们杀错了人，然后就解散了家属们。

1937 年冬天，日本飞机还放黑色毒烟，我们只好躲着并掩住口鼻以免吸入毒气。一个按辈分叫我姑姑的姑娘被日本人强奸了，她的亲人现在还住在红梅村。

☢ 陈家宝口述

陈家宝，男，1921 年 12 月生

调查地点：栖霞区李家岗

调查时间：2002 年 7 月 15 日

调查人：汤振华、周新国

日伪提了口号叫反共建国，被日本人占领后，我们生活相当苦。日本人抢了我的牛，还烧房。"你看日本人心多狠，这些血淋淋的事实，要让后代记住！"

当时我 19 岁，也参加了大刀会，大刀会是一些年轻人组成的，是为了保护村子的。日本人搞了次大屠杀，杀了大刀会的很多人和一些不是大刀会的人。在这次大屠杀中，死难者如下：

陈纪安（即采访杨本海夫妇提到的陈新才、陈新贵兄弟之父）、陈纪林（陈纪安之弟）、李书荣（从家中拖出去杀死）、李书文、陈家佳（我大哥，当时 21 岁）、范义生（我义父）、殷德禄、殷福寿、李学贵（死时 30 岁）、蔡学勤（装死，幸免于难）、赵大鹏、李展宏（死时 50 岁）、李书有（死时 50 岁，胡子已白）、李学发（受伤未死）、李书海（与日本鬼子肉搏，身中数刀而死）。

当时大部分人是在大刀会的聚集地点被抓住杀死的，也有一部分人是从自己家里被抓出去杀死的。我当时也在坛中但我逃得快，背上被日本人划了条长口子，死里逃生。我后来跑到石埠桥，听说有丹国人办的难民区，至少有几千人。

——录自张宪文主编《南京大屠杀史料集》第 26 册
《幸存者调查口述（中）》，
江苏人民出版社，凤凰传媒出版集团，第 707—737 页

☢ 西岗地区

王子华口述

王子华，女，94 虚岁，属鸡

调查地点：汤山镇桦墅村下法讯 62 号

调查时间：2002 年 7 月 30 日

调查人：戴袁支

原来此地叫下法讯村。日本兵来的头年，还没过年，大家穿着棉衣。那次，日本兵是从汤山来的。

人们在塘边挖洞，日本人来了就钻洞。本村 30 岁出头的葛建友，自家的牛放在塘边，怕给日本鬼子捞走，就牵这条牛，被鬼子打死。

葛建友被鬼子打死后，他的老婆只得改嫁，两个女儿送人做童养媳（其中一个叫葛广兰），儿子 12 岁就帮人放牛（1999 年去世），儿媳妇和孙子还在。现在，葛建友的坟还在。

还有一个叫秦大饼的，比葛建友年龄大，比我年龄大。他跑不及，在三亩田大坎下面被日本兵打死。都是老百姓，穿着老百姓的衣裳。秦大饼的孙子秦义华和孙媳妇，还有重孙都健在。秦大饼的坟也在。

葛家老太，娘家是圩子里的人，大家都喊她"圩奶奶"，躲在家对面坟山的石楠树下边，也被日本兵开枪打死。"圩奶奶"的重孙叫葛正兴。

日本兵烧了村上不少房子。跑鬼子反，躲到江南水泥厂的人多呢。鬼子不到那边去骚扰。

☢ 秦世兰口述

秦世兰，女，82虚岁，属鸡

调查地点：汤山镇桦墅村下法讯11号

调查时间：2002年7月30日

调查人：戴袁支

对过东边的"蚱蚂山"（音），原来有炮台，现在还有遗迹。在那儿，中央军和日本兵打了一仗，横七竖八死了不少中央军。

我娘家桦墅。鬼子来了，我19岁，结婚刚一年。我们就跑到北圩，圩里的村子欧家营，一转都是水，用盆渡。

从欧家营回来，我们天天躲鬼子。鬼子上午八九点钟来，下午四五点钟走，要花姑娘。一次，日本兵抓住张兴仁（当时二十几岁，现在已死），要花姑娘。没花姑娘，他叫来大肚子（怀孕）老婆，日本兵不要。张就吓得赶紧跑了，躲到稻仓里。小鬼子天天来，我们沟里、茅厕里都躲，不敢咳，吓得抖抖的。

在村里待不住，就和丈夫一起跑反到江南水泥厂。跑反时，见到三四个娃娃，大人抱不动，就跟着大人跑，跑不动就哭。大人无奈，在大坝那儿，有两个小孩被大人摔到水里淹死了。

在江南水泥厂，难民搭瓜棚住在里面，棚前支锅，米自带。人睡在棚子里，夜里起来小便要从人缝里爬过去。

厂里挂外国旗。在厂里见到外国人，高个子，白面皮，大鼻子。

夜里偷偷跑回家拿米，家里的草房、家具，连筷子都被日本兵烧掉了，米缸里米也被烧煳了，烧得只剩下墙。村上总共被烧四家。

我那时穿套裤，就挖一点中间不煳的米，用套裤装着，连夜回到江南水泥厂。房子是回来后重盖的。江南水泥厂的难民区像个集市，早上还有卖糍巴的。

☢ 葛建森口述

葛建森，男，82虚岁，属鸡

调查地点：汤山镇桦墅村陈岗1号（现下法讯自然村与陈岗自然村连在一起）

调查时间：2002年7月30日

调查人：戴袁支

解放前，此地叫孟北乡。那年（民国26年，即1937年）冬月初四晚，日本兵躲在湖山（村）祠堂里打中国（军）人，中央军在舴艋山（祠堂在东南，舴艋山在西北）

后来，中央军经七板桥，从坝上过来，退到麒麟门。死了不少中央军（可能是许巷人埋的尸首）。老百姓躲到圩里（龙舟圩），老人在家看房子。

当时日本兵，驻在（汤山）坟头珠山洞，早出晚归，到村里要鸡、要肉、要豆腐、要花姑娘。

下法讯秦长汉、秦长伯、张宜保家，房子被日本兵烧了

江南沙发厂设难民区。难民搭草棚，带米、柴。夜里回家拿粮食。难民区保险。

江南水泥厂的外国人大个子，大鼻梁，白脸、长脸，升丹国的旗子。日本人不敢去。

农历三月播种下秧才回家。

后来安民了，说不要紧了，不打我们了。日本兵要人向他们行礼。

下法讯被日本兵打死的有葛建友，30多岁。在鸭塘被日本兵开枪打死的。

还有娘家是圩区的"圩奶奶"，七八十岁，蹲在家看房子，躲在石楠树下，日本兵来要花姑娘，被日本兵用刺刀杀死。她的坟还在，她的孙子在。

还有一个叫秦大饼，40岁上下，躲在鸭鼓塘，伸头望，被日本兵开枪打死。

日本人投降，你踢他，他还给你敬礼，说："你们大大的，我们小小的。"他们用布换花生、换酒喝。

◉ 葛正银口述

葛正银，男，76虚岁，属兔，"圩奶奶"的孙子

调查地点：汤山镇桦墅村陈岗22号

调查时间：2002年7月30日

侵华日军在栖霞地区罪行新证

调查人：戴袁支

民国 26 年（1937 年）冬月十三早上，开始跑反，可怜，前后有 20 人左右，挑着米、咸菜，跑到龙潭方向的圩里。投靠北圩陈家荡的亲戚。从这儿到北圩有 22 里，中午才到达。

当时日军已经占领庙山（蛤蟆山，音），机关枪架在山上，中央军退到孟塘。我们跑到东阳都听到枪响。

我们刚出村，就遇到两个个子不高的日本兵，他们没有为难我们，让我们走了。我们还没有走到庙山小学（原名南庙公小学，现名桦墅小学），日本人就把小学的板凳、桌子搬出来烧，火好大。途中我们还遇到中央军，他们说，老百姓赶紧逃，日本人过来了。我们心想，其实我们路上已经遇到过日本兵了。

逃到圩里，睡稻草地铺。日本兵在圩外打枪，要花姑娘，要圩里人放船接他们。

腊月十三回家。日本兵经常扫荡，要鸡、鸡蛋、酒、猪、花姑娘，发现有人跑，不管是什么人，就开枪打。过年也不安稳。

在下法汛村，有从郭巷逃难来的兄妹俩。日本兵侮辱了妹妹后，叫哥哥也侮辱妹妹，日本兵在旁边看热闹。

我堂房姐姐姓葛，大姑娘，被日军奸污了。

一次，我两个大大（伯伯），还有叔叔、父母和我，一起跑到村西的萝卜塘边。日本兵从下法讯村过来了，到了竹园。我奶奶葛顾氏，人称"圩奶奶"，来送信："日本兵来了，赶紧跑！"日本兵向我奶奶开枪，一枪没打死，又用刺刀捅，有一刀捅在喉咙口。我奶奶就死要坟山的石楠树下。

奶奶人很好，帮人推拿治病。那次如果不是她送信，还要死不少人。我奶奶死于日本兵来的第二年——1938 年正月，是两个伯伯收的尸，现在她的坟还在。奶奶是与葛建友、秦大饼同一天死的。

我奶奶娘家是中国水泥厂对面的顾家场。她生了四男四女，我父亲是她三儿子，叫葛之福，我是她嫡孙子。

桦墅的秦乾高，结婚没几年，30 岁左右。鬼子抢了东西，要他把这些东西挑到驻地，他怕遇害，走到不到坟头（村）就跑了，被鬼子开枪打死。

正月二十不到，我们又跑到江南水泥厂，那儿有丹麦人、英国（应为德国）人做的"保险"（难民区）。厂里盖了芦席棚给难民住，去得早的住在芦席棚，后来来的难民，就找竹子搭"草披子"（草棚），（厂属的）铁路上和山上都住的人，估计有两万多人。

有一次，回家拿东西，从汤山坟头来了鬼子，要蛋、肉、酒和花姑娘，把我家的鸡和鸡蛋都捞走了，吓得我不敢动。妇女就不谈了，年轻的、老的都（被日本兵）侮辱。

开春雨水多。要种田了，在江南水泥厂躲到农历二三月才回来。

抗战的第三或第四、五年，新四军在龙王山抓住两个鬼子，跑了一个。鬼子烧了湖山村、高庄。

日本投降，我到龙潭学生意。多远，鬼子就敬礼说："中国人大大的。"我念到《孟子》，文化程度相当于初中。解放后，我曾担任了孟北乡乡长五年。

☢ 秦乾道口述

秦乾道，男，79 岁

调查地点：汤山镇桦墅村

调查时间：2002 年 7 月 21 日

调查人：韦立顷、殷红

1937 年，我 14 岁，家里七口人，以种田为生。日本鬼子到我们村的那天（具体日期记不清）是在下午，有好几百人。就在我们村的路边有个理发店，店里的师傅腰上束着条皮带，腿上还有疤，日本人一看，以为是中央军，乖乖，一把刺刀把他捅死了。这是日本兵经过我们村（当天）唯一被杀死的一个人，另外日本人烧了三间房子。

后来有一队日本兵驻扎在庙山（原国民党军队的一个兵营），有一天一个哑巴和一个做豆腐的去给日本人送豆腐，在路上被日本兵盘查，哑巴不会说话，被日本人打死，另一个吓坏了，扔下豆腐就跑，没出几步也被打死。

每隔三五天就有日本人来村上要东西，一般早上八九点钟来，每次来三个鬼子，要花姑娘，要老母鸡，要粮食、猪，等等。老百姓为了躲避日本人

243

的骚扰，就挖地洞躲起来，也有的跑到了江边的圩子里。后来局势越来越乱，日本人占领了南京城后，我们全家和本村大多数村民一样搬到了江南水泥厂，步行了约三公里，途经漳桥、梅墓、杨庄。

在江南厂里边我们用茅草搭棚子，自带的锅只能煮些稀饭吃。当时江南厂里约有上万人，只能自己解决，晚上我们还经常要跑回来拿粮食。由于害怕家里的粮食被日本人拿走，我们就把它装到大缸里埋起来。另外留在家里的一些老头、老太太还种些菜，我们回来拿粮食时还能带上一些。

江南厂里当时有个德国人（京特）长得高高大大的，日本人想到厂里闹事时他常出面管一管，要是有难民生病，感冒什么的，厂里的医生能给看看。

有一天，一个30岁的妇女在栖霞山边割柴火，并牵着毛驴去驮，被一个日本兵看到，欲行不轨，那个妇女就跑进了江南厂的难民营，但毛驴给丢下了。日本人想牵走她的毛驴，德国人就出面制止，叫那个日本兵想要毛驴就把枪留下，结果那个日本兵只好作罢。

☢ 苏宝英口述

苏宝英，女，88 岁

调查地点：汤山镇桦墅村周村 57 号

调查时间：2002 年 7 月 21 日

调查人：韦立项、殷 红

说起那些日本人，我就恨。我的第一个丈夫于家杏就是被日本人打死的，他当时是做鞋子卖的。有一次日本鬼子到村上来，不知是谁放了一枪，日本人就到处抓人，我丈夫当年 22 岁。日本鬼子以为是他放的枪，抓走了。鬼子把他带到湖山石灰窑的时候把他枪杀了。我后来只好改嫁。

日本鬼子来了以后到处乱杀人，村里的人吓得四处逃命。当时也不知哪里安全，就跟在别人后面瞎跑。我和家人经西沟渡，逃到周家营，后来日本人也到了那个地方，我们听说江南水泥厂安全，就跑到江南水泥厂。

在江南厂里面自己做饭吃，父亲后来又回家去了，时不时给我们送点粮食，在江南厂里待了几个月，开春的时候才回家。

☢ 笪英芳口述

笪英芳，女，86 岁
调查地点：汤山镇桦墅村 225 号
调查时间：2002 年 7 月 30 日
调查人：殷红、韦立项

日本兵是 1938 年冬月初五（农历）来的，先在庙山和中央军打了一仗。老百姓听见枪炮响，躲在圩子里去了。日本兵进村后，就开始杀人放火。村民周尚富家被烧。村民严兴道，入赘外村，回家探亲，日本兵来时没能走掉，被杀。剃头师傅张广玉，是江北仪征人，因为腿上有疤，被认为是国民党中央军，被鬼子用刺刀杀死。这两个人的尸体埋在村子里西南角上。

桦墅村里有个学者周伯恒，与新四军、国民党、日本兵三方都有关系，使得桦墅死的人很少。

正月初五这一天，日本兵从桦墅到坟头大石碑驻地这一路上杀了六个人。

秦乾高，桦墅人，给日本兵抓了送猪肉、豆腐，被杀死在湖山山东洼。

秦汉英，孟塘葛巷人，膀子上有牛痘疤，日本兵说是子弹擦伤的疤痕，把他杀死在马山口。

林小兔子，孟塘张家岗人，被杀死在石连响水坝。死因不明。

哑巴（姓戎，名不详），湖山圣村人，日本兵说他装哑，被杀于湖山山东洼。

小毛三（姓毛，名不详），孟塘陈家边人。死因不明。

☢ 秦敬英口述

秦敬英，女，73 岁
调查地点：汤山镇桦墅村 132 号
调查时间：2002 年 7 月 30 日
调查人：殷红、韦立项

我本是孟塘人，7 岁到桦墅做童养媳。严光道是我婆家的三叔，他回家后

日本人来，没跑掉，躲在我家锅底下，被发现后跑出去，在池塘边被日本兵用刺刀捅死。这是我亲眼所见。

🌑 戎凤英口述

戎凤英，女，76岁

调查地点：汤山镇桦墅村63号

调查时间：2002年7月3日

调查人：殷 红、韦立项

我有一个堂哥，是个哑巴，在桦墅赌钱的时候被日本人杀死。哑巴有兄弟叫戎思（士）兴、戎思（士）德。侄子戎国兆（照）。

湖山圣村有个老人杜仁清，因为想在家照看东西，日本兵来了没躲。被杀。

🌑 陈德发口述

陈德发，男，86岁

调查地点：汤山镇桦墅村187号

调查时间：2002年7月30日

调查人：殷 红、韦立项

1938年（应为1937年）日本鬼子打过来，在庙山跟中央军打了一仗。我哥哥陈德兴给中央军带路，被山顶上的鬼子一枪打中了大腿，受了伤。两个中央军把他抬走，他从此就失去消息了。

鬼子进村后，到处搜中央军。大冬天的，叫人脱光衣服，查身上有没有疤。我右肩膀上挑担子磨出疤来，日本鬼子说是刀伤，摸颈子，摸腰，查看肌肉，来判断我是不是中央军。

村里秦乾高种过牛痘，膀子上有疤痕。他和另外三四个难民被强迫拉去送东西，都被杀了。

后来，我们就躲江南厂里，搭个小棚子住。晚上鬼子不敢出来，我们就回家拿些粮食。我还记得那个德国人会说中国话，丹麦人不会说。德国人跟

246

我们说，叫我们不要乱跑，说在厂里很安全，出了厂就不安全了。

☢ 王义炳口述

王义炳，男，1933 年 3 月生

调查地点：汤山镇孟北村北岗

调查时间：2002 年 7 月 21 日

调查人：汤振华、周新国

我原住江南水泥厂附近两华里的地方，我随大哥、二哥住在这边，在孟北也有一个老家。跑反时我们全家都去了江南厂，好像是德国人办的，自己带粮食自己在地上挖个洞烧饭。听说许巷有个艾姓老头颈部被砍了一刀，但没死。

☢ 徐秀华口述

徐秀华，女，71 岁，属猴

调查地点：汤山镇孟北村北岗

调查时间：2002 年 7 月 21 日

调查人：汤振华、周新国

我原来是泰州人，跑反时我们逃到江北，没有去江南厂，我那时 5 岁，只是跟着大人跑。那时日本人去我们那里通过水路，他们有时是四五十条船，来很多日本人。有船过不去的地方，就叫村民去挖，挖得不好，就被戳死。我们村中有一位老人就被戳了一刀戳在心口然后疼死了。那时我们小，站在路边，日本人拿糖给我们吃，让我们带他们去找"坏人"，我们不敢去，日本人还逼迫村中老太太带路，拿刺刀架在头上威胁。

我有一个伯伯和一批青壮年被日本人拉去枪毙，伯伯逃跑，大腿上中了一弹，打穿了。

在东流对面有个村子叫平家岗，有过大屠杀，死了好多人。

◉ 苏立芳口述

苏立芳，女，1922年2月生

调查地点：汤山镇孟北村同兴村民组

调查时间：2002年7月21日

调查人：汤振华、周新国

我们跑反时跑过很多地方，我们是冬月初三四跑反的。先是去了栖霞寺，但栖霞寺还是有鬼子进去，住了几晚后我们觉得不安全还是走了。后来去了江南厂，在那里待了一个多月左右。在里面用稻草搭了个人字形的棚子，钻在里面睡。

厂里人很多，因为躲在里面安全。在同兴附近山上，有四个老头老太被杀害。有几个小伙子和日本人打，其中有一个人头被砍下来，眼睛、鼻子都被挖空了。日本人心非常毒。安民以后，日本人在村民门上贴了白色纸条，表示安民，但他们还是过来惹事，捞花姑娘、抢东西。后来日本兵过来收马草，他们非常挑剔，只要有一点不好那就倒霉了。

◉ 陈光琪（音）口述

陈光琪（音），女，77岁

调查地点：汤山镇孟北村许巷

调查时间：2002年7月22日

调查人：汤振华、白健、周新国

我们村是冬月十四下午五点钟左右日本人搞了次大屠杀，在一块大约有一亩六分的田中有十几个人并排跪着被日本兵刺死。我哥哥陈光东、时有恒、陈光才，还有四个30多岁的人，一个40多岁的私塾老师，还有一个一脸麻子的50多岁的老头都在这次屠杀中遇难。我父亲陈志松，当时61岁，早晨五点钟不到去拿草，村中有个小伙子被日本人叫去在那里收钱，他叫了我父亲一声，我父亲害怕想跑被日本兵抓住，日本人叫那个小伙子打我父亲，小伙子不肯，日本兵用枪托把小伙子打倒在地上，用刺刀把我父亲戳死了。

我有个大哥哥，当时他已经结婚并有了两个孩子，跑反之前被中央军抓

248

去当挑夫，家里人都以为他死了，我母亲思念他们，茶不思饭不想，那时也死了。我们是由叔叔带着在江南水泥厂躲了一段时间，当时我的哥哥也在江南厂，日本鬼子来时洋人旗子一招，鬼子就不敢来了。里面不下 2000 人，周围村里的人都去江南厂，开春下小秧的时候回家。那时鬼子安民了，鬼子在这边待了八年，烧得不像样子。

我姐姐陈光秀跑反前已讲给南京一户人家，后由我叔叔送去。我们家开粮食行，在日本鬼子手里生意很好做，钱到清。城里日本婆子长得漂亮得不得了。我家里两头牛，三头肥猪被日本人抢了。

🔘 崔志高口述

崔志高，男，1926 年 3 月 5 日生

调查地点：汤山镇孟北村许巷 70 号

调查时间：2002 年 7 月 22 日

调查人：汤振华、白健、周新国

我当时还小，具体的也记不清楚了。日本人来杀了 18 个人，其中有：余其宝、余柱子、陈光财、沈九海、沈九芳、崔世才（幸存）、时有恒、陈光东、宝华（姓想不起来了，是陈家的伙计）、时松龄（幸存）。

当时我父亲崔世才在 18 个人中间，他们被鬼子押着跪在地上，排成三排，我父亲在第二排第三个，日本人杀花了眼，把我父亲漏掉了。后来鬼子走了，有个老太太喊活着的快跑啊，鬼子马上又要来了，我父亲赶快跑，钻到一个缸里，不敢出来。我母亲没有找到他的尸体，哭着到处喊。我父亲从山上下来，回到家里，带着我和母亲就走。走了一里多路，都没敢讲话。给他饭就吃，他一时已经吓傻了。当时江南厂已经住满了，我们只好到了圩地，躲了个把月。鬼子安民我们才回来。

🔘 时有升口述

时有升，男，79 岁

调查地点：汤山镇孟北村许巷四队

调查时间：2002 年 7 月 30 日

调查人：汤振华、周新国

　　两年前有一位东京大学教授来过，是南京大学的两个大学生带过来的，他们了解日本人在许巷杀人的情况，并且也记了名字。

　　那是 1937 年 12 月份，农历冬月十四下午四点多钟的样子，日本人从东流那边过来，村里一个叫陈志锡的老人说日本人不会杀人了，叫大家到村边去迎。当时村里有 40 多个人，有男、有女、有青壮年、有老人、有小孩，在老人带领下拿着旗子去迎接日本人。这个陈志锡跑反时没跑，因为是老人，日本人没杀他，他以为日本人不会再杀人。结果日本人把这 40 多人中的青壮年拉到一边，把老人、妇女、小孩赶走。我当时 14 岁，看到大人们站在那边，我就往大人那边跑，不想跟老人妇女在一起。一个鬼子拉了回来了。那个人就是时松筠，是我的本家叔叔，鬼子把他的衣服扒掉，用皮鞋在后面踹了一脚，把他踹得跪倒在地，然后从背后就是一刺刀。当时是 14 个人被拉过去，他们的名字是：

　　催（崔——编者）世才，被日本人杀漏掉了，当时 30 多岁，在第一拨鬼子走了之后爬起来跑掉，活到 70 多岁才死。

　　刘应志，当时有 24 岁或 25 岁，也没有被日本人杀到，爬起来跑掉，但没两年就病死了。

　　时松龄，我父亲，他被鬼子杀了三刀，没死，第一拨鬼子走后爬起来跑，躲在山上。第二天我们去把他抬回来。当时他四十来岁，活到 80 岁才死。

　　余启宝，当时三十七八岁，受伤未死，爬起来跑，但跑到前面就死了。

　　沈九芳，当时三十几岁，受伤未死，也是跑到前面就死了。

　　以下是当场被杀死的人：

　　沈九梅，沈九芳的哥哥，当时四十一二岁。

　　时松筠，当时三十七八岁。

　　时有恒，我的亲哥哥，当时 19 岁。

　　陈光东，陈光秀的弟弟，当时 16 岁，是这次所有被杀的人中最小的。

　　陈光才，当时 21 岁。

　　葛老四，当时二十七八岁。

　　王大林，当时 20 多岁。

余启财，余启宝的亲兄弟，小名叫小珠子，当时二十七八岁。

还有一个人的名字想不起来了。

除了这次 14 个人的屠杀外，另外陆续被日本人杀掉的有：

时松财，当时 30 多岁，他大我两辈，我叫爷爷，他是许巷这边第一个被日本人杀掉的，是在冬月初五早晨。他躲在地洞里，被日本人看见拖出来打死。

陈智松，陈光秀的父亲。他在冬月初七早晨拿草喂牛，头一刀没把他戳死，他坐起来，又被戳了一刀，就死了。

朱宝金，当时 30 多岁，是在冬月初七。

艾仁炳，当时 30 多岁，冬月十四他生病睡在家里，弄到前面田里被打死。

刘老五，当时 30 多岁，在冬月初六或初七，他一个人在家，鬼子叫开门，他开了门，鬼子就一刀捅过来。

第二聋子，当时 40 多岁，是在冬月初几被杀的。

艾姓兄弟是在东流平家岗被杀的，他们在平家岗有亲戚，跑过去被日本人抓住，他们五个人和平岗的一个人一共六个人一起被杀掉，他们好像是冬月初五去亲戚家的，初六死的。他们是：

艾仁林，当时 40 多岁；

艾仁银，当时 30 多岁；

艾义生，当时三十二三岁；

艾义荣，当时 18 岁，受伤未死，活到 1996 年死的，有个独子艾立孝；

艾仁平，当时 40 多岁。

龙潭地区

孙有和口述

孙有和，男，1915 年 6 月 17 日生

调查地点：栖霞区龙潭街道三官村义东组

调查时间：2006 年 9 月 17 日

调查人：王义军、朱军

日本人来中国的那年，我 23 岁，在南京下关做木匠，给日本人干活。那时给日本人做事很苦。吃的、睡的很差，还被日本人不当人待。一天，日本

当年日军占领中国水泥厂后，日军为了掠夺中国水泥厂的水泥，还控制了龙潭火车站，当时日军特地安排了一个五节车厢的"小五挂"列车，专门用于水泥的运输，从龙潭沿铁路运往下关江边，供日军在华建设军事设施。

人发现工地上有人偷铁钉子，到工地上，就把我们一群人带上车盘问，问的时候，当时有个人慌了神，转身就跑，这一跑，身上偷的铁钉就全掉了下来，日本人一看，上去就一把抓住，举起枪托就没命地往死里打。我当时一看，苗头不对，就拔腿跑，几个日本人见我跑就在后面追我，跑着跑着，我遇到了一条小河，我一下子跳下去，日本人对我开了一枪，子弹从我的胸前打过去，幸好没有打到我，我算命大，捡了一条命。过了河，我躲在日本人砌的厕所里，由于日本砌的厕所多，一大排，我就躲在其中一个里面，当时天又黑了，日本人来回找了几遍，始终没有找到我，就叽里哇啦地走了。后来，我一个人趁着天黑，偷偷地从工地上跑了出来，来到下关，找了个黄包车把我送回了家。回来以后大病一场，在家睡了三四个月，以后才慢慢好转。

🏵 徐宝珍口述

徐宝珍，女，1925 年 6 月 23 日生

调查地点：栖霞区龙潭街道宣闸八段村 50 号

调查时间：2006 年 9 月 16 日

调查人：王义军、朱军

我今年83岁，日本人来的时候我才12岁，还小，但有些事情还是能记得了。当年，日本人侵略我们中国时，那是什么坏事都做绝了，我们是怕死日本人了。当时日本人是从汤山、下蜀方面过来的，他们先是在山里烧杀抢掠，什么坏事都做。而且还杀了一大批人。我们圩里人害怕日本军来，就早早放潮水进来，当时想用潮水阻止日本人，但是没有做到，日本人在山里

左侧建筑即为日军占驻中国水泥厂时的马棚

日军侵华期间占驻中国水泥厂，以军官名义将该厂交日商三菱系统的磐城水泥株式会社经营，期间，在厂北河西街建造日式建筑，供日方人员居住，目前尚存两幢建筑。

侵华日军在栖霞地区罪行新证

253

抢完之后，就到我们圩里。圩上的人是用木盆把日本人送进采的。日本人进来之后，就是要鸡，要鸭，要花姑娘，要不到就打人、杀人。我有一个嫡亲表哥叫徐恒发，当时 30 多岁，日本人把他抓到了，让他跪在那里，要砍他的头。村里许多人去求情，求不下来，最后，还是被日本人一刀刺进胸口，给刺死了。我还亲自看到，在下蜀仓头，有一户人家叫杨二，父子三人开了一个小店。日本人来了，他们三人舍不得小店，就没有走，被日本人抓到了，问他们要花姑娘，他们说没有，日本人就叫他们自己先挖了一个大坑，挖好后，就把父子三人推进坑里给活埋了。当时真惨啊！还有一个孙庄的人，叫徐震山，他把村上的花姑娘都藏在墙的夹缝里，他被日本人抓到后，日本人还是问他要花姑娘，他说没有，当场就被日本人打死了。日本人头一次来是冬月二十六，我还记得，以后几年，日本人都是这样，直到投降。

☢ 梅启英口述

梅启英，女，1928 年生

调查地点：龙潭四段圩长林村

调查时间：2007 年 2 月 19 日

调查人：费仲兴、周伟、费之茵

该建筑为侵华日军建造，供日军控制龙潭火车站的人员居住。

我今年 80 岁，属龙，跑反那年，我 9 岁，姐姐 18 岁，弟弟 6 岁，父母亲 49 岁，他们是同年的。

我娘家在宝华上鲍亭，后采嫁到龙潭。

跑反那年，冬月初五，上鲍亭来了许多日本兵。我父亲（梅春发）吃过午饭去领难民本，一个日本兵端着刺刀，对准他喉咙刺了一刀，当时没死。我妈和姐被日本兵逼着站在那里，不让动，一直站到天快黑了。后来，我妈碰了她一下，叫她快走，她就跑到我和弟弟躲的洞里来了。过了一会儿，我妈也到洞里来了。日本兵就在我们地洞顶上架着机枪打，洞里震得很响，我们吓得一动也不动。幸好日本兵没有发现这个洞，要不我们就没命了。

第二天我人就往龙潭跑。先到东阳，东阳还有不少中央军，穿着灰大衣，对我们喊："你们快跑，我们打不过日本人。日本人来了要杀人的！"我们跑到龙潭陈家圩，住在我姐夫的舅舅家。过了 9 天，我妈从陈家圩回到上鲍亭，一看我父亲躺在地上死了。

上鲍亭还有许多人被鬼子杀死了。在孟塘扒灰桥那里，日本兵丢了许多枪。有人说是小张家岗的人偷的，其实是大张家岗的人偷的。日本人把许多年轻人抓到扒灰桥，一共打死 25 个，其中有一个是我的表哥。

冬月初五下午，400 多个日本兵端着刺刀打宝华山，那亮晃晃的刺刀和钢盔在太阳底下看起来特别刺眼。

龙潭这里打死了许多中央军，我母亲从陈家圩回上鲍亭时是从死人身上爬过去的。

黄须子是龙潭陈家圩的大地主，早就死了。他的名字怎么写啊？我不知道，我不识字。陈家圩拆迁了，他们村的人不知搬到哪里去了。

——录自张宪文主编《南京大屠杀史料集》第 39 册

《幸存者调查口述续编（下）》，

江苏人民出版社，凤凰传媒出版集团，第 1741—1742 页

李国栋口述

1938 年，我们那时住在江边，在南家圩和庄。说起日本人做过的坏事，几天几夜也说不完。

　　那时候（1938年）每天都有七八个日本兵，坐着汽油船在江上巡逻。他们沿江抢东西，有鸡要鸡，有猪要猪，还要花姑娘，有个叫高德奇（音）的，他的妻子就遭日本人奸污了。

　　大圩王宜松一家，住的地方离江边只有一里路。一天日本兵看到王宜松的妻子就要抢，王宜松当然不肯，拿铁锹把一个日本兵的手划伤了。那个日本兵，可能是小队长，拿哨子一吹，船上七八个日本兵全来了。王宜松他们一看吓坏了，赶紧跑，躲了起来。日本兵没抓到他们，就放火烧了他们的房子，结果还有两个小孩在家里，被活活烧死了。

　　我的哥哥李国德，那年20出头，在地里干活时被日本兵抓到溧阳，半年后才被放回来。他说在溧阳，没得吃，也没水喝，只能喝牛蹄印子里的脏水，回来后就得了病，过了很久才看好。

　　有一天，村里来了一个陌生人，30岁左右，日本兵说他是个新四军，把他抓起来，用刀背打，逼问他是不是新四军。那个人大呼冤枉，结果被活活打死了。

　　卓兴寿一家是卖了老家的地，搬到兴隆来的。他们在兴隆买了地，自己耕种。一个叫“小鸡三”的，跟日本鬼子混，是个汉奸。小鸡三认为卓兴寿家里有钱，就向他借五斗米。其实卓兴寿家里没钱，不肯借米。小鸡三就告到日本人那里。小鸡三到卓兴寿家，说要搜查，偷偷地把五颗子弹放在抽屉里，陷害卓兴寿，说他是新四军，把卓兴寿和他的弟弟卓仁寿带到南京日本宪兵队。鬼子们向他们肚子里灌水，叫人踩，还把他们的父亲卓广元叫去看。这个小鸡三，也是仗着日本人做坏事。

　　村里两个小娃林学安和唐朝庭，都只有八九岁大。一天，他们在水泥厂附近放牛，日本人在水泥厂里打靶，日本人放一枪，他们就甩一下鞭子。日本人以为他们在放枪，逼他们交枪，还把一个孩子扔到了水闸里。回到村上，把三十几个村民赶到打场上，叫他们跪着，逼他们交枪。

——录自张宪文主编《南京大屠杀史料集》第 26 册
《幸存者调查口述编》，
江苏人民出版社，凤凰传媒出版集团，第 766—767 页

☢ 刘尚余口述

　　老家在龙潭东边刘家荡的刘尚余，与民国时在龙潭街开中药铺的刘朝波当为本家。2005 年，刘尚余 80 岁，家住汤山，他回忆当年随父母跑反回龙潭时的情景：

　　鬼子想到我们村（刘家荡）来，他们站在河埂上朝天开枪。桑翻译，那时叫"通司"，向我们喊："我们不伤害你们，你们来接，好好招待他们！"刘家荡的人就用木盆划过去接他们。这一次就来了两三个鬼子，带了渔网、叉子，下塘打鱼，打了千把斤。他们看到小孩还跟小孩玩。他们把鱼皮扒下，一片一片地切，蘸点酱油生吃，叫小孩也吃。那时龙潭有个大资本家叫叶梅，开了家商店叫"均益"，他把商品全运到刘家荡了。日本兵走的时候看到了这些商品，就弄了点蜜枣、桂圆、脆饼，抬走了。第二次，住在龙潭水泥厂的日本兵又来了，大家就害怕了，怕他们来搜查。有个在外面上学的，有一套童子军的衣服塞在柴堆里。鬼子要逮鸡，鸡拱在柴堆里，鬼子一掏，把那套衣服掏出来了，就说有中国兵，要找中国兵。村上人谁也不肯说，日本兵一直闹到快天黑，要归营了，说："明天来要中国兵"村上人连夜搬家，大家躲在蒲塘里。大人、小孩都坐在木盆里，不敢叫，不敢哭，在蒲塘里冻了一夜。我父亲撑竹篙划木盆，半边衣服湿了，一冻，成了盔甲，走路都叮叮当当响，一双手冻得不像样子。后来又往东逃，找了个连门的亲戚，在他家躲到天亮。天亮后，鬼子没来，到中午了，也没有来。原来水泥厂里的鬼子

龙小山碉堡

257

连夜就开拔了，我们就躲过了这一劫，村上也没有损失什么。

笔者曾进行过走访，当地老百姓说龙潭有日军驻防的就是中国水泥厂和龙潭火车站两处，刘尚余提到水泥厂的鬼子开拔，一定是执行什么任务去了，水泥厂一直是有日军的。果然，刘尚余的口述证明了我们的论断。

后来，鬼子又来了几次，要花姑娘，我和一个哥哥、妹妹，还有一个外地来的老太婆躲在一间草屋里。鬼子把子弹拿出来，在枪上敲，喊："花姑娘的有？不出来死了死了的！"我们就跟他说没有花姑娘，求他。后来，年轻妇女就一个个脸上抹了黑灰，躲在夹墙里，鬼子找不到。

有个董事叫徐昌东，在国民党里也有两下子的，龙潭有他的仇人，依靠日本人的力量来抓他，我们都看到的。前面一些人挑着鱼，后面的日本人把徐昌东抓住了，从上坝押往水泥厂。他双手被铐着，铁丝从肩锁骨穿透，就从我们村的前埂走过，一步一个血的脚印，流了不知多少血，押到水泥厂就被杀害了，我没敢去看。大人们都说："东边一棵大树倒掉了！"因为上坝在我们的东边。

——录自张宪文主编《南京大屠杀史料集》第 27 册

《幸存者调查口述编》，

江苏人民出版社，凤凰传媒出版集团，第 988—991 页

原侵华日军士兵的证言

南京战时第十三师团山炮兵第十九联队第三大队弹药手

编者注：原日本兵（隐去姓名）来自福岛县，隶属日军第十三师团山炮兵第十九联队第三大队。

大家晚上好。

我就是刚才承蒙介绍的那个作为支那事变的勇士之一而存活下来的士兵。现在我上了年纪，已过了 80 岁的生日。有些老糊涂了，要想起 50 多年前的事情并把它说出来并不是一件易事。难得大家愿意倾听，我想试着说说看。我口音中带着东北腔，可能会有不少难听懂的地方，请大家多多见谅。

这就给大家讲一讲关于支那事变的情况。1937 年 10 月 2 日，在上海敌前登陆后，经历了大场镇、老陆宅、马家宅等战斗。我们虽然不断地向前行进，但是马家宅的碉堡要塞十分坚固。在那附近大概花了十天以上的时间。马家宅终于陷落了，这次又转到了南京追击战。到此为止已经出现了很多伤兵和阵亡者。

因为我属于山炮兵的弹药手，所以并不是战斗部队的，战斗部队是中队。因为我们用的是当初日俄战争时期的山炮，并不是新式山炮，所以我们拉起绳子，打下木桩，把山炮绑在木桩上，然后开炮。

因此，我们并不那么清楚前线部队的艰辛。在进攻途中，我们完全没有接触过战死者，只是把伤员搬运到临时的野战医院。在前进途中，我所感受到的就是士兵死了之后被遗弃在路上一周或是十天的样子。因此，所有的尸体都腐烂了一半，实在惨不忍睹。因为都是一些无法辨别身份的阵亡者，我

看到卫生兵把他们手脚都绑起来捆在棍子上，然后集中到一个地方火化。不，无论如何不能再发生战争了，这样的事不能再发生了。我觉得不能这样死去，因为这样死了以后，会不明身份地被火化的，因此我认为不应该发动战争。

从那之后，我们不眠不休地前进，凌晨2时起床出发，晚上到宿舍的时候已经是12时了，几乎没有睡觉的时间。大约十五天都是这样一边战斗一边前进，越来越逼近南京了，南京城已近在眼前。我们鼓足勇气向南京城前进。大概在14日下午，我们看见了50人、100人聚集在一起的俘虏兵举着白旗投降了，这其中有一些或被刀砍伤，或被枪炮击中的人。看到他们，我心想："到战场来，都是因为你们，我们才会这样艰苦的啊！"不管怎样，都是因为他们做的事情，我们才这样痛苦。在家的话，都说我是好父亲，是一个老实本分的人，可是到了战场上，什么都不是了。有这样的想法是理所当然的。而且，电影上也有这样的场景，在某个村落宿营的时候，把所有男人都拉到屋里，用手枪或步枪杀害了，然后，把妇女和小孩都关到某个屋里，晚上就强奸她们。虽然我自己没有这样做过，但我想其他的士兵干过不少强奸的事情。接着，到了第二天早上即将出发的时候，再把那些被强奸的妇女以及孩子全部杀掉，最后还把房屋都烧毁，这样即使有人回来也无处可住。我们就这样杀戮着，向前挺进。而且，我本人也觉得很不可思议，就询问了一下为什么要干这样的事情，结果得到的回答是，因为这个地区的抗日思想非常强烈，上级命令要将他们全部杀掉，所以只好全部杀掉了。总而言之，战争就是充斥着放火、抢劫、强奸、杀人等所有的罪行。

实际上，我真的逐渐认识到了我们发动了一场很对不起大家的战争。到了南京的幕府山附近，俘虏的数量已经是数不胜数了。两角第六十五联队俘获和俘虏兵大约有两万人。在这些俘虏中，有从十二三岁的孩子到长着胡子满是皱纹的老头，所有的男性全部都被抓起来了。

要说为什么这些人会一起行动呢？那是因为要征召男人打仗，失败后就全部成了俘虏。比如一场战斗失败后，就转移到下一个战壕，在那里应战，如果又失败了，就再转移到下一个战壕继续应战。就像这样，正规军把百姓集中起来应战，所以支那民众大部分都成了俘虏。至少所有的男人是这样的。妇女的情况我就不清楚了。因此，随着不断逼近南京城，俘虏们叫着"先生"，他们把我们士兵称作"先生"，叫着"给支香烟吧，给点吃的吧"。然而我们自己都没有香烟抽。

如果不每天征缴粮食的话就没有吃的，所以根本没有一点粮食给俘虏吃。我们收拾了一下位于南京城外一个叫作东外村中的支那人家，在那里过了一夜。因为幕府山下有个大的兵营，所以俘虏兵都安置在那里。虽说是兵营，也不过是一个大茅草屋顶，里面约有 20 根大梁。屋里面可以装几万人吧，两万人是可以装进去的。到了 16 日下午，所有人都到宿舍外整队，我心想是什么事啊，就到外面列队了。结果下达的命令是，前排的人去南京参观，后排的人去扫荡残敌。那天我的运气不好，正好排在了后排，我心想这下麻烦了，可是也没有办法，我们听从命令去屋里把枪都拿了出来。后排大概有 50 人，大家都拿着枪站好了队。不过令人头疼的是枪支不够。这些枪都是缴获的支那枪。

接着，我们按上级所指示的方向，向幕府山炮台下的兵营前进。因为害怕俘虏逃跑，周围用 20 挺左右的轻机关枪和重机关枪戒备着，连一只蚂蚁都跑不出去。长官让我们把俘虏都绑起来，可是没有用来绑他们的东西。于是我们就把支那人穿的衣服撕成了布条，把他们一个个地绑了起来。绑好了之后，让他们每两人并排坐在一起。说起来有 5000 人，这可是一个不小的数字，我们在此才不过几百人，这么少的人实在忙不过来。下午 1 时出发，到了傍晚月亮出来的时候才把 5000 人全部绑了起来，所以我想花了不少时间。其中也有一些日本士兵没有捆绑俘虏，而去专门算计着掠取金钱、手表和贵金属等。然而，我们是认真地在绑俘虏的。俘虏中有些人颇得要领，骨碌碌地绕着圈就把自己绑起来了。但是，那样的绑法一用劲绳子就会断，不管怎样都能解开。不过，因为日本士兵手里都拿着机关枪、步枪、刺刀，所以我想俘虏是逃不掉的。

这次俘虏排成了两列纵队，糊里糊涂地向扬子江方向行进，两侧大概每隔两三米就有了荷枪实弹的日本兵拉扯着俘虏前进。途中，有俘虏不知被什么东西绊了一下跌倒了，紧接着一个接一个地都绊倒了，可是我们根本没有工夫去拉他们起来，他们全部都被刺刀一个一个地刺死了。

走在后面的俘虏兵被杀掉了。这次我们似乎绕了远路，大概走了一里就到了扬子江边。扬子江南岸有一个不知是兵营还是什么的建筑物，因为是晚上，所以看不清楚。二楼的窗户和楼下都有步兵举枪瞄准着。广场上坐着 5000 名俘虏兵，北侧是一个高约几米的石墙，尽管晚上看不清楚，但我想这是一个

很高的石墙，因此，他们就不能往那边逃跑了。俘虏们都坐在院子里，日本士兵在中间试刃着军刀。有人把俘虏兵拉出来砍下了脑袋，或者用刺刀刺死，士兵们就这样进行着杀戮。

我参加战争后还没有实际砍过活人的脑袋，因此就向曹长借了一把军刀，向那瘫倒的俘虏砍去，但是只砍了一半。其实砍头也不是一件很容易的事，怎么也砍不下头来。期间，士兵们正在这么干的时候，有俘虏发出"哇"的一声叫喊，大家都站了起来。本来应该在机关枪小队长下达"射击！"的命令后大家才进行射击。既然5000人都一起站了起来，我们就不能放手不管。因此，在"射击"的命令还没有下达，机关枪就"嗒、嗒、嗒"地从一边开始射击了。我也想开一枪或开更多枪，但是觉得太危险了，开了一枪就住手了。然而，在机关枪的齐射下，5000人的俘虏就一个个地倒在了地上。

接着，上面命令要拿着刺刀走上前刺他们，因为其中可能还有活着的人，所以就拿着刺刀刺他们。我手里拿的不是日本的刺刀枪，而是一支支那枪。支那枪装不上日本刺刀。无奈，向战友借来一支日本枪，把自己手上的那支枪背在了身上。我行走在俘虏的身上，大概刺了30人以上，所以到了第二天早上，我的胳膊就疼得抬不起来了。

接着，发生了这样一件事。机关枪小队长一个人阵亡了，好像有一个俘虏从石墙上跳了下去。有好几百人跳下了扬子江，抓着木头或破木板逃走了，这不是在说谎。根据这些来推断的话，南京屠杀事件也就变得非常清楚了。当时，从石墙上跳下去的俘虏，抱着在下面沙滩上持枪警备的士兵一起滚进了江里。日本兵遭到突然袭击，呛了几口江水，甩下枪就爬了上来。"别让这浑蛋上来！"日本兵大喊着，把他刺死了。

大约晚上8时，我们终于踏上了归途，吃上了晚饭。第二天正好是南京入城式，我们也参加了。这时，我听说了这样一些事，昨天没有去的士兵还要去扫荡残敌，于是又被派了出去，今天真是倒霉了。用树枝做的钩子将昨天杀掉的俘虏全部拖到扬子江中去了。原本是5000人，但在两角部队却有传言说是2万人，所以我想这期间肯定进行了几次屠杀俘虏的事件。

南京入城式终于结束了，接着是浦口作战。要去浦口必须从南京渡过扬子江，因此需要从南京乘船到浦口去。然而，令人感到吃惊的是，南京的江岸边有好几万具尸体，堆积如山，这岂止是第六十五联队杀掉的俘虏啊。一些尸体都被浇上了煤油、汽油烧掉了。总之，一眼望去全是堆积如山的尸体，那场面简直是惨不忍睹。光是想想要杀掉那么多人，谁都会大吃一惊的。

关于南京的屠杀就是这样的。其实，这绝不是谎话，而全部都是事实。尽管听说石原先生说没有发生这些事，但事实上是发生过的，我可以证明。

另外，我还想补充说明的是，绝不能再让孙子辈的一代卷入战争。支那兵用飞机散发的传单上是这样说的：抛下可爱的妻子儿女，你们到底是来干什么的？赶快回家让家人安心吧。的确是这样啊，我不明白到底是为了什么要进行这场战争。实际上，说是南京陷落后就能回家了，……结果却不是这样。不管怎样，从汉口到宜昌，在三年半的时间里，我很多次都是九死一生。

关于战争的事情可以说上一两个小时，可这次只说一说有关南京屠杀的事情，其他的就省略了。我想这里有很多战后出生的人，也有参加过战争的人。实际上，我曾经三次收到应征入伍的通知，分别是满洲事变、支那事变和大东亚战争。满洲事变的时候我才21岁，也参加了那场战斗。军队毕竟是军队，我作为士兵实际服役了六年半，但来来去去，白白断送了十年的光阴。我连自己的孩子都没见过就奔赴战场了，孩子出生都已经三年半了，等我回家的时候，孩子都已经4岁了。孩子小时候的样子我只能看照片，没有实际看到过，实在是太遗憾了。所以，我绝不能死在战场上，不管怎样，等我回家之后，将那些艰辛全部说出来之后再死。正因为抱着这样的想法，所以我觉得在军队的级别根本无所谓，一等兵也好，二等兵也罢都无所谓，所以我级别不高，最后只是一个伍长而已。

曾经要晋升我为军曹，但要在我部队继续干一段时间，我说不行，因为家乡还有妻子和孩子，他们不能没有爸爸，所以我必须回去。就这样，我回来了。但是和我在一起在战场的士兵接到上级的命令，不得不去朝鲜警备。那时候一起在战场的士兵有些人比起我来资格更老，但他们都去南京作战了，并且在登陆的时候遭到敌人的轰炸，有些人就这样战死了。这样的事实在太多了。

虽然连自己都搞不清楚，但是我还是一边回忆亲身经历的事情，一边唠唠叨叨地把它们都讲了出来。谢谢大家。

[揭示南京大屠杀真相全国联络会编：《南京大屠杀—向日本人告发》，东方出版（株），1992年9月21日。]

（叶琳　张颖　译）

——录自张宪文主编《南京大屠杀史料集》第60册
《日军官兵日记与回忆（上）》，
江苏人民出版社，凤凰传媒出版集团，第242—247页

受命在太平门处置败兵

大东真一
1906年7月生
南京战时第16师团长步兵第33联队第2大队
1998年5月采访

我在昭和3年（1928年）1月10日加入久居33联队，从鸟羽出发到奉天（中国沈阳——译者注）驻屯。昭和5年（1930年）1月10日退伍。以后6年在青年学校任指导员，被认为指导新兵有功受到了表彰。

昭和12年（1937年）8月30日，我响应县内最大的第五次动员（26日开始）的召集。我是炮兵，换了离村子近的久居，去了33联队。我们村接受召集的有50人左右，步兵在久居，炮兵、辎重兵加入了京都的16师团的各个联队。我是上等兵，一直干土木工程的活，身体很结实。

进攻南京时，我在紫金山上上下下跑了三个来回。用中国老百姓的锅煮饭，装好分队每个人的饭盒，运送粮草，抬下战死者。为分队的人出去侦察，因战功获得五级勋章。6中队长辻四五郎拒绝工兵的掩护，专断地发起了夜袭。激战到快到亮时，受到天文台方向的捷克式机枪的侧射，在山腹处一步也动不了，连在岩石中挖藏身的洞也很困难。我们分队12人中战死了三四人，只有我们中队战死者较多。

黎明时攻向太平门时，抓了敌人的工兵，让他们边排地雷边引路，从紫金山向太平门前进。太平门有大量的败兵。

在太平门听说有过屠杀败兵的事。但我没去，爱看的人去看了。在太平门也许有过屠杀，也许对败兵干过什么。记不清楚了，但在那儿听到中队长说过"处置掉"。但是，我没有在场。是喜欢将中国人又砍又刺的人干的。在太平门外接二连三地抓到俘虏。记得不太清楚。

这以后我们往下关去扫荡败兵。扫荡的事记不起来了……6 中队有第 2 机枪队跟着。我当新兵时的教官是重机枪队的队长。

我参加了南京入城仪式。各联队竖起了很多的联队旗，我第一次看到那么多的军旗。中队在玄武湖附近的太平门警备了一星期左右。周围有好多手榴弹落在玄武湖里爆炸，鱼浮了上来，我们抓了大量的鱼。

我也参加过扫荡，只去过城外，去各村庄转了一圈，没有敌人。只有几个女人，村子里几乎是空的。分队进难民区时，中国人求我们救救被拉进塔中的两个姑娘，我们把她们救了出来。

——录自《南京战·寻找被封闭的记忆》，编者［日］松冈环，译者新内如、
全美英、李建云，上海辞书出版社，第 142—144 页

师团命令"处置掉"太平门的俘虏

池端正巳
1914 年 11 月生
南京战时第 16 师团步兵第 33 联队第 2 支队
1999 年 6 月采访

我是昭和 9 年（1934 年）的兵。从满洲的齐齐哈尔到过泰安镇，在那儿讨伐土匪，进行治安警备。在满洲期间接受过芥子气和路易氏毒气的训练。昭和 11 年（1936 年）参加了作为耐寒演习的冬季大演习，去了海拉尔。这年回到了久居，但是昭和 12 年（1937 年）7 月发生了支那事变，8 月联队发出了第 5 动员令，我接受了召集，9 月从久居出发到大阪。从大阪港乘船到天津附近的大沽登陆，横穿天津追击敌人。为了与其他部队交接充当第一线，我

侵华日军在栖霞地区罪行新证

265

们部队作为先遣队溯子牙河而上，那时我们部队没有遭到敌人袭击，后续部队遭到了敌人的意外袭击，损失不小。这以后，联队追敌南下，转战到河北的正定附近。我们乘汽车再度穿过天津，经山海关到达奉天（沈阳），从那儿南下到大连港。被带到哪儿去完全猜不到，以为可以回家了，结果乘上了船才被告知要在上海附近进行敌前登陆。

南京陷落后，同伴来探望我，由此我听到了许多紫金山战役后来的事。

从同伴那儿听说，他们从山上下来的时候，抓了敌人的少校，让他引路到太平门，所以没有踩到地雷。我们部队到太平门扫荡时，从镇江败退下来的敌人不断地过来。他们已经没有斗志了，接二连三地投降过来。敌人大概以为南京还没有问题，所以回来的。他们来到太平门，一个个被解除武装。俘虏很多，战利品也很多，所以如何处置这些败兵、俘虏成了问题。我们部队人数很少，不满一百。那么多俘虏，有一千几百个人，供吃饭也不可能。人数多的数不清。我们把这些俘虏抓起来，绑起手，其中有些人脚也被绑起来，放在城内城墙的一角，但不给吃饭不行。我们部队自己吃饭也有问题，就去问师团，这些俘虏怎样处置。师团的上司命令是"都处置掉"，我们部队就在城墙附近处置了。听说是把中国人围在栅栏里，工兵也来了，用地雷炸死的。听说他们老是不死，就用机枪连续扫射，情况很悲惨。

现在回想起来，再也不愿有战争。不能再发生战争了。

——录自《南京战·寻找被封闭的记忆》，编者［日］松冈环，译者新内如、全美英、李建云，上海辞书出版社，第 144 页

266

祭奠南京大屠杀死难者

战地祭奠

信丰招魂

1938 年 10 月，日军攻占广州、武汉，抗日战争从战略防御阶段进入了战略相持阶段。

在战略防御阶段，66 军历经淞沪战役、南京突围和南浔诸战，表现相当出色，赢得了钢军的美誉。该军在重创敌军的同时，自身伤亡也十分惨重，南京突围的第一天就牺牲了罗策群、司徒非两位少将。1939 年 1 月，66 军奉命南开途经赣南，于 1 月 15 日在信丰县城北门外的旷野上召开追悼大会，沉痛悼念抗战以来历次战斗中牺牲的同袍。

这次追悼会规模空前，高级长官、国际来宾、上级机关和民众代表共 3 万余人在祭坛前潜然肃立，默念致哀，聆听祭词，会场内外气氛悲壮。

按照叶肇的意思，这次追悼会就是要为成千上万战死他乡的将士扬幡招魂，使他们的灵魂有所归依。当时，广州已被日军占领，66 军官兵来到信丰，故乡遥遥在望，但他们有家难回，只能异地设祭，悲愤之情溢于言表。

会上，余汉谋、商震、薛岳、吴奇伟等多位要员宣读了祭文。余汉谋的祭文如下：

维中华民国二十八年一月十五日，第四战区副司令长官，兼广东绥靖公署主任第四路军总司令余汉谋，率全体将领佐士兵，谨以香花酒醴庶羞清酌之仪，至祭于第六十六军抗敌阵亡诸将士之灵而言曰：我表东海，大风泱泱；维东有獭，噬我如狂。狂獭噬人，嗷嗷靡已；巽命出师，卫我疆理。我军受命，厥象桓桓；师次勾吴，寝簟未安。沪战方酣，不炊而御；剡于刘行，落其角距。

祭奠南京大屠杀死难者

整军东指，再战南浔；前仆后继，载聚驳驳。火烈具扬，一弹百命；万死不辞，九天宁问。授命舆尸，如得醅寝；毅魄忠魂，上千昴井。衣冠跄济，同吊国殇；我来庶止，敬酹一觞。举觞爵地，心恻涕零；国仇未复，曷慰幽冥。贾勇争先，驱除丑虏；与子同袍，还吾故土。死无余恸，生者勿忘；陈辞抒臆，莫以椒浆。尚飨！

159 师师长陈骥和副师长林伟俦的祭文提到了南京突围"弹尽援绝"的情况，全文如下：

维中华民国二十八年元月十五日，陆军第一五九师师长陈骥、副师长林伟俦，谨率全师官兵，致祭于本军阵亡将士之灵而言曰：呜呼！强邻压境，突我藩篱；典章文物，一旦纷披。尚幸吾国，人心未死；团结一致，无分彼此。忆昔衔命，抗战沪滨；将士忠勇，奋不顾身。金陵告困，弹尽援绝；与敌偕亡，抑尤壮烈。南浔一役，斩获殊多；我岂无损，徒唤奈何。呜呼！大树飘零，晨星寥落；剑已幻虹，人且化鹤。众庶仰止，三军零涕；英灵未泯，魂定来归。呜呼哀哉，尚飨！

160 师师长华振中和副师长宋士台的祭文，辞藻并不华丽，但言辞恳切，说理透彻，更值得仔细阅读。其全文如下：

维中华民国二十八年一月十五日，陆军第一百六十师师长华振中、副师长宋士台，谨率全师官兵，以清酒一杯，致祭于我陆军第六十六军抗日阵亡诸先烈之灵前而言曰：呜呼！我六十六军自前年秋在兼军长叶领导之下，全军北上，参加入一三以后之沪战，全体将士不仅无畏怯之状态，且反有兴奋之颜色。盖我将士愤于暴日之欺凌者久矣。"九一八"事变而后，凡属中华民族之国民，无不慷慨激昂，愿效前驱，而况守土有责之我辈军人耶。只以中央当时尚未决定整个抗战，军人服从为天职，不能不含垢忍辱以待时机；故一奉抗战之命令，我全军将士莫不踊跃以赴，恐后争先。抗战以来，叠次参加作战，举其大者，如前年沪滨血战，首都突围，客岁南浔沿线庐山修水诸役，我六十六军牺牲壮烈，战绩卓著；而诸先烈奋不顾身，前仆后继，以血肉作长城，予打击以打击，用能粉碎敌人速战速决之计划，造成目前敌我相持之局面，以待最后转入反攻胜利驱逐敌人之时机。论袍泽之私情，平时生活相共，一旦人天永隔，诚不胜其哀痛之至；然就军人职责而言，则诸先烈已完成护卫国家保障民族之使命，获得最光荣最有价值之荣誉矣。我子我孙必将永远纪念诸烈士之伟大牺牲，诸先烈所流之宝贵鲜血，必能开出独立自由幸福之鲜花，创出繁荣强盛愉快之乐土。诸先烈在今日固为我中华民族最优秀之将士，而对于将来之后代，则又为我中华民族最可炫耀之祖先。死而有知，诸先烈当可瞑目于九泉，含笑于地下矣。且在此法西斯匪徒横行，侵略气焰高涨之今日，诸先烈为人类正义、世界和平而抗战牺牲，凡崇奉正义酷爱和平之人士，皆盛称诸先烈之功绩，而致其无上之敬仰，则诸先烈又岂仅为我六十六军之好战士，中华民族最优秀之国民，且亦为世界人类中最有价值之分子也。呜呼！诸先烈诚可谓光荣之化身矣。

兹我六十六军奉命南开，道出赣南之信丰，桑梓在望，不禁怆然！兼军长叶念诸先烈今尚埋骨异乡，应有招魂之举，乃设祭于信丰城之北门外，开会追悼，以慰忠灵。振中、士台等追随兼军长叶之后，与诸先烈无役不共，除谨以心香一瓣为诸先烈祷祝外，敢以后死者之资格自誓于诸先烈之灵前；诸先烈之最大希望，当为故乡之早日恢复；诸先烈其安息可矣，广州一日不克复，振中、士台等即当一日踏诸先烈之血迹而前进。不成功，便成仁，绝不至令诸先烈抱恨于终古也。呜呼，尚飨！

也有祭个人的，那更是情真意切，声泪俱下。160 师 480 旅旅长莫福如的祭文就是其中之一：

维中华民国二十八年元月十五日，陆军第一六十师步兵四八零旅少将旅长莫福如，谨具诔文，虔诚致祭于陆军第一百六十师步兵四七八旅九五六团第二营第五连上尉连长莫庆怡五弟之灵前曰：呜呼！五弟胡为而死？为国而死也。使五弟之死，而遂无继五弟之志而救国者，则五弟之死为徒然矣；使五弟之死而尚有继五弟之志而歼彼倭寇复兴民族者，则五弟取义成仁，死而无憾矣。

延者，倭寇披猖，祸及家乡，吾将统率部曲，歼彼凶顽，复我国土，为

祭奠南京大屠杀死难者

国家雪百年之耻，为五弟诛不共戴天之仇，五弟倘其有知，九泉亦可瞑目矣。

　　呜呼，五弟！汝伤吾不能扶汝而出，汝遗体吾未能葬汝于先人之侧，非吾负之，乃势所不能；自今以往，吾将善视汝妻，及立嗣以继汝后。五弟有灵，其能谅吾之苦哀乎？

　　呜呼哀哉！今当追悼大会之辰，谨奠曲衷，望五弟英灵，来格来尝。哀哉，尚飨！

　　清代诗人袁牧写一篇《祭妹文》，现已收入高中语文课本，诵之咏之，令人击节。莫福如的祭文虽然无法和袁枚比肩，但它是在中华民族最危急的时候，在万众一心以血肉之躯与顽敌拼死搏击的烽火岁月里写就的，其悲壮之情、阳刚之气，为《祭妹文》不及，本书特称其为《祭弟文》，袁枚兄弟当不会嗔怪。

　　除宣读祭文外，上至蒋介石、孙科、李宗仁，下至 66 军的团营连以及赣南各县各界人士，都给追悼会送了挽联。蒋介石的挽联是："河岳英灵；忠烈常昭。"第 9 战区代司令长官薛岳的挽联是："膏血洒山川，陷阵早能摧丑虏；鼓鼙喧日夜，弯弓终与射天狼。"

　　第 12 集团军副司令兼 66 军军长叶肇的挽联是：

　　钢军本铁血铸成，此日追悼会开，愿全体官兵毋忘宁沪疮痍浔庐锋镝；
　　倭寇已泥足深陷，他年策勋饮至，与故乡父老共话羊羔斗酒夜雨麻桑。

　　66 军副军长谭邃因病提前渡江，没有和自己的部队一起突围，似乎心中有愧，他的挽联是：

　　犯万难突围，凭一芦渡江，独我苟延惭后死；
　　与暴日偕亡，矢孤忠报国，羡君壮烈迈前人。

　　在数以百计的挽联中，"太子"蒋经国的挽联最为特殊，只有一句口号："我们誓踏着你们的鲜血为民族争生存而奋斗"，落款为"蒋经国敬挽"，没写职务。

　　邓龙光的挽联是：

为民族求生存，君等勇往直前，怒把头颅拼一掷；

当国家正危急，我亦不甘落后，敢披肝胆励三军。

落款为"邓龙光敬挽"，也没写职务。

蒋经国不写职务，似乎可以理解，邓龙光不写职务却有点奇怪。笔者注意到，154师师长梁世骥、156师师长王德全、副师长张弛、参谋长刘其宽、政治部主任彭展义和156师466旅旅长钟锦添等都送了挽联，落款都写职务。联想到南京突围后，66军补写了南京之役的战斗详报，内容相当齐全，而83军却什么也没写，其中奥秘颇费猜测。

信丰追悼会结束后出版了一本名为《第66军阵亡将士荣哀录》的小册子，叶肇作序，郭永镳撰文，蒋介石亲笔题写了书名。此书详细记载了追悼会的始末，留下了大量珍贵照片和文字资料。

据该书记载，在1937年12月5日至9日守卫汤山之时，66军有4位军官为国捐躯，他们是：160师955团中校团附廖俊一、159师950团1营营长房仲庄、160师956团1营营长刘厚（时年37岁）和159师953团机二连排长卢辉廷（时年28岁）。

廖俊一，广东梅县汇洋堡人，句容失守后奉命固守陆军步兵学校附近阵地，因兵力薄弱陷入敌人包围，中弹受伤。他带伤指挥，与敌人肉搏，因众寡悬殊，士兵几乎伤亡殆尽。近房士兵几次想把他背出去，他大声说："我不怕死。"我虽然不能动，但手枪还在。如能杀死三五个倭寇，死亦无憾。你快跟部队走，不要为我个人牵累。后来敌人聚然而至，他打死了2名，然后开枪自杀，壮烈牺牲。

房仲庄，原籍广东河源，后迁居惠阳，毕业于中央军校广东分校。12月7日汤山之役，他率领所部疲乏之众与顽敌反复冲搏，受了重伤，仍然声嘶力竭地挥众杀敌。后大敌骤至，部下要把他抬走，并拿走他的枪以免资敌，他大声说："我还有最后一颗子弹，敌人能不吃我的子弹而越过我的阵地吗？"不一会儿，敌人来了，房营长竭尽最后的杀敌力量而殉国，时年32岁。

在12月12日南京突围时，66军共有50位军官壮烈殉国，见下表。

国民革命军第66军殉国将士名录

罗策群	159 师副师长	44 岁
司徒非	160 师参谋长	
黄纪福	159 师 477 旅副旅长	35 岁
陈长节	159 师参谋处长	42 岁
谢彩轩	159 师 949 团团长	41 岁
蔡如柏	160 师 956 团团长	
容正平	66 军上校副官处长	33 岁
张驾英	159 师 953 团中校团附	37 岁
邓启忻	159 师 949 团 1 营中校营长	31 岁
周梦熊	159 师军械处长	34 岁
倪寿龄	159 师 475 旅主任参谋	47 岁
黄敬一	159 师兵部长	44 岁
罗丕振	159 师 949 团团附	36 岁
廖敬中	159 师 952 团军医主任	30 岁
黄文思	159 师参谋	32 岁
林圣承	159 师军械员	32 岁
黄敬常	159 师二等军医	45 岁
何志海	159 师军法官	33 岁
罗硕英	159 师 475 旅副官	33 岁
文坚	159 师 949 团团附	35 岁
邓雄英	159 师 949 团营长	32 岁
何广饶	159 师 950 团军需主任	32 岁
欧阳文	159 师 950 团团附	34 岁
杨让	159 师 477 旅参谋	32 岁

叶程勋	159 师 952 团团附	31 岁
邹德铨	159 师 952 团营长	35 岁
李锡章	159 师特务营营长	35 岁
陈寿川	160 师副官处副官	
陈砚图	160 师副官处（陈寿川之子）	
刘泽三	159 师政训处政训员	
曾振川	159 师 953 团 2 营营附	34 岁
李奕传	159 师 949 团政训员	
方奇伟	159 师 953 团特务连连长	
廖平山	159 师 953 团 1 营 1 连连长	31 岁
李华标	159 师 953 团 1 营机 1 连连长	32 岁
陆赞	159 师 953 团 1 营 1 连连长	38 岁
杨震	159 师 953 团 2 营 6 连连长	36 岁
麦汉生	66 军上尉附员	
李拔文	160 师 958 团 3 营 8 连连长	29 岁
梁伯始	159 师 953 团一等军医	
傅俊英	159 师 953 团一等军医	31 岁
袁耀庭	159 师 953 团上尉书记	
洪运儒	159 师 953 团中尉书记	
翁兆年	66 军中尉副官	
叶畅如	66 军电务员	26 岁
陈志才	159 师 953 团 1 营 1 连排长	32 岁
潘柏山	159 师 953 团担架排排长	
刘汉华	159 师 953 团团部队官	
张志新	159 师 953 团特务长	26 岁
邓固础	159 师 953 团特务连特务长	

66 军在守卫汤山和突围过程中共有 54 位军官阵亡，其中有 4 位军部的，7 位是 160 师的，其余 43 位是 159 师的，可见 159 师的损失比 160 师惨重得多。而在 159 师的 43 位阵亡军官中，有 17 位是 953 团的，损失尤为惨重。原因何在，尚待研究。

——录自费仲兴著《城东生死劫》，中国工人出版社，第 180—188 页

公众追悼

牢记历史　振兴中华
我区各界同胞悼念"南京大屠杀"遇难同胞

本报讯　12月12日区委、区政府、部队、院校和企事业单位的工人、农民、机关干部和大中小学生代表共计300余人，分别在燕子矶公园和紫金山南西洼子处南京大屠杀遇难同胞纪念碑前集会，祭奠57年前被侵华日军残酷屠杀的我遇难同胞。

纪念现场一片肃穆，参加悼念的人们佩戴着小白花向纪念碑献上了花圈，并为死难同胞默哀。1937年12月，侵华日军攻陷南京后曾在这两处杀害我同胞8万多人，犯下了滔天罪行。参加悼念集会的人们纷纷表示：我们这一代人一定要自强自立，发愤图强，使祖国富强起来，绝不让历史的悲剧重演。区长张良礼代表悼念者在集会上发表讲话，他指出：前事不忘，后事之师，今年在这里举行悼念活动，是为了教育我们的人民及子孙后代，勿忘惨痛历史，奋发爱国主义情怀，要时刻牢记"落后就要挨打，贫穷就要受欺凌"这一铁的定律，要把爱国之情变成报国之志，把报国之志化作建设祖国的实际行动，积极投身到改革开放和社会主义建设中去。

（王勇　赵家宝／文）

——录自《栖霞报》1994年12月21日第52期

祭奠南京大屠杀死难者

牢记历史 振兴中华

我区各界人士悼念"南京大屠杀"遇难同胞

本报讯 12月12日，区委、区政府以及驻区部队、院校和企事业单位的工人、农民、机关干部和大中小学生代表共计300余人分别在燕子矶公园和紫金山南麓西洼子处南京大屠杀遇难同胞纪念碑前集会，祭奠57年前被侵华日军残酷屠杀的我遇难同胞。

悼念现场一片肃穆，参加悼念的人们佩带着小白花向纪念碑献上了花圈，并为死难同胞默哀。1937年12月，侵华日军攻陷南京后曾在这两处杀害我同胞8万多人，犯下了滔天罪行。参加悼念集会的人们纷纷表示：我们这一代人一定要自强自立、发愤图强，使祖国富强起来，决不让历史的悲剧重演。区长张良礼代表悼念者在集会上发表讲话，他指出：前事不忘，后世之师，今年在这里举行悼念活动，是为了教育我们的人民及子孙后代，勿忘惨痛历史，激发起爱国主义的情怀，要时刻牢记"落后就要挨打，贫穷就要受欺凌"这一铁的定律，把爱国之情变成报国之志，把报国之志化作建设祖国的实际行动，积极投身到改革开放和社会主义现代化建设中去。（王 勇 赵家宝）

我区各界人士隆重集会

沉痛悼念侵华日军南京大屠杀遇难同胞

报讯 12 月 13 日是侵华日军南京大屠杀遇难同胞 64 周年的祭日。全区各界人士代表 200 余人怀着沉痛的心情聚集在燕子矶江滩遇难同胞纪念碑前，向 64 年前不幸遇难的同胞表示深切的悼念。区领导戴康础、刘军、傅慰龄、任捷等参加了悼念仪式。

上午 10 时，在凛冽的寒风中，低沉的警报响彻大江南北，参加悼念仪式的各界人士在遇难同胞纪念碑前肃立默哀，区四套班子、燕子矶街道工委向遇难同胞敬献了花圈。

区委副书记戴康础在悼念仪式上发表讲话。他说，南京大屠杀是世界文明史上最黑暗的一页，任何一个有良知的中国人不能也不会忘记这段中华民族的屈辱历史。然而，在今天的日本，仍有少数右翼分子企图歪曲历史，为军国主义发动的侵略战争开脱罪名。但铁证如山，不容置疑。我们绝不能忘记 64 年前侵华日军给南京人民带来的沉重灾难。绝不能忘记落后就要挨打的惨痛教训。前事不忘，后事之师。今天，我们重温历史，深刻认识只有民族的振兴，才能彻底抵御外侮。我们要铭记历史，在以江泽民同志为核心的党中央坚强领导下，高举邓小平理论伟大旗帜，发扬爱国主义精神，认真贯彻江总书记"七一"讲话和十五届六中全会精神，肩负起振兴中华民族的伟大使命，解放思想，振奋精神，与时俱进，扎实工作，积极投身于建设有中国特色社会主义的伟大实践，加快栖霞的改革开放和现代化建设的步伐，为建设富民强区，率先实验现代化的宏伟目标而努力奋斗，以此告慰在南京大屠杀中遇难同胞的亡灵。

区委常委、宣传部长刘军主持悼念仪式

（任秋娴／文）

（任秋娴／摄）

——录自《栖霞报》2001 年 12 月 19 日第 409 期

祭奠南京大屠杀死难者

我区各界人士隆重集会
沉痛悼念侵华日军南京大屠杀遇难同胞

警钟长鸣 常抓不懈

本报讯 12月13日是侵华日军南京大屠杀遇难同胞64周年的祭日。全区各界人士代表200余人怀着沉重的心情聚集在燕子矶江滩遇难同胞纪念碑前，向64年前不幸遇难的同胞表示深切的悼念。区领导戴康础、刘军、傅慰龄、任捷等参加了悼念仪式。

上午10时，在凛冽的寒风中，低沉的警报响彻大江南北，参加悼念仪式的各界人士在遇难同胞纪念碑前肃立默哀，区四套班子、燕子矶街道工委向遇难同胞敬献了花圈。

区委副书记戴康础在悼念仪式上发表讲话。他说，南京大屠杀是世界文明史上最黑暗的一页，任何一个有良知的中国人不能也不会忘记这段中华民族的屈辱历史。然而，在今天的日本，仍有少数右翼分子企图歪曲历史，为军国主义发动的侵略战争开脱罪名。但铁证如山，不容置疑。我们决不能忘记64年前侵华日军给中华民族、给南京人民带来的深重灾难，决不能忘记惨后就要挨打的惨痛教训。前事不忘、后事之师。今天，我们重温历史，就是要牢牢汲取历史教训，深刻认识只有民族的振兴，才能彻底抵御外侮。我们要铭记历史，不辱使命，在以江泽民同志为核心的党中央坚强领导下，高举邓小平理论伟大旗帜、发扬爱国主义精神，认真贯彻落实江总书记"七一"讲话和十五届六中全会精神，肩负起振兴中华民族的伟大使命，解放思想、振奋精神，与时俱进，开拓创新，改进作风，扎实工作，积极投身于建设有中国特色社会主义的伟大实践，加快栖霞的

上图：区委、区人大、区政府、区政协及燕子矶街道工委向遇难同胞敬献花圈。　任秋娴 摄

下图：各界人士胸戴白花，沉痛悼念遇难同胞。　任秋娴 摄

改革开放和现代化建设步伐，为实现富民强区、率先实现现代化的宏伟目标而努力奋斗，以此告慰在南京大屠杀中遇难同胞的亡灵。

区委常委、宣传部长刘军主持悼念仪式。 　　（任秋娴）

280

悼念遇难同胞 铭记历史教训 维护世界和平 促进共同发展我区
隆重悼念南京大屠杀 30 万同胞遇难 65 周年

本报讯 12 月 13 日上午 10 时，警报、船笛长鸣，将人们拉回到 65 年前那段惨痛的记忆里。区委、区人大、区政府区政协领导袁文荣、李汉桥、刘军、苗生、万元和、任捷及区机关各部门主要负责同志、学生、解放军、群众代表 200 余人聚集在燕子矶江边南京大屠杀遇难同胞纪念碑前，沉痛悼念在 65 年前被侵华日军残忍杀害的 30 余万南京居民。

65 年前的这一天，侵华日军攻陷南京，在短短的数日内共屠杀了 30 多万手无寸铁的南京居民和解除武装的中国军人。燕子矶江边也出现了极其悲惨的一幕，三万余解除武装的士兵和两万多平民在这里求渡北逃，遭到血腥杀戮。日本军国主义的法西斯暴行给中国人民留下了刻骨铭心的伤痛。

区委副书记李汉桥在仪式上讲话，他说，在我国进入全面建设小康社会、加快推进社会主义现代化新的发展的今天，我们在这里重温历史，悼念遇难同胞，就是为了警策世人，以史为鉴，永远不让历史的悲剧重演，就是为了揭露和批判日本一小撮右翼分子否定侵略、妄图翻案、重走军国主义老路的图谋，就是为了教育广大人民群众特别是青少年，不忘国耻，深刻铭记"落后就会挨打"的历史教训，进一步激发爱国主义热情，为推进现代化建设，完成祖国统一，维护世界和平与促进共同发展，在中国特色社会主义道路上实现中华民族的伟大复兴而奋斗。

（陈丽君 任秋娴／文）

（任秋娴摄）

——录自《栖霞报》2002 年 12 月 18 日第 459 期

祭奠南京大屠杀死难者

281

铭记历史教训　维护世界和平
悼念！ 30 万同胞遇难 66 周年

本报讯　12 月 13 日上午 10 时凄厉的警报声，将人们拉回到 66 年前那段惨痛记忆中。栖霞区各界代表在燕子矶公园南京大屠杀遇难同胞纪念碑前举行"悼念南京大屠杀 30 万同胞 66 周年仪式暨南京国际和平日集会"。警报声中，大家默哀肃立，向在 66 年前遇难的同胞致哀。

区委副书记李汉桥在悼念仪式上讲话。他说，今天，我们在这里重温历史，悼念遇难同胞，就是为了警策世人，以史为鉴，不让悲剧重演，就是为了教育广大人民群众特别是青少年，不忘国耻，进一步激发爱国主义热情，为推进现代化建设，完成祖国统一，实现中华民族的伟大复兴而努力奋斗。历史和现实的教训与经验证明：以史为鉴，面向未来，这是维护和发展中日友好关系必须遵循的基本原则，也是维护和发展中日友好关系的政治基础，让我们振奋精神，万众一心，加快栖霞"两个率先"和沿江开发步伐，共同创造幸福生活和美好未来，以此告慰在南京大屠杀中遇难的 30 万同胞的亡灵。

区委、区人大、区政府、区政协、燕子矶街道向遇难同胞敬献了花圈。从四面八方赶来集会的群众，扶老携幼，在纪念碑前郑重地献上小白花，寄予了无限的哀思。

区委常委、宣传部部长刘军主持仪式和机会，区领导苗生、沙祥宝、张民、任捷等以及区有关部门负责同志，学生、解放军和群众代表参加了意识和集会。

（任秋娴／文）

（任秋娴／摄）

——录自《南京日报·栖霞版》2003 年 12 月 17 日第 42 期

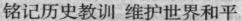

铭记历史教训 维护世界和平
悼念！30 万同胞遇难 66 周年

本报讯 12 月 13 日上午10 时，凄厉的警报将人们拉回到66 年前那段惨痛记忆中。栖霞区各界代表在燕子矶公园南京大屠杀遇难同胞纪念碑前举行"悼念南京大屠杀30 万同胞遇难66 周年仪式暨南京国际和平日集会"。警报声中，大家默哀肃立，向 66 年前遇难的同胞志哀。

区委副书记李汉桥在悼念仪式上讲话。他说，今天，我们在这里重温历史，悼念遇难同胞，就是为了警醒世人，以史为鉴，不让悲剧重演；就是为了教育广大民众特别是青少年，不忘国耻，进一步激发爱国主义的热情，为推进现代化建设、完成祖国统一、实现中华民族的伟大复兴而努力奋斗。历史和现实的教训与经验表明：以史为鉴，面向

未来，这是维护和发展中日友好关系必须遵循的基本原则，也是维护和发展中日关系的政治基础。让我们振奋精神，万众一心，加快贯彻"两个率先"和沿江开发步伐，共同创造幸福生活和美好未来，以此告慰在南京大屠杀中遇难的 30 万同胞的亡灵。

区委、区人大、区政府、区政协、燕子矶街道向遇难同胞敬献了花圈。从四面八方赶来集会的群众，扶老携幼，在纪念碑前郑重地献上小白花，寄予了无限的哀思。

区委常委、宣传部部长刘军主持仪式和集会。区领导苗生、沙祥保、张民、任捷等以及区有关部门负责同志、学生、解放军和群众代表参加了仪式和集会。
　　　　　　　　　　（任秋娴）

栖霞区各界代表在燕子矶公园南京大屠杀遇难同胞纪念碑前集会，悼念 30 万遇难同胞，采采白花寄予无限哀思。　　任秋娴／摄

祭奠南京大屠杀死难者

铭记历史教训　维护世界和平
我区各界人士悼念南京大屠杀 30 万遇难同胞

本报讯 12 月 13 日上午 10 时，在燕子矶公园南京大屠杀遇难同胞纪念碑前，我区举行"悼念 30 万同胞遇难 68 周年仪式暨南京国际和平日集会"

刺骨的寒风，凄厉的警报，将人们拉回到 68 年前那段惨痛记忆中。警报声中，区领导李汉桥、孙强、唐杰、任捷、郑晓莉，区有关部门和燕子矶街道有关领导及学生、解放军、群众代表 200 余人默哀肃立，并向遇难同胞敬献花篮和小白花，寄予无限哀思。区委常委、宣传部部长孙强主持悼念仪式。

区委副书记李汉桥说，今天，我们在这里重温历史，悼念遇难同胞，就是为了警策世人，以史为鉴，永远不让历史的悲剧重演；就是为了教育广大人民群众特别是青少年，不忘国耻，深刻铭记"落后就要挨打"的历史教训，进一步激发爱国主义的热情，为推进现代化建设、完成祖国统一、实现中华民族的伟大复兴、构建和谐社会而努力奋斗。让我们加快栖霞"两个率先"和沿江开发步伐，共同创造幸福生活和美好未来，以此告慰在南京大屠杀中遇难的 30 万同胞的亡灵。

（陈丽君　杨芳／文）

（杨芳／摄）

——录自《栖霞简报》第 100 期

我区隆重集会悼念 30 万同胞遇难 70 周年

本报讯 12 月 13 日上午 10 时，南京城市上空凄厉的防空警报一声响过一声，燕子江边的轮船汽笛和呜咽的江水向人们控诉着 70 年前的惨烈的一幕……我区在燕子矶公园南京大屠杀遇难同胞纪念碑前隆重举行悼念侵华日军南京大屠杀同胞遇难 70 周年仪式。区委副书记李汉桥、区人大常委会副主任王江河、副区长张民、区有关部门和燕子矶街道负责同志以及学生、解放军和各界人士代表 200 多人参加了悼念仪式。区委常委、宣传部长朱劲松主持悼念仪式。

仪式在庄严的国歌声中拉开序幕。全体人员向侵华日军南京大屠杀遇难同胞默哀。并向遇难同胞敬献了花圈。70 年前的这一天，侵华日军侵入南京城后，用坦克、枪炮和刺刀在南京制造了惨绝人寰的大屠杀，在其后的六个星期中，杀害我中国同胞 30 万人，数以万计的妇女被强暴，全市三分之一的建筑遭毁坏，公私财产损失难以计数。栖霞更是首当其冲，它蒙难之重、受害之深、情景之惨，大大超过人们的想象。仅在 1937 年 12 月 16 日夜间就有 3 万余名解除武装的士兵和平民在江边遭到血腥的杀戮。

区委副书记李汉桥在致辞中说，我们在这里重温历史，悼念遇难同胞，揭露日本侵略者令人发指的历史罪行，遏制日本右翼分子竭力歪曲历史的逆流浊浪，反思中华民族曾经遭受苦难的历史根源，颂扬中国人民反抗侵略的不屈精神；就是为了警策世人，以史为鉴，坚决维护历史真相，绝不允许任何人以何种方式篡改历史；就是为了教育广大人民群众特别是青少年，不忘国耻，深刻铭记"落后就要挨打"的历史教训，进一步激发爱国主义的热情，推进现代化建设、完成祖国统一、维护世界和平与促进共同发展。强国富民是我们肩上的历史责任。党的十七大为我们确立了前进的方向，让我们紧密团结在以胡锦涛为总书记的党中央周围，解放思想，振奋精神，万众一心，与时俱进，高举具有中国特色的社会主义伟大旗帜，推动栖霞又快又好发展，共同创造幸福生活和美好未来，以此告慰在南京大屠杀中遇难的 30 万同胞的亡灵。

小学生代表在仪式上宣读了倡议书，号召同学们记住这段历史，努力学习，用学到的知识为祖国的繁荣昌盛贡献出自己的一份力量。

祭奠南京大屠杀死难者

最后，全体人员绕纪念碑一周，向遇难同胞献上了寄托无限哀思的小白花。

（任秋娴／文）

（任秋娴／摄）

——录自《栖霞简报》第 198 期

我区隆重集会悼念30万同胞遇难70周年

本报讯 12月13日上午10时，南京城市上空凄厉的防空警报一声声响过一声，燕子矶江边的轮船气笛和着呜咽的江水向人们控诉着70年前的惨烈一幕……我区在燕子矶公园南京大屠杀遇难同胞纪念碑前隆重举行悼念侵华日军南京大屠杀同胞遇难70周年仪式。区委副书记李汉桥、区人大常委会副主任王江河、副区长张民、区有关部门和燕子矶街道负责同志以及学生、解放军和各界群众代表200多人参加了悼念仪式。区委常委、宣传部长朱劲松主持悼念仪式。

仪式在庄严的国歌声中拉开序幕。全体人员向侵华日军南京大屠杀遇难同胞默哀，并向遇难同胞敬献了花圈。70年前的这一天，侵华日军侵入南京城后，用坦克、枪炮和刺刀等武器在南京制造了惨绝人寰的大屠杀，在其后的六个星期中，杀害我中国同胞30万人，数以万计的妇女被强暴，全市三分之一的建筑遭毁坏，公私财产损失难以计数。栖霞更是首当其冲，它蒙难之重、受害之深、惨景之惨，大大超过人们的想象。仅在1937年12月16日夜间就有3万余名解除武装的士兵和平民在江边遭到血腥杀戮。

区委副书记李汉桥在致辞中说，我们在这里重温历史、悼念遇难同胞，就是为了揭露日本侵略者令人发指的历史罪行，遏制日本右翼分子竭力歪曲历史的逆流浊浪，反思中华民族曾经遭受苦难的历史根源，颂扬中国人民反抗侵略的不屈精神；就是为了警策世人，以史为鉴，坚决维护历史真相，决不允许任何人以任何方式篡改历史；就是为了教育广大人民群众特别是青少年，不忘国耻，深刻铭记"落后就要挨打"的历史教训，进一步激发爱国主义的热情，推进现代化建设、完成祖国统一、维护世界和平与促进共同发展。强国富民是我们肩上的历史责任。党的十七大为我们确立了前进的

方向，让我们紧密团结在以胡锦涛同志为总书记的党中央周围，解放思想、振奋精神，万众一心，与时俱进，高举具有中国特色的社会主义伟大旗帜，推动栖霞又好又快发展，共同创造幸福生活和美好未来，以此告慰在南京大屠杀中遇难的30万同胞的亡灵。

小学生代表在仪式上宣读了倡议书，号召同学们记住这段历史，努力学习，用学到的知识为祖国的繁荣强盛贡献出自己的一份力量。

最后，全体人员绕纪念碑一周，向遇难同胞献上了寄托无限哀思的小白花。 （任秋娴）

市民清明燕子矶江祭南京保卫战死难将士

将军长眠在战斗过的地方

陈颐鼎将军的夫人丁志凡如今已是 90 多岁的高龄，老人向张定胜和爱好者们讲述了陈颐鼎参加南京保卫战的往事：87 师是 1937 年 12 月 7 日由镇江坐火车到南京尧化门车站集结的。12 月 8 日到达孝陵卫接防。在毫无休息的状态下，12 月 9 日拂晓，战士们在中山门—光华门外海福巷、工兵学校、遗族学校与敌交火。光华门外，87 师与敌人反复争夺，双方死伤相当。陈颐鼎在燕子矶渡江时差点沉江而死，各旅参谋主任、团长等中级军官损失殆尽。

陈颐鼎将军晚年居住在南京，1994 年老人去世，葬在中山门外某公墓，这正是 87 师将士为了守卫南京，与日军浴血奋战的地方。

张定胜说：陈颐鼎将军的墓非常朴素，只刻着"陈颐鼎 1908—1994"，这样一位为抗战做出贡献的将军，默默无闻地安息在他曾经为之流血战斗过的地方。

燕子矶江祭祭奠死难士兵

"南京保卫战"期间，有难以计数的中国守军在南京献出生命，他们有的在战场中阵亡，有的在突围中淹死在长江里，有的在被俘后被日军残忍杀害；只有一少部分人能成功突围。为了寄托对这些殒命将士的哀思，"南京保卫战战迹寻研团"的团员和陈颐鼎将军之子陈万中，于清明节前夕来到燕子矶，举行了一个简短的江祭仪式。

张定胜说燕子矶算是南京保卫战最后的战场，有数不清的将士突围到长江边，无路可去，最后葬身江中。张定胜写了祭文一篇，做了祭旗一面，准备了木盒、蜡烛、水果糕点等祭品，进行了简朴而庄重的告慰仪式。在宣读完祭文后，大家将祭旗钉在木盒之上，点上长明之烛，让木盒随滔滔江水顺流而下，以寄托对南京保卫战阵亡的几万将士之哀思。

祭文催人泪下

张定胜写的祭文感人至深："敌以强势攻，吾以弱势档！南京死战地，

祭奠南京大屠杀死难者

视为血国殇。将士齐用力，给予敌重创。随洒抗日血，无有指挥将，几万之众退长江，舟缺船少敌围杀。迨吾京师陷，敌亦陷泥潭，道义在天理，倭奴势必亡。英烈长江身先死，八年凯歌终后唱。今有胜利七十年，寒去春来，举国欢畅。呜呼，前世屈辱史，今朝何以忘。共举一樽同志酒，祭尔英灵魂归安，雄迈之风当永追，佑我中华强兴旺。"

张定胜说，今年是抗日战争胜利 70 周年。目前依然在世的，参加过南京保卫战的老兵已经屈指可数了。令人多少有点遗憾的是，南京尚没有纪念南京保卫战的纪念碑，我们希望通过自己的方式，多多宣传那场战役，使后人永远铭记为了保卫南京而牺牲的抗战将士们。

——录自 2015 年 4 月 8 日《金陵晚报》第 81 期 "老南京" 记者于峰

国家公祭

栖霞区举行南京大屠杀死难者国家公祭日悼念活动

12月13日，是首个南京大屠杀死难者国家公祭日。上午10时，中共中央、全国人大常委会、国务院、全国政协、中央军委在侵华日军南京大屠杀遇难同胞纪念馆举行南京大屠杀死难者国家公祭仪式。与此同时，栖霞区党政军民各界代表分别在燕子矶公园、陶行知纪念馆、燕子矶社区举行南京大屠杀死难者国家公祭日悼念活动。

1937年12月13日，侵华日军攻入南京，对已解除武装的中国守城部队官兵和南京同胞实施长达40多天灭绝人性的疯狂屠杀，30万生灵惨遭杀戮。在30万死难同胞中，将近半数是在栖霞土地上蒙难的，仅在燕子矶江滩和幕府山江岸两处，被日军集体屠杀的中国军民即分别有5万多人和5万7千多人，燕子矶地区成为侵华日军南京大屠杀的主要屠场之一。每年12月13日，栖霞区党政军民各界人士均在燕子矶公园侵华日军南京大屠杀遇难同胞纪念碑亭前举行悼念仪式，祭奠死难者的亡灵，庆祝中国人民抗日战争和世界反法西斯战争的伟大胜利，祈祷世界永久和平。

12月13日，南京大屠杀死难者国家公祭日栖霞区党政军民各界人士悼念活动，如期在燕子矶公园遇难同胞纪念碑亭前举行。纪念碑亭南檐悬挂着一条横幅，深蓝底色映衬着"悼念侵华日军南京大屠杀遇难同胞"15个白色大字。碑亭两侧"勿忘国耻、圆梦中华"，"铭记历史、珍视和平、警示未来"蓝底白字的巨幅标语格外醒目。一个插满红、黄、白色鲜花的巨大花篮安放在纪念碑前，寄托着人们对死难者的深深哀思。区四套班子领导邢正军、夏宁、胡晓健、周峰、李斌、毕金生、万震等和200多名党政军民各界代表胸前佩

戴白花，静静地肃立在纪念碑亭周围山坡上。

区委副书记、区长邢正军主持悼念仪式。

10时整，悼念仪式开始，现场奏唱《中华人民共和国国歌》。国歌奏唱完毕，防空警报拉响，全体代表向南京大屠杀死难者低头致哀。接着，幕府山庄小学六（1）班学生倪许愿和燕子矶街道太平村居民陶长树，分别代表全区中、小学生和居民群众讲话。倪许愿在讲话中表示，一定牢记历史，不忘国耻，铭记"落后就要挨打"的历史教训，在爱国主义，社会主义的伟大旗帜下，振奋民族精神，刻苦学习，为实现祖国的伟大复兴而努力奋斗。陶长树说，我们不会忘记侵华日军在南京屠戮30万军民的那段惨痛历史，对日本右翼势力企图否认南京大屠杀历史事实的行径表示极大愤慨，中国人民热爱和平，珍惜今天的幸福生活，绝不会让历史的悲剧重演，决心为维护世界永久和平，实现中华民族伟大复兴的中国梦奉献自己力量。随后，参加悼念仪式的党政军民各界代表依序绕行纪念碑亭一周，敬献鲜花，表示哀悼。此后，陆续有1000多名群众，从全区各地自发来到燕子矶公园遇难同胞纪念碑前，献上鲜花，寄托哀思。

区长邢正军（右二）主持燕子矶南京大屠杀死难者国家公祭分会场活动，幕府山庄小学学生倪许愿（右三）代表中小学生讲话

参加公祭活动的各界人士观看《圣典·国家公祭》图片展

驻区部队代表向遇难同胞纪念碑敬献鲜花

学生代表绕行遇难同胞纪念碑一周并献鲜花

悼念仪式结束后，参加悼念仪式的党政军民各界代表以及自发参加悼念活动的广大群众在燕子矶公园门外广场，观看揭露侵华日军在南京栖霞地区屠杀暴行的《圣典·国家公祭》图片展板，进一步了解那一段惨痛的历史。

12 月 13 日，南京市教育局和南京卫生学校联合在陶行知纪念馆举行南京大屠杀死难者公祭日群众性悼念活动。纪念馆门楣上方悬挂着一条蓝色横幅，上书"勿忘国耻、圆梦中华"八个白色大字。南京市教育局领导完进，南京卫生学校领导姚峰、张红旗、孙学明，南京卫生学校师生代表和群众代表共 200 多人参加悼念活动。人们个个胸戴白花，列队站立在馆前广场上。

南京卫生学校学生处处长孙学明主持悼念活动。

10 时整，悼念活动开始，现场奏唱国歌。国歌奏唱完毕，防空警报响起，全体肃立低头默哀。南京卫生学校党委副书记姚峰致辞，以无比沉痛的心情，祭奠和追思南京大屠杀惨案中不幸罹难的 30 万同胞和所有在日本侵华战争中不幸死难的同胞们，缅怀为抗日战争胜利献出生命的革命先烈，揭露日本侵略者残害生灵的战争罪行，表明中国人民反对侵略战争、捍卫人类尊严、维护世界和平的坚定立场和实现中华民族伟大复兴中国梦的坚强决心。南京卫生学校学生代表贡瑞敏讲话，他表示一定要记住南京大屠杀这段惨痛的历史，以强烈的忧患忆识和高度的民族责任感，自觉把爱国之情转化为报国之行，努力为祖国的繁荣富强做出自己应有的贡献。接着，南京卫生学校 100 多名师生集体朗诵诗歌《少年中国说》，诗中表达出中国青少年的心声："……

292

南京卫生学校学生代表在陶行知墓前举行南京大屠杀死难者国家公祭悼念活动

制出将来少年中国之责任，不在他人，而全在我少年。少年智则国智，少年富则国富，少年强则国强，少年独立则国独立，少年自由则国自由，少年进步则国进步，少年胜于欧美则国胜于欧美，少年雄立于寰环则国雄立于寰环。……美哉我少年中国，与天不老；壮哉我中国少年，与国无疆！与天不老，与国无疆！与天不老，与国—无—疆！"

悼念活动结束，参加活动的全体人员依次瞻仰陶行知塑像、陶行知陵墓和革命烈士纪念碑，并分别敬献花篮。

12 月 13 日，燕子矶街道燕子矶社区举行南京大屠杀死难者国家公祭仪式集体收视活动。侵华日军在南京制造灭绝人性的大屠杀惨案，30 万中国同胞死于日军屠刀之下，燕子矶社区附近江滩是日军杀戮中国同胞的主要场所之一，5 万多中国战俘和难民

百名师生代表齐声朗诵祭诗《少年中国说》

南京卫校学生代表向南京大屠杀死难同胞致哀

惨死于此。

集体收视活动场所设在社区会议室。一台64寸电视机摆在主席台正中,会议室两侧墙壁上悬挂着蓝底白字横幅,分别为"铭记历史、珍视和平、警示未来"和"勿忘国耻、圆梦中华"。上午9时55分,街道办事处副主任孔娟和社区全体工作人员、群众代表共100多人齐聚会议室,参加集体收视活动。人们个个胸佩白花,静静肃立。10时整,国家公祭仪式开始,参加收视活动群众随着公祭仪式程序,齐唱国歌,低头默哀,聆听中共中央总书记、国家主席、中国军委主席习近平重要讲话和青少年代表齐诵《和平宣言》。

收视活动结束,大家表示,集体收视国家公祭仪式,不是为了记住仇恨,而是要铭记历史,警示未来,牢记落后就要挨打的教训,只有团结一致,共同奋斗,才能实现中华民族伟大复兴的中国梦。

▲▲相关链接

南京大屠杀死难者国家公祭日

*2014年2月27日,十三届全国人大常委会第七次全体会议通过决定,以立法形式将12月13日设立为南京大屠杀死难者国家公祭日。

燕子矶江滩和幕府山江岸集体大屠杀

*1937年12月12日,南京沦陷前一天,侵华日军舰船和飞机封锁燕子矶

江面，数万准备渡江避难的中国军民被围堵在燕子矶附近。12月13日，攻入南京日军先头部队第十六师团第三十旅团第三十联队和第三十八联队赶到燕子矶，从三个方向将聚集的人群驱赶至江滩，用数十挺轻重机枪疯狂扫射一天一夜，江滩附近，尸横遍野，江水变赤。后经调查确认，死难者在5万人以上，其中，解除武装的中国士兵3万余人，逃难平民2万余人。燕子矶集体大屠杀是侵华日军攻入南京后首个大规模的屠杀暴行。

1937年12月18日夜间开始，侵华日军第十三师团第一〇三旅团第六十五联队连续5天，将圈禁在幕府山附近被俘的中国守城官兵和逃难的男女老幼共5万7千4百多人，分三批用铅丝、绳索捆绑，驱集至幕府山北侧草鞋峡江岸，先用轻重机枪射杀，再用刺刀乱戳，最后浇以煤油纵火焚烧，死难者残余骸骨全部被投入江中。幕府山集体大屠杀是侵华日军南京大屠杀中规模最大、持续时间最长、手段最为血腥的暴行。

燕子矶公园侵华日军南京大屠杀遇难同胞纪念碑

1985年，在中国人民抗日战争胜利和世界反法西斯战争胜利40周年之际，为了让世人永远铭记侵华日军南京大屠杀这段惨痛的历史，南京市人民政府相继在燕子矶、幕府山、中山码头、挹江门、北极阁、清凉山等南京大屠杀同胞蒙难地和丛葬地共19处建立纪念碑。其中，燕子矶江滩集体大屠杀遇难同胞纪念碑就立在江滩附近的燕子矶公园东侧三角亭中。碑亭设计成三角形，寓意中华民族历史曾经有过国土残破的惨痛一页，三角碑亭成握拳状，象征中国人民抗击侵略的意志和力量。

《圣典·国家公祭日》图片展板

《圣典·国家公祭日》图片展板是首个国家公祭日前夕，由栖霞区档案局（馆）、栖霞区地方志办公室联合编辑制作。展板分《前言》《幕府山集体大屠杀》《燕子矶集体大屠杀》《南京东郊大屠杀》《东史郎绝笔》《日军片桐部队两少尉竞赛杀人》《侵华日军在南京栖霞山周边的屠杀》《抗击日寇》《正义审判》和《后记》10个部分，共20个版面。

附录：《圣典·国家公祭》

后　记

　　南京市栖霞地区（指 1995 年行政区划调整前）既是 78 年前南京保卫战的重要战场，又是侵华日军南京大屠杀施暴的重灾区，也是栖霞民众奋起抗击日军许多重要事件的发生地。

　　早在 2007 年 11 月，在纪念抗日战争爆发 70 周年之际，栖霞区地方志办公室、栖霞区档案局（馆）编纂出版了《原罪·侵华日军在南京栖霞暴行录》一书，并同时把《原罪》作为系列丛书第一部纳入设想，制定了继后出版的规划。

　　时隔两年，2009 年 12 月，在震惊世界的侵华日军南京大屠杀发生 72 年之后，栖霞区地方志办公室、栖霞区档案局（馆）又编纂出版了《原罪》系列丛书第二部《原罪·判研集》，邀约全国范围内的专家学者，集中控诉侵华日军南京大屠杀的暴行，并以此祭奠惨死在侵华日军屠刀下的 30 万蒙难者亡灵。

　　再此后 6 年，栖霞区档案工作者与地方志工作者，对栖霞区域内中国军民抗击日寇的史实、侵华日军罪行新证的搜集和研究一直没有停止和间断，并且不断有新的发现和新的收获。2015 年，适值世界反法西斯战争暨中国人民抗日战争胜利 70 周年，按照区委、区政府的意见和现实需要，《原罪·补遗集》作为《原罪》系列丛书的第三部。应时列入编纂日程。

　　作为《原罪》的系列丛书，本书的要旨在于"补遗"，编纂的重点是在《原罪·侵华日军在南京栖霞行录》《原罪·判研集》两书的基础上，进一步搜集自 2007 年以后，陆续新发现的南京地区特别是与栖霞地区相关的南京大屠杀文献史实、新的重要研究成果以及重大的纪念和祭奠活动资料，尤其把南京保卫战战史作为编纂注意力的聚焦之处，以与全国纪念世界反法西斯战争暨中国人民抗日战争胜利 70 周年的主题相契合。

据此，本书编辑人员在历时 2 年时间内，搜集及查阅了近 20 种、80 余部、2000 余万字文献资料，诸如张宪文主编的《南京大屠杀史料集》、费仲兴编著的《城东生死劫》、日本友人松冈环编著的《南京战·被割裂的受害者之魂》、《南京战·寻找被封闭的记忆》、孙宅巍著《南京保卫战史》、郭沫若与田汉著《血肉长城》、区政协编辑的《栖霞文史资料》、徐志耕著《南京大屠杀》、何建明著《南京大屠杀全纪实》等著述，从中梳理和筛选出新发现的有关栖霞地区抗击日军实录、侵华日军栖霞地区罪行新证、祭奠南京大屠杀死难者等三大部分约 40 万字的资料，几经考订，编辑成帙，再一次用文字和图片呈现出 78 年前南京保卫战的惨烈战况，以及惨死在侵华日军屠刀下 30 万同胞血流成河、遗骸如山、弃尸蔽江、白骨堆垒那一幅幅惨绝人寰、但并不十分遥远的历史画面。

《原罪》系列丛书在编纂和陆续出版过程中，一直受到江苏省社会科学院研究员、江苏省中国近现代史学会副会长、侵华日军南京大屠杀史研究会顾问孙宅巍先生，南京师范大学社会发展学院教授、侵华日军南京大屠杀史研究会顾问经盛鸿先生的高度关注、倾力支持和具体指导。作为侵华日军南京大屠杀史研究的资深专家，两位先生在本书的编纂过程中，提供了大量的国内外权威新文献资料及线索，为本书的编纂、出版倾注了大量心血，甚至是抱病参与。在本书立项（座谈）会、开题会、推进会等数次会议上，两位专家，以对历史高度负责和缜密严谨的治学态度，对栖霞地区的抗战史实等资料的搜集、分析、引用和编辑提出了许多精辟的看法和建议。

被誉为"侵华日军南京大屠杀民间调查第一人、一位非历史专业出身的南京大屠杀研究方面的专家"、原南京炮兵学院教授费仲兴先生，虽与本书的编纂者素未谋面，但当知悉本书的编纂亟须搜集和引用其所著《城东生死劫》《紫金山的碉堡》两书的文献资料时，费先生很快就托人将两书送至我们手中，令我们非常感动和感激。南京大学图书馆、栖霞区党史办、栖霞区图书馆也为本书的资料搜集给予了非常大的帮助。南京大学张宪文、南京市档案馆夏蓓、中国青年报驻南京记者站戴袁支、南京市文联冯亦同等一批资深专家、学者、报人与作家，虽未直接参与本书的编辑工作，但他们以其耗费心血的编著成果和作品，支持了我们，并借以提升了本书的学术品位和传

世价值。我们深深地感到是共同的家国情怀和爱国主义的精神纽带，把我们紧密地联系在一起。借本书出版之际，我们一并表示崇高的敬意和由衷的谢忱！

至此，《原罪·侵华日军在南京栖霞暴行录》《原罪·判研集》和《原罪·补遗集》，作为系列丛书已然全部编纂完成，对侵华日军在栖霞地区的罪行作了历史性的定格和清算，不仅安妥了侵华日军南京大屠杀死难者的亡灵。亦且安妥了我们档案、地方志工作者自己的一颗爱国、强国、报国之本心。因之，谨以吕佐兵先生《原罪·侵华日军在南京栖霞暴行录》一书的题记作为本文

结语，那就是：

……

为我们自己

我们已经出生和将要出生的儿孙们

立此存照

共同记忆历史上那年那月那日

以及它所承载的家国民族之

血与泪

耻与痛

醒与悟

编　者

2017 年 7 月